WIENAND MEILICKE

Die Barabfindung für den ausgeschlossenen
oder ausscheidungsberechtigten Minderheits-Kapitalgesellschafter

Betriebswirtschaftliche Schriften

Heft 74

Die Barabfindung für den ausgeschlossenen oder ausscheidungsberechtigten Minderheits-Kapitalgesellschafter

Rechtsgrundsätze zur Unternehmensbewertung

Von

Dr. Wienand Meilicke

DUNCKER & HUMBLOT / BERLIN

Alle Rechte vorbehalten
© 1975 Duncker & Humblot, Berlin 41
Gedruckt 1975 bei Buchdruckerei A. Sayffaerth - E. L. Krohn, Berlin 61
Printed in Germany

ISBN 3 428 03321 3

Vorwort

Diese Arbeit hat im Frühjahr 1974 der Rechts- und Staatswissenschaftlichen Fakultät der Rheinischen Friedrich-Wilhelms-Universität in Bonn unter dem Titel „*Die Barabfindung für den ausgeschlossenen oder ausscheidungsberechtigten Minderheits-Kapitalgesellschafter* — Rechtsgrundsätze zur Unternehmensbewertung — als Inaugural-Dissertation vorgelegen. Sie geht auf die Erfahrung zurück, die der Verfasser aus der aktiven Beteiligung an mehreren Spruchverfahren zur Festsetzung der Abfindung von Aktionären hat erwerben können. Literatur und Rechtsprechung sind auf den Stand von Juni 1974 gebracht.

Mein tiefer Dank gilt zunächst Herrn Professor Dr. Dr. h.c. Günther Beitzke, der die Dissertation betreut und ihre Richtung gelenkt hat. Weiter gehört mein großer Dank Herrn Professor Dr. rer. pol. Hans-Jakob Krümmel, Herrn Professor Dr. Peter Raisch und Herrn Dr. Armin Riemenschnitter, die das Manuskript durchgesehen haben und auf deren kritische Anmerkungen zahlreiche Verbesserungen zurückzuführen sind. Ferner möchte ich meinen Eltern danken, ohne deren Erziehung, und meiner Frau, ohne deren Geduld diese Arbeit nicht möglich gewesen wäre.

New York, den 31. Juli 1974

Wienand Meilicke

Inhaltsverzeichnis

Einleitung 15

E 1.	Gegenstand der Untersuchung	15
E 1.1	Zwangsweises Ausscheiden	15
E 1.11	Übertragende Umwandlung	15
E 1.12	Eingliederung	15
E 1.2	Recht zum Ausscheiden	15
E 1.21	Unternehmensverträge	15
E 1.22	Formwechselnde Umwandlung in GmbH	16
E 2.	Zweck der Untersuchung	16

A Verfassungsrechtlicher Ausgangspunkt Art. 14 GG 18

A 1.	Zwangsweises Ausscheiden	18
A 1.1	Verfassungsrechtliche Zulässigkeit	18
A 1.2	Rechtsfolge: Volle Entschädigung	19
A 2.	Recht zum Ausscheiden	19
A 2.1	Unternehmensverträge	20
A 2.11	Eigentumseingriff	20
A 2.111	Gewinnabführungsvertrag	20
A 2.112	Beherrschungsvertrag	20
A 2.12	Ausgleichszahlung keine volle Entschädigung	21
A 2.121	Ausgleichszahlung nach § 304 II 1 AktG	21
A 2.122	Ausgleichszahlung nach § 304 II 2 AktG	22
A 2.2	Formwechselnde Umwandlung in GmbH	24

B Unternehmensbewertung 26

B 1.	Tat- und Rechtsfrage in der Unternehmensbewertung	26
B 1.1	Keine Abdankung zugunsten Betriebswirtschaftslehre	26
B 1.2	Kein Beurteilungsspielraum	32
B 1.3	Abgrenzung von Tat- und Rechtsfrage	34
B 1.31	Rechtsfrage als Begriff der juristischen Methodenlehre	35
B 1.32	Rechtsfrage als Begriff des Revisionsrechts	35
B 1.33	Rechtsfrage als dem Richter vorbehaltener Entscheidungsraum	36
B 1.4	Schätzung	37
B 1.41	Tatsachenermittlung	37
B 1.42	Volle Auswertung der ermittelten Tatsachen	39
B 1.43	Logische Fehler	41
B 1.5	Unterscheidung zwischen rechtlich richtigem Wert und Schätzung	41

B 2.	Rechtsquellen	42
B 2.1	Gesetzeswortlaut	42
B 2.11	Abfindung in bar	42
B 2.12	Einmaligkeit der Zahlung	42
B 2.13	Berechnung der Abfindung	43
B 2.131	Angemessenheit	43
B 2.132	Vermögens- und Ertragslage	43
B 2.133	Zeitpunkt der Hauptversammlung	45
B 2.2	Analog anwendbare Rechtsgrundsätze zur Bewertung	46
B 2.21	Ausscheidende Personengesellschafter	46
B 2.22	Pflichtteilsanspruch	47
B 2.23	Bürgerlich-rechtlicher Schadensersatz	48
B 2.24	Handelsvertreterausgleich	48
B 2.25	Enteignungsentschädigung nach Art. 14 III 3 GG	48
B 2.26	Handelsrechtliche Bewertung	48
B 2.27	Steuerrechtliche Bewertung	49
B 2.271	zum Zwecke der Ertragsbesteuerung	49
B 2.272	zum Zwecke der Vermögensbesteuerung	49
B 2.28	Ergebnis	50
B 3.	Auslegung des Begriffs „volle Entschädigung"	51
B 3.1	Volle Entschädigung = Ersatz für entzogenen Anteil am Unternehmenswert	51
B 3.2	Unternehmenswert = auf den Stichtag abgezinster Überschuß der zukünftigen Einnahmen über die Ausgaben	54
B 3.3	Gleichmäßiger Anteil aller Gesellschafter am Unternehmenswert	55
B 3.4	Verhältnis zu anderen Wertbegriffen	58
B 3.41	Börsenkurs	58
B 3.42	Verkehrswert des gesamten Unternehmens	59
B 3.43	Rekonstruktionswert	62
B 3.44	Unterschied zwischen kapitalisierten Einnahmeüberschüssen und Ertragswert	62
B 3.5	Ergebnis	64
B. 4.	Rechtsgrundsätze zur Ermittlung der kapitalisierten Einnahmeüberschüsse	64
B 4.1	Vollständigkeit der Entschädigung	64
B 4.11	Grundsatz: jeder zukünftige Einnahmeüberschuß	64
B 4.12	Individuelle Schäden der einzelnen Gesellschafter	66
B 4.121	Nicht zu ersetzende individuelle Schäden	66
B 4.122	Zu ersetzende individuelle Schäden (Nebenleistungen)	67
B 4.13	Schadensersatzansprüche, die durch actio pro socio geltend gemacht werden können	69
B 4.14	Durch rechtswidrige Gesellschafterbeschlüsse verursachter Schaden	70
B 4.141	Vor dem Stichtag gefaßte Gesellschafterbeschlüsse	70
B 4.1411	Keine Prüfungszuständigkeit des Spruchstellengerichts	70
B 4.1412	Vorbehalt im Spruchstellenbeschluß	71

B 4.142	Keine Beeinträchtigung der Abfindung durch am Stichtag gefaßte Gesellschafterbeschlüsse	71
B 4.15	Ausgleich für Rückwirkung von Unternehmensverträgen	72
B 4.2	Bestmögliche Verwertung	74
B 4.21	Verfassungsrechtliche Absicherung	74
B 4.22	Maßstab der bestmöglichen Verwertung	75
B 4.23	Möglichkeiten eines guten Vorstandes	76
B 4.24	Tatsächliche Möglichkeiten	76
B 4.25	Anrechnung von Fusionsvorteilen	78
B 4.3	Wahrscheinlichkeitsrechnung für Zukunftserwartungen	80
B 4.31	Verfassungsrechtliche Absicherung	80
B 4.32	Berücksichtigung aller objektiv vorausschaubarer Zukunftsentwicklungen	81
B 4.33	Zeitpunkt des Vorausschauens	84
B 4.34	Grundsätze der Wahrscheinlichkeitsmathematik	88
B 4.341	Sichere Mindesterwartung	89
B 4.342	Unsichere Chancen	89
B 4.4	Abziehbarkeit von Ertragsteuern	91
B 4.41	Das „Ob" der Anrechnung	91
B 4.42	Das „Wie" der Anrechnung	93
B 4.5	Abzinsung der Einnahmeüberschüsse	94
B 4.51	Rechtlicher Ausgangspunkt: Wiederanlagemöglichkeit der ausscheidenden Gesellschafter	95
B 4.52	Gleicher Kapitalisierungszins für alle ausscheidenden Gesellschafter	97
B 4.53	Bestmögliche Wiederanlage	98
B 4.54	Zeitpunkt, auf den abzuzinsen ist	99
B 4.55	Risikozuschlag zum Kapitalisierungszins	99
B 4.56	Risikoabschlag vom Kapitalisierungszins (Geldentwertung)	101
B 5.	Schätzungsmethoden zur Ermittlung der Einnahmeüberschüsse	104
B 5.1	Ertragswert	104
B 5.11	Eignung	105
B 5.12	Vergleich mit Vergangenheitsertrag	105
B 5.13	Nachhaltigkeit des Rohertrages	106
B 5.14	Nachhaltigkeit der Investitionstätigkeit	106
B 5.15	Ertragsteuern	108
B 5.16	Verbindlichkeiten	109
B 5.17	Kapitalisierungszinsfuß	111
B 5.18	Bewertungszeitpunkt	113
B 5.2	Rekonstruktionswert	113
B 5.21	Eignung	113
B 5.22	Berechnung des Rekonstruktionswertes	114
B 5.221	Anlagevermögen	115
B 5.222	Vorräte	116
B 5.223	Kundenforderungen	117
B 5.224	Organisation oder „goodwill"	117

B 5.225	Gewinne aus schwebenden Geschäften	118
B 5.226	Ertragsteuern auf stille Reserven	119
B 5.227	Verbindlichkeiten	119
B 5.228	Stichtag	120
B 5.3	Kombination von Ertragswert und Rekonstruktionswert	120
B 5.31	Kein Vorsichtsprinzip	121
B 5.32	Vergleichbarkeit der Werte	122
B 5.33	Willkür	123
B 5.34	Ergebnis	123
B 5.4	Schätzung am eigenen Verhalten	124
B 5.5	Liquidationswert	125
B 5.51	Eignung	125
B 5.52	Veräußerungserlöse	127
B 5.53	Ertragsteuern	128

C Aufteilung des Unternehmenswertes   130

C 1.	Stimmvorzug	130
C 2.	Abweichung zwischen Liquidations- und Gewinnverteilungsschlüssel	132
C 2.1	Nicht zu berücksichtigende Gewinnvorzüge	133
C 2.2	Zu berücksichtigende Gewinnvorzüge	134
C 2.21	Proportional größerer Gewinnanteil	134
C 2.22	Beschränkt größerer Gewinnanteil	136
C 2.221	Fester Mindestvorzug	136
C 2.222	Feste Mehrdividende	137
C 2.3	Vorzug beim Liquidationsschlüssel	137
C 3.	Ungleiche Einzahlung auf das Grundkapital	137
C 4.	Abfindungsrecht zum Buchwert	138

D Entschädigung bei Zahlungsverzögerung   139

D 1.	Verfassungsrechtlich gebotene Verzögerungsentschädigung	139
D 1.1	Gleichbehandlung für alle Abfindungen	139
D 1.11	Formwechselnde Umwandlung in GmbH	139
D 1.12	Verzögerungsschaden bei Unternehmensverträgen	140
D 1.2	Verfassungswidriger Stichtag	141
D 2.	Umfang der Verzögerungsentschädigung	143
D 2.1	Zinsen	143
D 2.2	Weiterer Schaden	143
D 2.3	Ausgleich für Geldentwertung	144

D 3.	Voraussetzungen für die Verzögerungsentschädigung	146
D 3.1	Keine Anwendung von Verzugsregeln	146
D 3.2	Auswirkung eines Abfindungsangebots	147
D 3.21	Auswirkung auf die Verzinsung	148
D 3.22	Auswirkung auf die weitere Verzögerungsentschädigung	149
D 4.	Verfahren der Geltendmachung	150

Vorschlag für die Abfassung eines Beweisbeschlusses, zugleich Thesen zur Unternehmensbewertung 152

Literaturverzeichnis 155

Stichwortverzeichnis 161

Abkürzungsverzeichnis

AktG	=	Aktiengesetz
BB	=	Betriebsberater (Zeitschrift)
BBWuRR	=	Baubetriebswirtschaft, Baurecht (Zeitschrift)
Betr. Altersvers.	=	Betriebliche Altersversorgung (Zeitschrift)
BGB	=	Bürgerliches Gesetzbuch
BGBl	=	Bundesgesetzblatt
BGHZ	=	amtliche Sammlung der Entscheidungen des Bundesgerichtshofs in Zivilsachen
BlGenW	=	Blatt für Genossenschaftswesen
BlGrBWR	=	Blatt für Grundstücks-, Bau- und Wohnungsrecht (Zeitschrift)
BStBl	=	Bundessteuerblatt
BlStSozArbR	=	Blatt für Steuerrecht, Sozialversicherungsrecht und Arbeitsrecht (Zeitschrift)
BuG	=	Bauamt und Gemeindebau (Zeitschrift)
DB	=	Der Betrieb (Zeitschrift)
Das WP	=	Das Wertpapier (Zeitschrift)
Die AG	=	Die Aktiengesellschaft (Zeitschrift)
DNotZ	=	Deutsche Notarzeitung
DR	=	Deutsches Recht (Zeitschrift)
DTG	=	Deutsche Treuhand Gesellschaft AG
DVBl	=	Deutsches Verwaltungsblatt (Zeitschrift)
E	=	amtliche Entscheidungssammlung
EFG	=	Entscheidungen der Finanzgerichte (Zeitschrift)
ESt	=	Einkommensteuer
FAZ	=	Frankfurter Allgemeine Zeitung
FGG	=	Gesetz über die freiwillige Gerichtsbarkeit
GewSt	=	Gewerbesteuer
GG	=	Grundgesetz
GmbHG	=	Gesetz über Gesellschaften mit beschränkter Haftung
GmbHRdsch	=	GmbH-Rundschau (Zeitschrift)
GenG	=	Genossenschaftsgesetz
HGB	=	Handelsgesetzbuch
JW	=	Juristische Wochenschrift (Zeitschrift)
JZ	=	Juristenzeitung

Abkürzungsverzeichnis

KSt	=	Körperschaftsteuer
KTSch	=	Konkurs-, Treuhand- und Schiedsgerichtswesen (Zeitschrift)
LM	=	Lindenmayer - Möhring, Entscheidungssammlung der Rechtsprechung des BGH
MDR	=	Monatsschrift für deutsches Recht (Zeitschrift)
NJW	=	Neue Juristische Wochenschrift (Zeitschrift)
OLGZ	=	Sammlung der Entscheidungen der Oberlandesgerichte
OMZ	=	Vereinigte Ost- und Mitteldeutsche Zement AG
RGZ	=	amtliche Sammlung der Entscheidungen des Reichsgerichts in Zivilsachen
RStBl	=	Reichssteuerblatt
RuG	=	Recht und Gesellschaft, Zeitschrift für Rechtskunde
RWE	=	Rheinisch-Westfälische Elektrizitätswerke AG
TA	=	Deutsche Revisions- und Treuhand-Gesellschaft — Treuarbeit —
UmwG	=	Umwandlungsgesetz
UmwStG	=	Umwandlungssteuergesetz
USt	=	Umsatzsteuer
VSt	=	Vermögensteuer
VersR	=	Versicherungsrecht (Zeitschrift)
VwGO	=	Verwaltungsgerichtsordnung
WM	=	Wertpapiermitteilungen (Zeitschrift)
WPg	=	Die Wirtschaftsprüfung (Zeitschrift)
WPO	=	Wirtschaftsprüfer-Ordnung
ZAKDR	=	Zeitschrift der Akademie für deutsches Recht
ZfB	=	Zeitschrift für Betriebswirtschaft
ZfBwF	=	Schmalenbachs Zeitschrift für betriebswirtschaftliche Forschung
ZfHwF	=	Zeitschrift für handelswissenschaftliche Forschung
ZGR	=	Zeitschrift für Unternehmens- und Gesellschaftsrecht
ZZP	=	Zeitschrift für Zivilprozeßrecht

Einleitung

E 1. Gegenstand der Untersuchung

Gegenstand der vorliegenden Untersuchung ist die Barabfindung nebst Entschädigung bei Zahlungsverzögerung, die ein in der Minderheit befindlicher Kapitalgesellschafter verlangen kann, wenn er zwangsweise aus der Gesellschaft ausscheiden muß oder ein gesetzlich vorgesehenes Recht zum Ausscheiden gegen Barabfindung hat.

E 1.1 Zwangsweises Ausscheiden

Kapitalgesellschafter können ausgeschlossen werden:

E 1.11 Übertragende Umwandlung

aus einer AG, KGaA, GmbH, bergrechtlichen Gewerkschaft mit oder ohne eigene Rechtspersönlichkeit durch übertragende Umwandlung auf einen anderen Rechtsträger nach dem Umwandlungsgesetz 1969[1]. In diesem Fall haben sie stets einen Anspruch auf angemessene Barabfindung nach § 12 I 1 UmwG[2]. Der mitunter zusätzlich vorgesehene Abfindungsanspruch in Aktien der Übernehmerin oder der die Übernehmerin beherrschenden Gesellschaft (§ 15 I 2 und 3 UmwG) soll hier nicht behandelt werden;

E 1.12 Eingliederung

aus einer AG durch Eingliederung in eine andere AG nach § 320 AktG. In diesem Fall haben sie grundsätzlich nur einen Anspruch auf Abfindung in Aktien der eingliedernden Gesellschaft, § 320 V 2 AktG. Ist aber die eingliedernde Gesellschaft ihrerseits eine abhängige Gesellschaft, so kann der ausscheidende Gesellschafter eine angemessene Barabfindung statt der Abfindung in Aktien verlangen (§ 320 V 3 AktG).

E 1.2 Recht zum Ausscheiden

Kapitalgesellschafter haben ein Recht zum Ausscheiden gegen Barabfindung:

E 1.21 Unternehmensverträge

wenn ein Beherrschungs- und/oder Gewinnabführungsvertrag (Unternehmensvertrag, §§ 291 ff. AktG) von einer AG oder KGaA als dem unter-

---

[1] BGBl. 1969 I S. 2081.
[2] i. V. m. §§ 9 I 1, 15 I 1, 19 I 1 i. V. m. Abs. III, 20 Satz 1, 22, 23 I 1, 24 I 1 und 25 I UmwG.

worfenen Unternehmen abgeschlossen wird (§ 305 II Nr. 3 AktG), es sei denn, der andere Vertragsteil sei eine nicht abhängige und nicht im Mehrheitsbesitz stehende AG oder KGaA mit Sitz im Inland (§ 305 II Nr. 1 AktG), oder der andere Vertragsteil habe in dem Vertrag Abfindung in Aktien der herrschenden oder mit Mehrheitsbesitz beteiligten Gesellschaft vorgesehen (§ 305 II Nr. 2 i. V. m. Abs. V Satz 3 AktG)[3].

E 1.22 Formwechselnde Umwandlung in GmbH

wenn eine AG oder KGaA oder eine rechtsfähige bergrechtliche Gewerkschaft formwechselnd in eine GmbH umgewandelt wird und der betreffende Minderheitsgesellschafter in der die Umwandlung beschließenden Hauptversammlung Widerspruch zu Protokoll gegeben hat, §§ 375 I, 388 AktG, 65 III 1 UmwG.

E 2. Zweck der Untersuchung

In sämtlichen vier genannten Fällen hat die Barabfindung die Vermögens- und Ertragslage der Gesellschaft, aus der der Minderheitsgesellschafter ausscheidet, im Zeitpunkt der Beschlußfassung über das das Abfindungsrecht begründende Ereignis zu berücksichtigen[4]. Es muß deshalb jeweils eine Bewertung des Unternehmens der betreffenden Gesellschaft stattfinden. Bisher hat im wesentlichen nur die Betriebswirtschaftslehre Grundsätze über die Bewertung von Unternehmen im Ganzen aufgestellt, wobei sie in der Praxis zu sehr unterschiedlichen Methoden und Ergebnissen gekommen ist[5]. Zweck der vorliegenden Untersuchung soll es sein, juristische Grundsätze für die Bewertung von Unternehmen und die daraus resultierende Feststellung des Abfindungsanspruchs aufzustellen, um die Abhängigkeit der Gerichte von der subjektiven Einstellung der Gutachter zu verringern und sie in die Lage zu versetzen, Unterschiede zwischen Bewertungsmethoden zu verstehen und darüber zu entscheiden. Die Einführung des Instanzenzuges im Spruchstellenverfahren mit Möglichkeit der Divergenzvorlage an den BGH erfordert es, die unterschiedlichen Auffassungen über Bewertungsmethoden juristisch zu erfassen.

Lorsqu'une situation de fait apparait comme étant suffisamment *typique* susceptible de se représenter fréquemment, on veillera par une technique ou par une autre à ce qu'elle soit couverte par une règle de droit, de manière que les intéressés sachent à quoi s'en tenir, et comment ils doivent se comporter[6].

---

[3] In diesen Fällen ist statt der Barabfindung eine Abfindung in Aktien vorgesehen.

[4] § 12 I 2 UmwG, § 320 V 5 AktG, § 305 III 2 AktG, § 375 I 1, 2. Halbsatz i. V. m. § 320 V 5 AktG.

[5] Vgl. OLG Stuttgart 12. 11. 1962 (KNORR), Koppenberg, S. 57 ff.

[6] *René David*, Les Grands Systèmes de Droit Contemporains, 3. Aufl., Paris 1969, S. 104. Übersetzung: Wenn eine tatsächliche Situation hinreichend typisch ist, um häufig vorzukommen, wird man auf die eine oder andere

Einleitung

In Rechtswissenschaft[7] und Betriebswirtschaftslehre[8] ist grundsätzlich anerkannt, daß die Bewertungsmethode sich nach dem Zweck der Bewertung richten muß. Deshalb beschränke ich mich auf die Entwicklung von Rechtsgrundsätzen für die Unternehmensbewertung im Rahmen der genannten Barabfindungen. Möge die Arbeit dennoch eine Anregung auch für andere Bewertungsfälle sein[9].

Weise immer dazu kommen, sie durch einen Rechtssatz zu regeln, damit die Betroffenen wissen, woran sie sich zu halten und wie zu verhalten haben.

[7] BGH 23. 9. 1957 = BGHZ 25, 230; *Niemann*, S. 194.

[8] *Velder*, DB 1955, 925; *Engels*, S. 12 ff.; dennoch ist der Unterschied zwischen Preisfindung und richterlicher Entscheidung für die Bewertung bisher nur von *Sieben*, Die AG 1966, 6 ff. richtig herausgearbeitet worden, vgl. *Münstermann*, S. 13 ff.; *Schumacher*, DB 1970, 1941; *Jaensch*, S. 15 f.

[9] Vgl. insbesondere für die Auseinandersetzung von Personengesellschaften und die Pflichtteilsberechnung, unten B 2.21 und 2.22.

A Verfassungsrechtlicher Ausgangspunkt Art. 14 GG

Die Barabfindung wird in den bezeichneten Fällen als Ausgleich für eine Änderung der Gesellschaftsrechte gewährt. Gesellschaftsanteile sind Eigentum im Sinne des Art. 14 GG[1], das nach dessen Absatz 1 Satz 1 ausdrücklich durch die Verfassung gewährleistet ist[2]. Es sollen deshalb zunächst die Konsequenzen erörtert werden, die sich aus Art. 14 GG ergeben.

A 1. Zwangsweises Ausscheiden

In den Fällen der übertragenden Umwandlung sowie der Eingliederung wird den Minderheitsgesellschaftern ihre Beteiligung am Gesellschaftsvermögen zwangsweise zugunsten des Hauptgesellschafters entzogen.

A 1.1 Verfassungsrechtliche Zulässigkeit

Nach Art. 14 III 1 GG ist eine Enteignung nur zum Wohle der Allgemeinheit zulässig. Der zwangsweise Entzug der Gesellschaftsrechte dient dem Wohl des begünstigten Mehrheitsgesellschafters, nicht jedoch dem Wohl der Allgemeinheit im Sinne des Art. 14 III 1 GG[3]. Daraus könnte man schließen, daß Eigentumsentziehungen zum Wohle des Mehrheitsgesellschafters unzulässig sind[4]. Das BVerfG hat im Feldmühle-Urteil[5] diese Schlußfolgerung jedoch nicht gezogen, sondern entschieden, daß der Gesetzgeber das Interesse von Privaten so untereinander abwägen kann, daß dem einen ein Eingriff in das Eigentum des anderen gestattet wird. Mit dem Wortlaut und -sinn des Art. 14 III Satz 1 GG läßt sich die Entscheidung allerdings nur dadurch vereinbaren, daß nicht jede, sondern nur die öffentlich-rechtliche Eigentumsentziehung als „Enteignung" angesehen wird[6]. Im Ergebnis erscheint

---

[1] So für die Aktie BVerfG 7. 8. 1962 = E 14, 263 (277) (Feldmühle).
[2] Art. 14 I 1 GG lautet: „Das Eigentum und das Erbrecht werden gewährleistet."
[3] BVerfG 7. 8. 1962 (Feldmühle) sub II 2 a = a.a.O.
[4] So wohl *Koppenberg*, S. 10; *Fechner*, Die AG 1962, S. 230; *v. Falkenhausen*, Die AG 1963, S. 152 f.; *Pflug*, RuG 1972, 241.
[5] BVerfG 7. 8. 1962 (Feldmühle) sub II 2 c (2) = a.a.O.
[6] So meint auch der BGH 30. 3. 1967 NJW 1967, 1464 nur die Enteignung im Sinne des Art. 14 III 1 GG, wenn er sagt, eine Umwandlung mit Mehr-

die Entscheidung des BVerfG auch vernünftig, da andernfalls so bewährte Vorschriften wie § 912 BGB (Duldung des Überbaus) verfassungsrechtlich bedenklich wären.

A 1.2 Rechtsfolge: Volle Entschädigung

Im Falle einer Enteignung zum Wohle der Allgemeinheit nach Art. 14 III 1 GG wird keine volle Entschädigung, sondern nur eine Entschädigung geschuldet, die die Interessen der Enteigneten gegenüber den Interessen der Allgemeinheit abwägt, Art. 14 III 3 GG[7]. Soweit die Enteignungsentschädigung hinter der vollen Entschädigung zurückbleibt, trägt der Enteignete seinen Schaden selbst. Dadurch wird dem Enteigneten ein gewisses Opfer zum Wohle der Allgemeinheit zugemutet; insofern ist Art. 14 III 3 lex specialis zu Art. 3 I GG.

Erfolgt die Eigentumsentziehung jedoch zum Wohle des Mehrheitsgesellschafters, so darf den Minderheitsgesellschaftern kein Opfer abverlangt werden, da sonst Art. 3 I GG verletzt wäre und Art. 14 III 3 GG als lex specialis nicht eingreift. Deshalb muß die Barabfindung im Falle der Eigentumsentziehung zugunsten des Mehrheitsgesellschafters eine *volle* Entschädigung der Minderheitsgesellschafter enthalten, die jedes Opfer vermeidet[8]. Da das Mitgliedschaftsrecht in seiner Gesamtheit entzogen wird, bezieht sich die verfassungsrechtlich gebotene volle Entschädigung auf den vollen Wert des Gesellschaftsanteils.

A 2. Recht zum Ausscheiden

In den Fällen der Unternehmensverträge und der formwechselnden Umwandlung in eine GmbH wird den Gesellschaftern ihre Beteiligung nicht von vornherein weggenommen; vielmehr haben sie die Möglichkeit, unter veränderten Umständen in der Gesellschaft zu verbleiben. Es fragt sich deshalb, ob die in diesen Fällen zu beanspruchende Barab-

---

heitsbeschluß und Entzug der Beteiligungsrechte der Minderheitsgesellschafter sei ebensowenig eine Enteignung wie der Ausschluß von Personengesellschaftern; denn eine Enteignung im wörtlichen Sinne (Entziehung des Eigentums) findet sehr wohl statt. So bezeichnet *Serna*, Sociétés coopératives de commerçants détaillants et magasins collectifs de commerçants indépendants, Revue des Sociétés 1972, S. 449, den Ausschluß von Personengesellschaftern aus wichtigem Grund nach französischem Recht als Enteignung zum privaten Wohl (expropriation pour cause d'utilité privé).

[7] Art. 14 III 3 GG lautet: „Die Entschädigung ist unter gerechter Abwägung der Interessen der Allgemeinheit und der Beteiligten zu bestimmen."

[8] BVerfG 7. 8. 1962 (Feldmühle) sub II 2. c) = E 14, 263 ff.; insoweit überholt OLG Hamburg 14. 1. 1960, Die AG 1960, 4 und KG in Sachen Dyckerhoff AG, zit. bei *Walb*, ZfHwF 1940, 12.

findung sich ebenfalls nach den Grundsätzen des Feldmühle-Urteils als volle Entschädigung berechnen muß.

A 2.1 Unternehmensverträge

Die Barabfindung nach § 305 III 2 AktG muß als volle Entschädigung berechnet werden, wenn jeweils Eigentumseingriffe vorliegen und Gegenstand der Entschädigungspflicht gerade das Vollrecht ist.

A 2.11 Eigentumseingriff

Im Falle des Abschlusses eines Beherrschungs- und/oder Gewinnabführungsvertrages wird den Minderheitsaktionären[1] nicht die volle Mitgliedschaft entzogen. Entzogen werden jedoch wesentliche Mitgliedschaftsrechte.

A 2.111 Gewinnabführungsvertrag

Im Falle des Abschlusses eines Gewinnabführungsvertrages wird das Recht der Gesellschafter auf Beteiligung am Gewinn (§ 60 I AktG) entzogen, das grundsätzlich ohne Zustimmung des betroffenen Aktionärs nicht entzogen werden kann[2]. Ferner wird durch den Gewinnabführungsvertrag das Recht der Minderheitsaktionäre auf Beteiligung an dem Liquidationserlös (§ 271 I AktG) beeinträchtigt: nach §§ 301, 302 AktG können nämlich als Gewinn auch diejenigen Gewinne abgeführt werden, die lediglich aus der Realisierung stiller Reserven entstanden sind; nach 302 AktG haben die verbleibenden Aktionäre nach Beendigung des Unternehmensvertrages lediglich einen Anspruch auf Aufrechterhaltung des Eigenkapitals der Gesellschaft einschließlich ihrer Buch-Rücklagen, aber ausschließlich der stillen Reserven[3]. Dadurch kann die Gesellschaft vermögensmäßig weitgehend ausgehöhlt werden[4].

A 2.112 Beherrschungsvertrag

Im Falle eines Beherrschungsvertrages wird das Recht der Aktionäre auf Mitbestimmung über das Schicksal der Gesellschaft entzogen, während formell das Recht auf gleichmäßige Beteiligung an Ertrag und Vermögen unberührt bleibt. Schon der Entzug des Mitbestimmungsrechts am lebenden Unternehmen ist ein Eigentumsentzug im Sinne von Art. 14 GG[5]. Darüber hinaus verbindet sich aber beim Beherr-

---
[1] Verträge nach § 291 AktG werden praktisch nur mit Mehrheitsaktionären oder von diesen abhängigen Gesellschaften abgeschlossen.
[2] BGH 24. 1. 1957 = BGHZ 23, 150.
[3] *Baumbach/Hueck*, § 301 Anm. 4.
[4] RG 27. 5. 1913 = RGZ 82, 315.
[5] BVerfG 7. 5. 1969 (lex Rheinstahl) = E 25, 406 f.; *Wienand Meilicke*, DB 1971, 1146.

schungsvertrag mit dem Wegfall des Mitbestimmungsrechts der Minderheitsaktionäre das Recht des beherrschenden Unternehmens, ohne Entschädigung nachteilige Weisungen zu erteilen, 308 AktG. Da nach § 302 I AktG wiederum das herrschende Unternehmen nur für den Erhalt des bei Vertragsabschluß bestehenden Eigenkapitals einschließlich freier Rücklagen einzustehen hat, können durch den Beherrschungsvertrag, ebenso wie beim Gewinnabführungsvertrag, Gewinn und stille Reserven der Gesellschaft unter Ausschluß der Minderheitsaktionäre auf das herrschende Unternehmen übertragen werden.

A 2.12 Ausgleichszahlung keine volle Entschädigung

Es würde grundsätzlich ausreichen, wenn nur für diese Teilrechtsverluste eine Entschädigung gegeben würde. In der Tat sieht § 304 AktG neben der Abfindung nach § 305 AktG wahlweise die wiederkehrende Zahlung eines Ausgleichs unter Beibehaltung der Aktionärseigenschaft vor. Daraus könnte gefolgert werden, daß die Barabfindung nach § 305 AktG keine volle Entschädigung für den Verlust der gesamten Aktien im Sinne der verfassungsrechtlichen Rechtsprechung zu sein braucht; wenn nämlich der Gesetzgeber den enteigneten Aktionären ein Wahlrecht gibt, so ist dem verfassungsrechtlichen Erfordernis nach voller Entschädigung Genüge getan, wenn einer der zur Wahl gestellten Ansprüche eine volle Entschädigung für den Rechtsverlust darstellt. Es ist daher zu prüfen, ob die Ausgleichszahlung nach § 304 AktG eine volle Entschädigung ist, wie dies für Ausgleichszahlungen aus vor Erlaß des AktG 1965 abgeschlossenen Organschaftsverträgen gefordert worden ist[6].

A 2.121 Ausgleichszahlung nach § 304 II 1 AktG

Nach § 304 II 1 AktG ist als Ausgleichszahlung mindestens die jährliche Zahlung des Betrages zuzusichern, der nach der bisherigen Ertragslage der Gesellschaft und ihren künftigen Ertragsaussichten unter Berücksichtigung angemessener Abschreibungen und Wertberichtigungen, jedoch ohne Bildung freier Rücklagen, voraussichtlich als durchschnittlicher Gewinnanteil auf die einzelne Aktie verteilt werden könnte. Diese Ausgleichszahlung ist nur dann eine volle Entschädigung, wenn sie sowohl die entgangenen Zukunftserträge als auch den möglichen Entzug sämtlicher stiller Reserven berücksichtigt.

Unter „Ertragslage" und „Ertragsaussichten" kann nur der Gewinn verstanden werden, der sich aus dem Weiterbetrieb der Gesellschaft ergibt, in der Regel aber nicht derjenige Buchgewinn, der bei einer sofortigen Liquidation des Gesellschaftsvermögens erzielt werden

---

[6] LG Siegen 17.12.1964 (Hüttenwerke Siegerland), BB 1965, 1419; *Heinz Meilicke*, Konzentration, S. 658.

würde. Denn nach §§ 301, 302 AktG können die gesamten stillen Reserven auch während einer noch so kurzen Laufzeit des Unternehmensvertrages entzogen werden; würde dies auf jeden Fall bei der Bemessung der Ausgleichszahlung berücksichtigt werden müssen, würde dies bedeuten, daß als Ausgleichszahlung unverzüglich sämtliche auf die Minderheitsgesellschafter entfallenden stillen Reserven, also ein wesentlicher Teil des Vermögens, auszuschütten wären. Das ist mit dem Wortlaut nicht zu vereinbaren. Somit ist die Ausgleichszahlung nach § 304 II 1 AktG schon deshalb keine volle Entschädigung für den Rechtsverlust, den die außenstehenden Aktionäre durch den Unternehmensvertrag erleiden, weil sie keine Entschädigung dafür enthält, daß der andere Vertragsteil die stillen Reserven der Gesellschaft entziehen kann[7].

Ferner stellt die Ausgleichszahlung auf den voraussichtlichen Ertrag ab; dieser kann notwendigerweise über, aber auch unter dem tatsächlich in der Zukunft erwirtschafteten Ertrag liegen. Eine volle Entschädigung könnte in der Ausgleichszahlung nur dann erblickt werden, wenn das Risiko, eine schlechtere, und die Chance, eine bessere als die den tatsächlichen Zukunftserträgen entsprechende Ausgleichszahlung zu erhalten, sich die Waage halten[8]. Tatsächlich hat der Mehrheitsaktionär es aber in der Hand, einen fortlaufenden Vertrag unter dem Vorbehalt der Kündigung abzuschließen; wenn sich hinterher herausstellt, daß die wirtschaftliche Entwicklung ungünstiger war als erwartet, liegt es in seiner Hand, unter Kündigung des alten und Abschluß eines neuen Vertrages eine Herabsetzung der Ausgleichszahlung herbeizuführen. Demgegenüber können die außenstehenden Aktionäre keine Heraufsetzung der Entschädigung durchsetzen, wenn sich hinterher herausstellt, daß die Entschädigung zu gering war. Durch die einseitige Herabsetzungsmöglichkeit ist die Chancengleichheit gebrochen[9], so daß nach den Grundsätzen der Wahrscheinlichkeitsrechnung die Ausgleichszahlung auch aus diesem Grunde nicht als volle Entschädigung für die entgehenden Zukunftsgewinne angesehen werden kann[10].

A 2.122 Ausgleichszahlung nach § 304 II 2 AktG

Wenn der andere Vertragsteil eine Aktiengesellschaft oder KGaA ist, kann statt der Ausgleichszahlung nach § 304 II 1 AktG auch die Zahlung des Betrages zugesichert werden, der auf Aktien der anderen Gesellschaft mit mindestens dem entsprechenden Nennbetrag jeweils als

---
[7] *Heinz Meilicke*, Konzentration, S. 658.
[8] Vgl. unten B 4.31.
[9] *Heinz Meilicke*, Konzentration, S. 668, vergleicht den Mehrheitsgesellschafter mit einem Münzenspieler, der wettet: tails I win, heads you lose.
[10] a. A. anscheinend LG Siegen 17.12.1964 (Hüttenwerke Siegerland), in BB 1965, 1419 ff., nicht abgedr. — Die Weisungsfreiheit des Vorstandes der abhängigen Gesellschaft nach § 299 AktG ist praktisch nicht gegeben.

Gewinnanteil entfällt, § 304 II 2 AktG. Der entsprechende Nennbetrag bestimmt sich nach § 304 II 3 AktG nach dem Verhältnis, in dem bei einer Verschmelzung auf eine Aktie der Gesellschaft Aktien der anderen Gesellschaft zu gewähren wären. Dabei ist der Gesetzgeber offenbar davon ausgegangen, daß sich das Umtauschverhältnis bei einer Verschmelzung insbesondere nach der Ertragslage der Gesellschaften bestimmen wird und daß die außenstehenden Aktionäre bei Vollausschüttung der Gewinne der anderen Gesellschaft den Betrag erhalten, den sie auch beim Weiterbetrieb der Gesellschaft in Form von Dividende oder Vermögenszuwachs durch Reservenbildung erhalten würden und der der Ausgleichszahlung nach § 304 II 1 AktG entspricht. Eine Entschädigung für die Möglichkeit, daß der andere Vertragsteil die Gesellschaft durch Entnahme ihrer stillen Reserven aushöhlt, ist in der Ausgleichszahlung nach § 304 II 2 AktG also ebensowenig enthalten wie in derjenigen nach § 304 II 1 AktG.

Darüber hinaus haben die außenstehenden Aktionäre aber keinerlei Garantie dafür, daß der andere Vertragsteil überhaupt eine Dividende ausschüttet; dieser kann seinen Jahresüberschuß völlig[11] in die freien Rücklagen stellen und tut dies in der Regel zumindest teilweise. Den Jahresüberschuß der unterworfenen Gesellschaft kann der andere Vertragsteil dagegen ohne jede Reservebildung an sich abführen (§ 301 AktG). Wegen der Reservenbildung bei dem anderen Vertragsteil, an der die außenstehenden Aktionäre der unterworfenen Gesellschaft keinen Anteil haben, wird die an der Ausschüttung der herrschenden Gesellschaft orientierte Ausgleichszahlung also regelmäßig sogar hinter dem laufenden Ertrag der unterworfenen Gesellschaft zurückbleiben. Ob die außenstehenden Aktionäre überhaupt etwas erhalten, steht zudem im Ermessen der Hauptversammlung der herrschenden Gesellschaft[12]. Die Ausgleichszahlung nach § 304 II 2 AktG kann daher erst recht nicht als volle Entschädigung für den durch den Unternehmensvertrag erlittenen Rechtsverlust angesehen werden.

Da somit die Ausgleichszahlung nach § 304 AktG in seinen beiden Alternativen den außenstehenden Aktionären keine volle Entschädigung für den durch den Unternehmensvertrag verursachten Rechtsverlust bietet, ist es nach Art. 14 I GG geboten, daß der andere zur Wahl gestellte Anspruch, nämlich der Anspruch auf Barabfindung, die volle Entschädigung enthält[13, 14].

---

[11] Trotz § 58 AktG, BGHZ 55, 359.
[12] So auch *Hüchting*, S. 62 ff.
[13] So auch *Heinz Meilicke*, Konzentration, S. 658 ff.; *Biedenkopf/Koppensteiner*, § 305 Anm. 13; *Würdinger*, § 305, Anm. 13.
[14] Da es zulässig ist, von vornherein einen Entzug des Vollrechts vorzunehmen, sind gegen die gesetzliche Konstruktion, bei einem Teilrechtsentzug eine volle Entschädigung nur gegen Hingabe des Vollrechts vorzusehen,

A 2.2 Formwechselnde Umwandlung in GmbH

Bei der formwechselnden Umwandlung in eine GmbH hat der Minderheitsgesellschafter, anders als bei der übertragenden Umwandlung oder der Eingliederung, die Möglichkeit, durch Übernahme eines Geschäftsanteils der GmbH an der Gesellschaft beteiligt zu bleiben. Die Minderheitsgesellschafter erleiden auch gegenüber dem oder den Mehrheitsgesellschaftern, die die Umwandlung erzwingen, keinen rechtlichen Nachteil, da sie, im Gegensatz zum Gewinnabführungs- und Beherrschungsvertrag, ihren Anspruch auf Gleichbehandlung, Gewinnbeteiligung und Mitbestimmung behalten. Bei den Kontrollrechten, die den GmbH-Gesellschaftern zustehen, tritt zwar in einigen Beziehungen eine Verschlechterung ein: so braucht eine GmbH grundsätzlich weder einen von unabhängigen Wirtschaftsprüfern geprüften Jahresabschluß zu haben, noch muß der Jahresabschluß veröffentlicht werden. Dies wird jedoch durch anderweitige Verbesserungen der Kontrollrechte ausgeglichen: So stellt die Gesellschafterversammlung z. B. den Jahresabschluß fest (§ 46 GmbHG), und Minderheitsgesellschafter können Rechtsgeschäfte, die zwischen der Gesellschaft und dem Mehrheitsgesellschafter abgeschlossen werden sollen, nach § 47 IV GmbHG verhindern.

Eine erhebliche Verschlechterung stellt es allerdings dar, daß ein GmbH-Anteil nur notariell, mit den damit verbundenen Kosten, veräußert werden kann. Darin kann ein Eigentumseingriff jedoch nur dann gesehen werden, wenn die Gesellschafter mit dieser Änderung nicht rechnen konnten, denn es stellt einen allgemeinen Grundsatz des Gesellschaftsrechts dar, daß die Gesellschafter nur von solchen Satzungsänderungen verschont zu werden brauchen, mit denen sie bei ihrem Eintritt in die Gesellschaft nicht zu rechnen brauchten[15]. Ob die Beeinträchtigung der Leichtigkeit der Veräußerlichkeit eine solche grundlegende Satzungsänderung ist, erscheint zweifelhaft. Dafür spricht allerdings, daß schwer veräußerbare Anteile häufig einen Abschlag auf den Verkehrswert hinnehmen müssen[16]. Durch die Schaffung des Rechts zum Ausscheiden und die Verweisung auf die als volle Entschädigung zu berechnende Barabfindung nach § 320 V 5 AktG hat der Gesetzgeber aber zu erkennen gegeben, daß er die formwechselnde Umwandlung in eine GmbH ohne Zustimmung des einzelnen Gesellschafters nicht für zumutbar hält; aus dem Fehlen einer Verweisung auf die Verzugsfolgen

---

keine verfassungsrechtlichen Bedenken anzumelden, LG Siegen, Urt. v. 17. 12. 1964 (Hüttenwerke Siegerland), BB 1965, 1419; OLG Frankfurt 16. 9. 1971 (Veith-Pirelli) = NJW 1972, 641; zweifelnd noch BGH 8. 2. 1960 = NJW 1960, 722.

[15] BGH 19. 4. 1971 = NJW 1971, 1214.
[16] Viel/Bredt/Renard, S. 98.

des § 320 V 6 AktG, die vom BVerfG für die volle Entschädigung ebenfalls als geboten erachtet worden sind, kann das Gegenteil nicht hergeleitet werden, weil dies auf einem Redaktionsversehen beruht[17].

Somit ist auch die Barabfindung, die im Falle der formwechselnden Umwandlung in eine GmbH von den widersprechenden Gesellschaftern verlangt werden kann, nach dem verfassungsrechtlichen Grundsatz der vollen Entschädigung zu berechnen[18].

Als *Ergebnis* ist festzuhalten, daß alle hier untersuchten Abfindungen nach dem Grundsatz der vollen Entschädigung zu berechnen sind.

---

[17] *Kropff*, S. 485; bei den Ausschußberatungen ist ausdrücklich noch von einer Verzinsung der Barabfindung nach § 375 AktG gesprochen worden.
[18] Die formwechselnde Umwandlung einer GmbH in eine AG (§§ 376 ff. AktG) hat der Gesetzgeber trotz teilweiser Verschlechterung der Kontrollrechte offenbar als zumutbar angesehen, da er dort keine volle Entschädigung vorgesehen hat (§ 383 AktG).

B Unternehmensbewertung

B 1. Tat- und Rechtsfrage in der Unternehmensbewertung

B 1.1 Keine Abdankung zugunsten Betriebswirtschaftslehre

Die Frage, ob die Bewertung von Unternehmen zum Zwecke der Abfindung ausscheidender Gesellschafter Rechtsfrage ist, wird von Rechtsprechung und Literatur unterschiedlich beantwortet. Teilweise wird die Ansicht vertreten, die Bewertung sei reine Tatfrage[1]. Demnach müßte der Abfindungswert feststehen und feststellbar sein, wenn man nur genau genug hinschaute. Demgegenüber wird von der wohl überwiegenden Meinung in der Literatur angenommen, daß die Methode der Bewertung Rechtsfrage ist[2]. Eine dritte Meinung, die insbesondere in der Rechtsprechung zum Umwandlungsgesetz zum Ausdruck gekommen ist, geht dahin, die Methode der Bewertung sei der Betriebswirtschaftslehre zu überlassen. Dabei haben die Gerichte, die diese Meinung vertreten, die von den Betriebswirten vorgelegten Methoden sehr unterschiedlich geprüft:

Das OLG Stuttgart[3] hatte sieben Gutachten über die Bewertung des betreffenden Unternehmens vorliegen. Diese gaben den Wert mit 560 %, 608 %, 720 %, 800 % und 1060 % des Grundkapitals an. Die Unterschiede beruhten insbesondere:

— auf der Ansetzung eines Abschlages für Minderheitsbeteiligungen (·/· 10 %) bzw. auf einem Zuschlag für Minderheitsbeteiligungen (+ 10 %)
— Abstellen auf den niedrigeren Substanzwert oder den höheren Ertragswert
— Bildung von Rückstellungen für Steuern auf stille Reserven, mit deren Auflösung nicht zu rechnen war
— Ansatz verschiedener KSt-Sätze auf gleichbleibende Erträge
— Verschiedene Höhe von Risikozuschlägen zum Kapitalisierungszinsfuß.

Das OLG Stuttgart hat es nicht für nötig gehalten, die einzelnen Methoden auf ihre Richtigkeit zu untersuchen und sich eine eigene Meinung zu bilden. Mit der Begründung, „jedes Gutachten bilde ein einheitliches Ganzes, dessen abgewogenes Bewertungssystem als Gesamtheit durch Korrekturen in

---

[1] *Barz*, DR 1941, 1303; vgl. auch unten B 3.42.
[2] *Bach*, JW 1936, 3118; *Elmendorff*, WPg 1966, 551; *Knöchlein*, DNotZ 1960, S. 461 (Anm. 40); *Kropff*, DB 1962, 155; *Schreib*, Das WP 1967, 134; wohl auch *Sieben*, Die AG 1966, 7.
[3] 12. 11. 1962 (KNORR), Koppenberg, S. 57 ff.

Einzelpositionen gestört würde"[4], hat es lediglich ein Mittel der ihm vorgelegten Werte gezogen.

Das OLG Hamm hat ebenfalls gesagt, die Frage, wie ein Unternehmen zu bewerten sei, sei keine Rechtsfrage, das Gericht müsse sich an die anerkannten Grundsätze der Betriebswirtschaftslehre halten[5]. Es hat jedoch zugleich selbst sehr sorgfältig zu den von den Parteien aufgeworfenen Fragen Stellung genommen, z. B., anders als das OLG Stuttgart, zur Berechtigung und Höhe eines allgemeinen Risikozuschlages zum Kapitalisierungszinsfuß[6], und hat überhaupt das eingeholte Sachverständigengutachten auf methodische Bedenken überprüft[7]. In einem späteren Beschluß hat das OLG Hamm selbständig zu der Frage Stellung genommen, ob dem Ertragswert oder dem Substanzwert der Vorzug zu geben ist[8] und ob latente Steuern auf stille Reserven vom Unternehmenswert abzuziehen sind[9] — Fragen, die das OLG Stuttgart ebenfalls offengelassen hatte.

Die vom OLG Stuttgart den Gutachtern überlassene Frage des Minderheitsab- oder -zuschlages ist schließlich vom OLG Düsseldorf[10] und vom OLG Celle[11] als Rechtsfrage behandelt und entschieden worden.

Es ist daher nach dieser Meinung nicht eindeutig, welche Fragen der Betriebswirtschaftslehre angehören, über die zu richten der Jurist sich enthalten muß, und welches Rechtsfragen sind.

Daß der Gesetzgeber 1965 den Richter an irgendwelche Grundsätze der Betriebswirtschaftslehre binden wollte, ist nicht ersichtlich; im Gegenteil hatte gerade der Mitverfasser des AktG 1965, Kropff[12], im Jahr 1962 die Gerichte aufgerufen, die Bewertung als Rechtsfrage zu erkennen und zu entscheiden.

Gegen eine vorbehaltlose *Bindung* des Richters an irgendeine Lehrmeinung bestehen zunächst praktische Bedenken. Es gibt keine einheitliche „wissenschaftliche Lehre", da mit mehr oder weniger guten Gründen alles vertreten werden kann und vertreten wird; gerade der Jurist müßte sich dessen bewußt sein. Auch auf die Vertretbarkeit einer wissenschaftlichen Lehre kann es nicht ankommen, wie es das KG[13] anzudeuten scheint. Wer soll entscheiden, welche vertretene Meinung auch „vertretbar" ist? Schließlich kann die Zahl der Vertreter einer Meinung die guten Gründe nicht ersetzen. Es kann aber ebenfalls nicht darauf ankommen, ob eine Meinung überhaupt vertreten wird, da sich das „Vertretensein" jeder Ansicht durch Schreiben eines Aufsatzes jederzeit beliebig manipulieren läßt.

---
[4] a.a.O. Koppenberg, S. 67.
[5] 23. 1. 1963, Koppenberg, S. 114/115 (Bergbau AG Constantin der Große).
[6] dto. S. 121/122.
[7] dto. S. 128.
[8] 15. 5. 1963, Koppenberg, S. 148 ff. (OMZ).
[9] dto. S. 159.
[10] 27. 11. 1962, Koppenberg, S. 95 (Beteiligungs-AG).
[11] 6. 1. 1961, Koppenberg, S. 55.
[12] *Kropff*, DB 1962, 155.
[13] 15. 12. 1970, OLGZ 1971, S. 279 (Berl. Maschinenbau-AG).

In der Praxis hat sich gezeigt, daß Bewertungsgutachten von mehreren Betriebswirten für dasselbe Unternehmen oft zu völlig verschiedenen Ergebnissen kommen[14]. Dabei handelt es sich häufig nur um die verschiedene Ableitung des Wertes aus denselben Tatsachen[15], so daß die Bemessung der Abfindung weitgehend von der angewendeten Methode abhängt[16]. Wäre der Richter immer an die von dem Gutachter gewählte Methode gebunden, wenn diese nur von der Betriebswirtschaftslehre „anerkannt" ist, so wäre die Einschaltung des Gerichts praktisch überflüssig, sie diente nur noch dazu, dem Sachverständigengutachten den Stempel der staatlichen Autorität aufzudrücken. Die Festsetzung der Abfindung wäre dem Zufall der Gutachterauswahl sowie der subjektiven Einstellung des ausgewählten Sachverständigen und der Methode, an die er glaubt, preisgegeben[17]. Dagegen wird die Einheitlichkeit der Rechtsprechung gegenüber dem „Zufall" des gesetzlichen Richters dadurch gesichert, daß bei unterschiedlichen Auffassungen die Rechtsfrage dem BGH nach § 28 II und III FGG vorgelegt wird[18].

Die Bedenken gegen eine *Bindung* an irgendwelche Lehrmeinungen sind darüber hinaus grundsätzlicher Natur. Die tatsächliche Abhängigkeit des Richters vom Sachverständigen ist schon bedauerlich genug und oft beklagt worden. Diese tatsächliche Abhängigkeit besteht auch bei Ermittlung der Abfindung schon deshalb, weil ein Richter rein zeitlich gar nicht in der Lage ist, ohne den umfangreichen Mitarbeiterstab, der z. B. den Wirtschaftsprüfern zur Verfügung steht, ein Unternehmen in allen seinen Einzelheiten zu bewerten. Eine darüber hinaus gehende *rechtliche* Bindung würde jedoch bedeuten, daß der Richter die Sätze der Betriebswirtschaftslehre auch dann befolgen muß, wenn er sie für falsch oder im vorliegenden Fall nicht anwendbar hält. Bei der Feststellung der Barabfindung handelt es sich, auch soweit der Sachverständige das Unternehmen bewertet, der Sache nach um streitentscheidende und somit rechtsprechende Tätigkeit[19], die nach Art. 92 1. Halbsatz GG den Richtern anvertraut ist. Diese sind nach Art. 20 III GG allein an Gesetz und Recht, nicht aber an Lehrmeinungen gebunden. Zumindest im Jahr 1965 konnte keine Rede von einer gefestigten betriebswirtschaftlichen Methode der Unternehmensbewertung sein. In diesem Zu-

---

[14] So lagen die Bewertungen der KNORR AG (OLG Stuttgart, 12. 11. 1962 = Koppenberg, S. 57 ff.) bis zu 90 % auseinander; *Münstermann*, S. 24 nennt Unterschiede bis zu 250 %. Bei der Bewertung der Wohnungswirtschaft der Rheinpreußen AG (LG Düsseldorf, 19 Akt E 3—7/69 I) lagen die Ergebnisse der TA und der DTG um 49 % auseinander.

[15] So auch *Kropff*, DB 1962, 155.

[16] KG 15. 12. 1970, OLGZ 1971, 278 f. (Berl. Maschinenbau-AG).

[17] Vgl. *Barz*, DR 1941, 1303; eindringlich auch *Sieben*, Die AG 1966, 89.

[18] Vgl. *René David*, oben E 2; vgl. auch *Kruse*, S. 81.

[19] *Stützel*, in: Verein für Sozialpolitik, S. 46 ff., insbesondere S. 49.

stand den Richter an die (noch zu entwickelnden) Grundsätze der Betriebswirtschaftslehre binden käme praktisch der Delegation einer Rechtsetzungsbefugnis gleich; nach Art. 20 II 1 GG muß Rechtsetzung vom Volke ausgehen und darf grundsätzlich nur von den Volksvertretungen, im Rahmen der Rechtsfortbildung von den Richtern[20] und sonst in den Schranken des Art. 80 GG ausgeübt werden[21]. Wegen der praktischen Schwierigkeiten bei der Ermittlung der „anerkannten" betriebswirtschaftlichen Lehrsätze erscheint eine rechtliche Bindung an sie auch vom verfassungsrechtlichen Bestimmtheitsgebot[22] her bedenklich. Schließlich führt die Erheblichkeit einer wissenschaftlichen Lehre für die Lösung von Interessenkonflikten zur Manipulierung dieser wissenschaftlichen Lehre durch die interessierten Kreise; bei einer rechtlichen Bindung bestünde die Gefahr, daß nicht mehr die besseren Argumente vor einem unabhängigen Richter, sondern das größere Portemonnaie sich durchsetzen.

Deshalb kann eine rechtliche Bindung des Richters an — mehr oder weniger anerkannte — Grundsätze der Betriebswirtschaftslehre nicht anerkannt werden[23]. Vielmehr erscheint eine Bindung des Richters an etwaige Grundsätze der Betriebswirtschaftslehre nur in der Art zulässig, in der er an die allgemeinen Regeln der Logik und an Erfahrungssätze gebunden ist: indem er prüft, ob eine angebliche Regel der Logik wirklich logisch ist, und ob ein angeblicher Erfahrungssatz wirklich der Erfahrung entspricht. Auf die Anerkennung eines kleineren oder größeren Kreises von Wissenschaftlern kommt es nicht an.

Es ist hier nicht der Ort, die Streitfrage generell zu entscheiden, ob — ohne rechtliche Bindung — ein Nebeneinander von Rechtswissenschaft und Wirtschaftswissenschaft in der Art anzuerkennen ist, daß gemeinsame Sachfragen unter Anwendung der Erkenntnismethoden beider Wissenschaften gelöst werden müssen[24], oder ob allgemein der juristischen Auslegung der Vorrang gebührt[25]. Vielmehr ist nur konkret zu prüfen, was die Betriebswirtschaftslehre für die hier behandelte Unternehmensbewertung zum Zwecke der Abfindung zu leisten vermag[26].

---

[20] Zur rechtsprechenden Gewalt gehört auch die Bildung von Obersätzen: *Maunz/Dürig*, Art. 92, Anm. 64.
[21] Auch das Gewohnheitsrecht geht vom Volke aus, da es einer allgemeinen Anerkennung und Übung entspringt.
[22] Vgl. insbesondere BVerfGE 5, 31 (34).
[23] Gegen eine Bindung an Lehrmeinungen auch *Kruse*, S. 80, unter Schilderung des ideengeschichtlichen Hintergrundes.
[24] So *Mestmäcker*, in: Verein für Sozialpolitik, S. 105; *Kruse*, S. 102; warnend *Raisch/Schmidt*, S. 152.
[25] So *Rinck*, S. 367 ff.; *Raiser*, in: Verein für Sozialpolitik, S. 56.
[26] Vgl. *Kruse*, S. 188.

Die Betriebswirtschaftslehre hat einerseits das Erkennen von wirtschaftlichen Zusammenhängen, andererseits die Angabe von Regeln zur Disposition wirtschaftlichen Handelns zum Gegenstand[27]. Daß die *Erkenntnisse* gerade der neueren, entscheidungstheoretisch orientierten Betriebswirtschaftslehre mit der Einnahmeüberschußrechnung zu einem System von logisch richtigen Sätzen über die Unternehmensbewertung geführt haben, wird im folgenden zu zeigen sein. Dabei handelt es sich allerdings, wie ebenfalls zu zeigen sein wird, nicht um ein der Betriebswirtschaftslehre eigenes System, sondern um Erkenntnisse, die sich in die jedem Juristen geläufigen Regeln der Schadensberechnung einordnen lassen[28]. Diese Übereinstimmung von rechtlicher und wirtschaftswissenschaftlicher Beurteilung verbürgt die Richtigkeit der gefundenen Ergebnisse in besonderem Maße[29]. Insofern bleibt dieser Arbeit nur die Aufgabe, die betriebswirtschaftlichen Lehrsätze in die allgemeinen Grundsätze des Schadensersatzrechts einzuordnen und dadurch justiziabel zu machen, damit der Richter die Praktikermethoden verstehen und wirksam auf rechtliche oder logische Fehler überprüfen kann[30]. Für die Abdankung des Juristen an die Betriebswirtschaftslehre besteht hier kein Anlaß; das sprichwörtliche „judex non calculat" ist kein Rechtsgrundsatz. Sowohl im Schadensersatzrecht[31] als auch bei der Bewertung im Enteignungsrecht[32] haben die Richter gezeigt, daß sie durchaus in der Lage sind, auch komplizierte betriebswirtschaftliche Berechnungen nachzuvollziehen und darüber zu entscheiden.

Würde man bei der Barabfindung die Bewertung nicht als Schadensersatz, sondern als eine Preisfindung im Sinne eines Kompromisses zwischen verschiedenen Wertvorstellungen (des Verkäufers oder Ausscheidenden und des Käufers oder Übernehmenden) ansehen, so würde allerdings auch die Bedeutung der Rechtsfrage in der Bewertung anders zu sehen sein. Es ist nämlich heute in der Betriebswirtschaftslehre anerkannt, daß die Preisbildung wegen ihrer subjektiven Komponenten sich überhaupt nicht nach logisch eindeutig feststellbaren Regeln richtet[33]. Ohne logische Regeln können auch keine Rechtssätze aufgestellt werden. Wie unten B 3.1 und B 3.42 dargelegt, ist aber die Bewertung zum Zwecke der Feststellung der Barabfindung gerade kein Preiskompromiß. Preiskompromiß ist nur der Vergleich, nicht aber die (rechtlich gebundene) richterliche Entscheidung.

Die eigentliche Problematik des Nebeneinander von Rechtswissenschaft und Wirtschaftswissenschaft liegt in den Fällen, in denen der

---

[27] *Raisch/Schmidt*, S. 144 f.
[28] Richtiges juristisches Denken ist dasselbe wie (richtiges) wirtschaftswissenschaftliches Denken, soweit es denselben Gegenstand hat und um nichts anderes als um die Lösung derselben Sachfrage bemüht ist: *Jahr*, in: Verein für Sozialpolitik, S. 25 f.
[29] Vgl. *Kruse*, S. 102.
[30] Vgl. unten B 1.4 und B 5.
[31] BGH 18. 5. 1971 = NJW 1971, 1692; 26. 5. 1970 = NJW 1970, 1454.
[32] BGH 8. 2. 1971 = NJW 1971, 1176; 2. 12. 1959 = MDR 1960, 212.
[33] *Sieben*, Die AG 1966, 9.

B 1. Tat- und Rechtsfrage

Jurist über die richtige *wirtschaftliche Disposition* befinden muß, z. B. in § 1 StabG oder im Kartellrecht[34]; denn bei der Suche nach der richtigen Disposition wirtschaftlichen Handelns für die Zukunft begibt er sich auf fremden Boden. Auf diesem Boden der Disposition wirtschaftlichen Handelns bewegt sich auch die neuere betriebswirtschaftliche Bewertungslehre, wenn sie in der Bewertung das Mittel sieht, bei Kauf oder Verkauf des Unternehmens die beste, richtige Investitionsentscheidung des Unternehmers zu ermitteln[35]. Bei der Ermittlung der Abfindung geht es dagegen nicht um die Ermittlung der besten Entscheidung, sondern um die Ermittlung der Rechtsfolgen aus einer bereits anderweit gefallenen Entscheidung. Insofern decken sich betriebswirtschaftliche und rechtliche Problematik nicht, so daß auch die Aussagekraft der für einen ganz anderen Bewertungszweck entwickelten Erkenntnisse der Betriebswirtschaftslehre für den die Abfindung suchenden Juristen beschränkt ist[36].

Eine Überschneidung mit den zur Disposition wirtschaftlichen Handelns erarbeiteten Regeln der Betriebswirtschaftslehre ergibt sich allerdings bei der Bewertung zum Zwecke der Abfindung für die Vorfrage, wie die bestmögliche Verwertung des Gesellschaftsvermögens bei unabhängiger Fortführung der Gesellschaft ausgesehen hätte[37]. Bei der Suche nach der bestmöglichen Verwertungsmöglichkeit wird sich der Richter nicht ohne guten Grund über die rein tatsächlichen wirtschaftswissenschaftlichen Erkenntnisse hinwegsetzen dürfen; denn dabei handelt es sich um Tatfragen, bei deren Ermittlung der Richter die Erfahrungssätze der Betriebswirtschaftslehre beachten muß. Die Wertungen, von denen die Entscheidung über die Disposition des Gesellschaftsvermögens abhängt, muß aber ebenfalls der Jurist setzen[37]; denn die Verbindlichkeit wirtschaftswissenschaftlicher Aussagen hört im Bereich der Wertentscheidung auf[38].

Überhaupt setzt die Anwendung der von der Betriebswirtschaftslehre entwickelten logisch richtigen Sätzen zur Wertberechnung eine Reihe von *Wertungen* voraus,

— z. B. ob die Abfindung insoweit zu mindern ist, als der Mehrheitsgesellschafter die Möglichkeit gehabt hätte, sich bei Verbleib der Minderheits-

---
[34] Vgl. *Raisch/Schmidt*, S. 155; auch *Mestmäcker*, in: Verein für Sozialpolitik, S. 106 ff.
[35] Vgl. *Münstermann*, S. 29; auch das Buch von *Engels* ist diesem Thema gewidmet.
[36] Vor einer Übertragung betriebswirtschaftlicher Bewertung zum Zwecke der Disposition wirtschaftlichen Handelns auf die Bewertung als Vorfrage von juristischen Streitentscheidungen warnt auch *Stützel*, in: Verein für Sozialpolitik, S. 46 ff.; *Raisch/Schmidt*, S. 152.
[37] Vgl. unten B 4.22.
[38] *Raisch/Schmidt*, S. 153; *Kruse*, S. 189.

gesellschafter Sondervorteile zu verschaffen (Problem der Minderheitsabschläge)[39], oder

— ob allein der Schaden der Ausscheidenden oder auch die Bereicherung des Übernehmers für die Abfindung zu berücksichtigen ist[40].

Diese Wertungen anzugeben, von denen das Ergebnis der Unternehmensbewertung entscheidend abhängt, ist ureigentlichste Aufgabe der Rechtswissenschaft. Erst wenn diese Wertungen vorliegen, können die von der Betriebswirtschaftslehre entwickelten, der Schadensberechnung entsprechenden logisch richtigen Sätze zur Unternehmensbewertung eingreifen. Da sich die Rechtswissenschaft ihrer Aufgabe bislang nicht angenommen hat, haben die Betriebswirte im Rahmen der Unternehmensbewertung auch zu Wertungsfragen Stellung genommen. Daß sie dabei oft zu sehr unterschiedlichen Ergebnissen gekommen sind[41], ist nicht verwunderlich; denn eine Verständigung über Wertungen ist nur möglich, wenn auf der Grundlage derjenigen Wertungen argumentiert wird, die unserer Rechtsordnung zugrundeliegen und die in den Gesetzen und den allgemeinen Rechtsgrundsätzen zum Ausdruck kommen.

Zusammenfassend ist festzuhalten, daß die Ableitung des Unternehmenswertes zum Zwecke der Festsetzung der Abfindung Rechtsfrage ist. Betriebswirtschaftlichen Lehrsätzen kommt bei der Feststellung der Tatsachen, aus denen der Wert abgeleitet wird, unter Umständen die Bedeutung von Erfahrungssätzen zu; eine Bindung an betriebswirtschaftliche Lehrmeinungen besteht nicht.

B 1.2 Kein Beurteilungsspielraum

Das KG[42] hat für die Bewertung nach § 305 III 2 AktG gesagt, daß eine Unangemessenheit der Abfindungsleistung in der Regel nur angenommen werden könne, wenn bei voller Berücksichtigung der berechtigten Belange der außenstehenden Aktionäre nicht mehr gesagt werden könne, daß die Vertragsteile des Beherrschungsvertrages vertretbare Bewertungsmaßstäbe angewandt und den ihnen bei der Anwendung dieser Maßstäbe gegebenen Beurteilungsspielraum eingehalten haben[43]. Nach dieser Ansicht dürfte das Spruchstellengericht nur die

---

[39] Vgl. dazu unten B 3.3 bei Fußn. 28.
[40] Vgl. dazu unten B 3.1 bei Fußn. 16.
[41] Vgl. z. B. die Zitate unten B 3.3 Fußn. 23, 24 und 29.
[42] 15. 12. 1970, OLGZ 1971, S. 279 (Berl. Maschinenbau -AG).
[43] Noch weiter geht *Flume*, DB 1969, 1049 für die hier nicht behandelte Abfindung in Aktien, der die Entscheidung der beteiligten Vorstände nur auf Sorgfaltspflichtverletzungen hin nachprüfen will. Mit Recht zweifelnd KG, a.a.O.; dagegen *Hüchting*, S. 79.

Überschreitung des Beurteilungsspielraums nachprüfen, ähnlich wie das Verwaltungsgericht nach § 114 VwGO den Ermessensspielraum der Verwaltung nachprüft.

Es ist jedoch unerfindlich, wieso die Höhe der vollen Entschädigung durch den Zahlungsverpflichteten bestimmt werden sollte. Bei der Abfindung von Personengesellschaftern hat die Feststellung des Abfindungsguthabens nach § 738 BGB durch die übrigen Gesellschafter zusammen mit den ausscheidenden zu erfolgen[44]. Somit steht der bei der Schätzung bestehende Beurteilungsspielraum allen Gesellschaftern gemeinsam, im Streitfall dem Richter, nicht aber allein den verbleibenden Gesellschaftern zu[45].

In der Rechtsprechung zu Art. 14 III 3 GG hat der BGH allerdings entschieden, daß die öffentliche Hand einen — relativ engen — Beurteilungsspielraum bei der Bemessung der Enteignungsentschädigung habe, der beim Abweichen um 10 % und einen absolut unbedeutenden Betrag (422,50 DM) von dem vom gerichtlichen Gutachter festgestellten Wert nicht überschritten sei[46]. Diese Rechtsprechung ist selbst schon angreifbar. Die Zubilligung eines Beurteilungsspielraums an die Verwaltung ist nämlich nur dann verfassungsrechtlich zulässig, wenn dies aus sachlichen Gründen notwendig erscheinen muß[47]. Ein Beurteilungsspielraum ist daher im öffentlichen Recht nur dann gegeben, wenn die Tatsachen, von denen die Verwaltungsbehörde für ihre Entscheidung ausgegangen ist, nicht wiederholbar und daher nicht nachprüfbar sind. So ist ein Beurteilungsspielraum z. B. bei mündlichen Prüfungen und dienstlichen Beurteilungen[48], nicht jedoch schon dann anerkannt worden, wenn man lediglich über die an sich nachprüfbare Tatsachenbewertung mit guten Gründen anderer Meinung sein kann, wie z. B. über den Begriff eines künstlerisch hochstehenden Konzerts im Vergnügungssteuerrecht[49]. Die Tatsachen, die die Bewertung eines Grundstücks bestimmen, stehen fest und sind nachprüfbar, so daß die Voraussetzungen, unter denen im öffentlichen Recht ein Beurteilungsspielraum gewährt wird, bei der Bemessung einer Enteignungsentschädigung nicht gegeben sind[50].

---

[44] *Weipert* in RGRK zum HGB, 2. Aufl. 1950, Anm. 18 zu § 138 m. w. Nachw.

[45] RG 6. 1. 1940 = DR 41, 1301; *Hüchting*, S. 71.

[46] 30. 5. 1963 = NJW 1963, 1916; sonst sogar kein Beurteilungsspielraum bei 3,6 % Abweichung, 24. 2. 1958 = BGHZ 26, 373; bei der Unternehmensbewertung handelt es sich dagegen um Unterschiede von bis zu 250 %, vgl. oben B 1.1 Fußn. 14.

[47] BVerwG 27. 9. 1962 = E 15, 39 (42).

[48] BVerwG 19. 10. 1960 = E 11, 165; 27. 9. 1962 = E 15, 39.

[49] BVerwG 28. 5. 1965 = DÖV 1965, 633 m. w. Nachw.; einschränkend jetzt BVerwG 16. 12. 1971 = NJW 1972, 596; dagegen *Ott*, NJW 1972, 1219; *Wagenitz*, DVBl. 1972, 392; *Rupp*, NJW 1972, 1540, Anm. 10; *Schmidt-Salzer*, DVBl. 1972, 391; *Müller*, NJW 1972, 1587; zust. *Bachof*, JZ 1972, 208.

[50] Zweifelnd auch *Bachof*, VerfR, 3. Aufl., Bd. I, S. 233.

Aber selbst wo die öffentliche Hand einen Beurteilungsspielraum bei ihren Entscheidungen hat, ist sie nach öffentlichem Recht immerhin verpflichtet, auch die Interessen des betroffenen Privaten zu wahren. Von den „Vertragsteilen" eines Unternehmensvertrages, die lediglich die ausführende Hand des Mehrheitsgesellschafters sind, ist dagegen eine solche Interessenwahrung nicht zu erwarten. Im Zivilrecht haben daher die Gerichte grundsätzlich das Beurteilungsmonopol[51].

Zudem sagt das KG selbst, daß die Bemessung der den außenstehenden Aktionären anzubietenden Leistungen weitgehend von den anzuwendenden Bewertungsmethoden und ihrer Handhabung im Einzelfall abhängt[52]. Diese Tatsache spricht eindeutig gegen einen Beurteilungsspielraum der Konzernunternehmen. Sie würde nämlich bedeuten, daß die Höhe der Abfindung *weitgehend* von der Ausübung des Beurteilungsspielraums durch die Konzernunternehmen abhängig wäre, wobei naturgemäß diese an der unteren Grenze des gerade noch Vertretbaren bleiben würden. Bei der Enteignungsentschädigung mag die Verweisung auf die untere Grenze des gerade noch Vertretbaren sich durch das Zurückbleiben der angemessenen hinter der vollen Entschädigung nach Art. 14 III 3 GG erklären. Der Grundsatz der vollen Entschädigung wäre aber verletzt, wenn die Minderheitsgesellschafter grundsätzlich auf die untere Grenze des gerade noch Vertretbaren verwiesen würden. Im übrigen ist bereits oben B 1.1 auf die Unbrauchbarkeit des Abstellens auf die „Vertretbarkeit" einer Bewertungsmethode hingewiesen worden.

Die Ansicht des KG, dem Mehrheitsgesellschafter oder den Vorständen der beteiligten Unternehmen stehe ein Beurteilungsspielraum zu, ist daher abzulehnen. Vielmehr haben die Gerichte nach den von der Rechtswissenschaft erarbeiteten Kriterien zu bestimmen, was Rechtsfrage und was Tatfrage ist; Tatfragen müssen sie klären, Rechtsfragen entscheiden.

B 1.3 Abgrenzung von Tat- und Rechtsfrage

In der Literatur ist umstritten, ob der Begriff der Rechtsfrage von dem der Tatfrage logisch eindeutig abgegrenzt werden kann[53]. Es ist daher auf den Grund der Abgrenzung zurückzugreifen.

---

[51] *Bachof*, JZ 1972, 208.
[52] Zur Bedeutung geringer Abweichungen in der Methode selbst bei — relativ einfachen — Grundstücksbewertungen vgl. auch OLG Saarbrücken, 13. 7. 1971 = NJW 1972, 55: 14 %.
[53] Die Abgrenzbarkeit bejahend: *Larenz*, Methodenlehre, S. 243 ff., 249; *Henke*, Die Tatfrage, S. 148; verneinend: *Kuchinke*, S. 67.

B 1.31 Rechtsfrage als Begriff der juristischen Methodenlehre

Rechts- und Tatfrage sind zunächst Grundbegriffe der juristischen Methodenlehre. Das Recht ist dazu da, menschliche Sachverhalte zu regeln. Jede Rechtsnorm hat daher den Zweck, einer Menge von abstrakt gedachten Fällen eine Rechtsfolge zuzuordnen. Dabei vollzieht sich die Rechtsfindung in zweierlei Denkakten:

1. Der Feststellung des Sachverhalts in Worten, wobei häufig aus Indizien Rückschlüsse auf den Sachverhalt mit Hilfe nicht juristischer Wissenschaften gezogen werden müssen.
2. Die Feststellung, daß der in Worten gedachte Sachverhalt nach einer bestimmten Rechtsnorm eine bestimmte Rechtsfolge auslöst oder nicht, wobei der allgemeine Rechtssatz nach den Grundsätzen der juristischen Methodenlehre auf den speziellen Sachverhalt hin aufzugliedern ist[54].

In diesem Sinne ist Rechtssatz jeder Schluß, nach dem aus einem gedachten Sachverhalt, und sei er auch noch so speziell, eine Rechtsfolge hergeleitet wird.

B 1.32 Rechtsfrage als Begriff des Revisionsrechts

Die Abgrenzung zwischen Rechts- und Tatfrage ist ferner im Verfahrensrecht von Bedeutung. Die Revision sowie die Divergenzvorlage[55] sind auf Rechtsfragen beschränkt und haben den Zweck, die Einheitlichkeit der Rechtsprechung zu sichern. Sie beschränken sich daher auf die Fälle, die häufig genug in gleicher Art vorkommen, um eine einheitliche Lösung zu erfordern[56]. Die Ableitung der Rechtsfolge aus einem sehr speziellen Sachverhalt wird daher teilweise dem Tatrichter überlassen: So prüft der BGH die Auslegung von Verträgen nur dann nach, wenn sie über einen OLG-Bezirk hinaus Anwendung finden[57], oder er prüft die Angemessenheit einer Frist nach § 326 BGB oder die Qualifizierung von Tatsachen als „grobe Fahrlässigkeit" nur daraufhin nach, ob methodisch einwandfreie Grundsätze der Qualifizierung zugrundeliegen[58]. Andererseits erweitert er den Begriff der Rechtsfrage gegenüber der Methodenlehre dahin, daß die Ableitung des festgestellten Sachverhalts aus Indizien nicht offenbare logische Fehler oder Verstöße gegen Erfahrungssätze enthalten darf[59], da eine allgemein unrichtige

---
[54] Sie obliegt dem Richter: BGH 5. 10. 1973 = NJW 1973, 2207.
[55] Sie ist für die hier behandelten Rechtsfragen gegeben, §§ 306 II, 99 III 6 AktG, 31 UmwG, 28 II und III FGG.
[56] Henke, ZZP S. 249 f., 323, 335, 342; vgl. David, zitiert oben E Fußn. 6.
[57] 30. 10. 1970 = NJW 1971, 93.
[58] RG 18. 11. 1910 = JW 1911, 92; 24. 11. 1916 = RGZ 89, 123 (125); BGH 15. 4. 1959 = WM 1959, 624.
[59] Larenz, Methodenlehre, S. 259; BGH 2. 12. 1959 = MDR 1960, 212.

und unterschiedliche Anwendung der Denkgesetze unerträglich erscheint.

B 1.33 Rechtsfrage als dem Richter vorbehaltener Entscheidungsraum

Der Tatrichter muß sicherlich seine Entscheidung so fällen, daß sie vor einer Revision Bestand haben kann. Er muß also alle Fragen, die in der Revision vom Revisionsrichter geprüft werden können, selbst entscheiden. Für die Feststellung der Barabfindung bedeutet dies einerseits, daß er die Feststellung der Tatsachen, z. B. der Höhe der Zukunftserträge, daraufhin untersuchen muß, ob die Indizien, von denen der Sachverständige ausgegangen ist (z. B. die Vergangenheitserträge), nach den Grundsätzen der Logik und der Erfahrung den gezogenen Schluß rechtfertigen; andererseits muß er entscheiden, ob eine festgestellte Tatsache, z. B. ein bestimmter Posten eines Zukunftsertrages, in die Rechtsfolge „Abfindung" einzubeziehen ist oder nicht.

Bei letzteren, den Rechtsfragen im methodischen Sinne, könnte fraglich sein, ob der Tatrichter nur diejenigen Schlüsse selbst ziehen muß, die von genügend allgemeinem Interesse sind, um revisibel zu sein, oder ob er jeden Schluß von dem Sachverhalt auf die Rechtsfolge selbst treffen muß.

Die Nichtrevisibilität einer Frage bedeutet jedoch nicht, daß sie nicht durch den Richter beantwortet werden müßte. Zur Beantwortung der Frage, ob ein bestimmter, wenn auch spezieller Sachverhalt eine bestimmte Rechtsfolge hervorrufen soll, ist nämlich gerade die juristische Methodenlehre, die nach Wortsinn, Entstehungsgeschichte und Zweck forscht, geeignet. So ist sicherlich die Auslegung eines Individualvertrages vom Richter vorzunehmen. Ebenso dürfte die Frage, ob eine Frist als „angemessen" im Sinne des § 326 BGB anzusehen ist, vom Richter zu entscheiden sein; ein Sachverständiger kann allenfalls über die Üblichkeit einer Fristsetzung, nicht über deren Rechtsfolge aussagen[60]. Daher ist auch bei der Festsetzung der Barabfindung davon auszugehen, daß der Tatrichter über die Herleitung von Rechtsfolgen aus festgestellten Tatsachen selbst entscheiden muß. Da bei der Unternehmensbewertung Sachverhalte zur Entscheidung stehen, die in gleicher oder ähnlicher Form sich wiederholen, wie z. B. die Zulässigkeit eines Minderheitsabschlages auf die Abfindung, die Anrechnung von Entwicklungsmöglichkeiten oder die Abziehbarkeit von Ertragsteuern auf stille Reserven[61], dürfte die Ableitung der festzustellenden Abfindung aus dem festgestellten Sachverhalt allerdings in der Regel

---

[60] Vgl. BGH 5. 10. 1973 = NJW 1973, 2207, sowie OLG Bamberg, 13. 3. 1974 = DB 1974, 913.

[61] Vgl. oben B 1.1, Fußn. 1 bis 11.

auch Rechtsfrage im revisionsrechtlichen Sinne sein. Mit der hier aufgezeigten Unterscheidung ist daher der Lehre zuzustimmen, daß die Methode der Bewertung Rechtsfrage ist.

B 1.4 Schätzung

Eine exakte Bewertung des Unternehmens würde bei einzelner Bewertung einer jeden Forderung, einer jeden Maschine und eines jeden Grundstücks einen Arbeitsaufwand erfordern, der außer Verhältnis mit dem Streitwert stehen könnte. Zudem erfordert eine Bewertung Einschätzungen der Zukunft, die ohnehin nicht exakt zu treffen sind. Es ist daher notwendig, den Unternehmenswert zu schätzen. In diesem Sinne sieht § 738 II BGB ausdrücklich vor, daß bei der Abfindung von Personengesellschaftern der Wert des Unternehmens im Wege der Schätzung zu ermitteln ist. Auch zu der — vergleichbaren — Enteignungsentschädigung nach Art. 14 III 3 GG hat der BGH[62] entschieden, daß sie in entsprechender Anwendung des § 287 ZPO zu schätzen ist.

Das KG[63] hat einen Unterschied zwischen der Schätzung nach § 738 II BGB und derjenigen nach § 287 ZPO gesehen und hat für die Abfindung ausscheidender Minderheitsgesellschafter durch Umwandlung einer Kapitalgesellschaft die Schätzung nach § 738 II BGB für anwendbar gehalten. Es hat jedoch einen *verfahrens*mäßigen Unterschied zwischen diesen Schätzungsarten nicht genannt; ein solcher ist auch nicht ersichtlich. Vielmehr hat das KG den Unterschied nur deshalb gemacht, um zu belegen, daß nicht der Börsenkurs, sondern der Wert des Unternehmens für die Abfindung maßgeblich ist. Die Ablehnung der Schätzung nach § 287 I ZPO hielt es deshalb für erforderlich, weil es fälschlich den Ersatz des Börsenkurses mit dem Schadensersatz gleichstellte[64]. Die Zulässigkeit der Schätzung der Vermögens- und Ertragslage läßt sich daher aus einer entsprechenden Anwendung sowohl des § 738 II BGB als auch des § 287 ZPO herleiten, so daß einer Unterscheidung keine Bedeutung zukommt. Verfahrensmäßig dürfte die Schätzung nach § 738 II BGB unter denselben Anforderungen stehen, die die Rechtsprechung für eine ordnungsgemäße Schätzung nach § 287 ZPO entwickelt hat.

B 1.41 Tatsachenermittlung

Um eine Schätzung vornehmen zu können, müssen irgendwelche Tatsachen als Anhaltspunkte vorliegen[65]. Soweit sich solche Anhaltspunkte

---

[62] 22. 1. 1959, BGHZ 29, 217; vgl. zur Pflichtteilsberechnung 23. 11. 1962 = WM 1963, 290.
[63] 28. 4. 1964, Die AG 1964, S. 219.
[64] Vgl. unten B 3.41.
[65] BGH 16. 12. 1963 = NJW 1964, 589; KG 28. 4. 1964 = Die AG 1964, 217.

nicht aus dem von den Beteiligten anerkannten Sachverhalt[66] ergeben, sind sie nach § 12 FGG von Amts wegen zu ermitteln. Dabei kann das Gericht nicht überhaupt von Ermittlungen absehen[67], da dies auf eine Rechtsverweigerung hinausliefe. Die von einem Parteigutachter abgegebene Stellungnahme, die Abfindung sei angemessen, kann nicht bereits als ausreichende Tatsache angesehen werden[67]. Das KG hat gesagt, daß ein Parteigutachten aber dann, wenn es in vollem Umfange dem Gericht vorgelegt wird, als genügende Schätzungsunterlage dienen könne[68]. Dem ist entgegenzuhalten, daß auch von „unabhängigen" Wirtschaftsprüfern im Parteiauftrag angefertigte Gutachten Parteigutachten und daher Parteiäußerung sind. Die rechtliche Unabhängigkeit nach § 43 I WPO kann dem Parteigutachten den Charakter als Parteiäußerung nicht nehmen, da regelmäßig eine tatsächliche Abhängigkeit vom Auftraggeber besteht; dies gilt besonders dann, wenn es sich um die Wirtschaftsprüfer handelt, die regelmäßig den Konzernabschluß des Mehrheitsgesellschafters erstellen. Es ist daher zu unterscheiden: Soweit vom Parteigutachter tatsächliche Feststellungen getroffen sind, wie z. B. das Inventar, die Höhe der steuerlichen Einheitswerte, tatsächliche Verkaufspreise und ähnliches, können diese Feststellungen bei der Schätzung benutzt werden, wobei Zweifel durch Vernehmung der Gutachter nach § 15 FGG ausgeräumt werden können. Soweit dem vom Gutachter gelieferten Zahlenmaterial jedoch bereits Wertungen zugrundeliegen, wie z. B. der Ansatz der Zeitwerte bei Grundstücken, kann auch bei Vorliegen des vollständigen Parteigutachtens auf eigene Ermittlungen des Gerichts nicht verzichtet werden.

Die Schätzung ist dazu da, unverhältnismäßige Aufwendungen für die Rechtsfindung zu vermeiden[69]. Die Verhältnismäßigkeit der Aufwendungen ist an der Höhe des Streitwertes zu messen[70]. Da im Spruchstellenverfahren alle Gesellschafter, die einen Anspruch auf Abfindung haben oder (in den Fällen der §§ 305 und 375 AktG) einen solchen wählen können, ohne Unterschied, ob sie selbst einen Antrag auf Feststellung der Abfindung gestellt haben, notwendige Streitgenossen sind[71], ist der Streitwert nach dem Interesse *aller* Berechtigten zu bemessen[72]. Daher ist auch für die Verhältnismäßigkeit der Kosten der Ermittlungen nach

---

[66] Von „unstreitigem" Sachverhalt sollte wegen der Amtsmaxime nicht gesprochen werden.
[67] KG 15. 12. 1970, OLGZ 71 S. 272 (Berl. Maschinenbau AG).
[68] KG 15. 12. 1970, OLGZ 71 S. 273 (Berl. Maschinenbau AG).
[69] Vgl. § 287 II ZPO.
[70] RG 10. 1. 1933 = RGZ 139, 172 (174).
[71] *Wienand Meilicke*, DB 1972, 664; ausführlich *Heinz Meilicke/Wienand Meilicke*, ZGR 1974, 296 ff.; a. A. BayObLG 16. 5. 1973 (Rathgeber AG) = DB 1973, 1290; KG 1. 2. 1974 (1 W 901/73) Berl. Maschinenbau AG.
[72] OLG Düsseldorf, 6. 8. 1971 (HOAG) = BB 1971, 1171; OLG Frankfurt, 16. 9. 1971 (Veith-Pirelli) = NJW 1972, 641.

§ 12 FGG auf das Interesse nicht nur des oder der Antragsteller, sondern aller abfindungsberechtigten Gesellschafter abzustellen[73].

Unter den Bewertungsmethoden, die dem Gericht zur Wahl stehen, darf nicht eine solche gewählt werden, die eine übermäßig grobe Schätzung der festzustellenden Rechtsfolge darstellt[74]. Dabei ist insbesondere zu beachten, daß auch bei kleinen Minderheitsanteilen die Schätzung nicht so grob sein darf, daß sie die ausscheidenden Gesellschafter rechtlos stellt. Dies kann dazu führen, daß eine Ermittlung unter verhältnismäßigem Kostenaufwand überhaupt unmöglich ist. In diesem Fall entsteht ein Widerspruch zwischen dem Grundsatz der Verhältnismäßigkeit und dem Anspruch der ausscheidenden Gesellschafter auf wirksame Rechtsbehelfe zur Durchsetzung ihres Abfindungsanspruchs[75]. M. E. ist dabei dem Anspruch auf rechtliches Gehör der Vorzug zu geben, da der Mehrheitsgesellschafter die den Abfindungsanspruch auslösende Eigentumsentziehung veranlaßt hat. Praktisch führt dies allerdings dazu, daß bei sehr kleinen Minderheiten dem Mehrheitsgesellschafter zu raten ist, diese eher zu überhöhten Preisen auszukaufen als mit den Kosten des Spruchstellenverfahrens eine Entscheidung herbeizuführen.

B 1.42 Volle Auswertung der ermittelten Tatsachen

Da eine Schätzung nur insoweit zulässig ist, als Tatsachen aus den genannten Gründen nicht ermittelt zu werden brauchen, müssen die bereits ermittelten Tatsachen voll ausgewertet werden[76]. Das Gericht muß sich vom Gutachter die Arbeitsunterlagen, in denen die Ableitung der Zahlen aus den ermittelten Tatsachen vorgenommen wurde, vorlegen lassen[77] und sich ein eigenes Urteil über die Ableitung der Zahlen bilden[78], gegebenenfalls über eine streitige Ableitung entscheiden. Das Gericht darf also nicht schätzen, wenn es sich im Unklaren ist, ob eine ermittelte Tatsache eine bestimmte Rechtsfolge herbeiführt oder nicht: die Schätzung ist nicht dazu da, dem Gericht die Denkarbeit zu ersparen. Gegen diesen Grundsatz hat das OLG Stuttgart verstoßen, wenn es das Mittel aus Abfindungswerten zieht, die nur durch verschiedene Ab-

---

[73] KG 15. 12. 1970, OLGZ 71 S. 270 (Berl. Maschinenbau AG).
[74] BGH 2. 12. 1959 = MDR 1960, 212; a. A. OLG Düsseldorf 27. 11. 1962, Koppenfels S. 87 (Beteiligungs-AG), das eine grobe Bewertung für das Spruchstellenverfahren als ausreichend erachtet. Dem ist insofern zuzustimmen, als z. B. die Bewertung eines einzelnen Hauses im Vermögen einer großen AG weniger ins Gewicht fällt, als wenn nur dieses Haus zum Zwecke der Enteignungsentschädigung zu bewerten wäre. Es wäre jedoch nicht einzusehen, warum prozentual eine größere Ungenauigkeit zulässig sein sollte als bei sonstigen Schätzungen.
[75] BVerfG 7. 8. 1962 = E 14, S. 283 (Feldmühle).
[76] *Henke*, ZZP 1968, S. 321.
[77] Vgl. *Thoennes*, WPg 1968, 407.
[78] BFH 16. 6. 1971 = DB 1972, 1369; KG 15. 12. 1970 (Berl. Maschinenbau AG) = OLGZ 1971, S. 272.

leitung aus denselben Tatsachen errechnet sind, z. B. mit Minderheitszuschlag, mit Minderheitsabschlag und ohne Minderheitszu- oder -abschlag[79].

Das Gericht muß die tatsächlichen Grundlagen der Schätzung in objektiv nachprüfbarer Weise auswerten[80] und dabei alle verwertbaren Tatsachen auch tatsächlich verwerten[81]. Eine der einen oder anderen Seite „wohlwollende" oder eine „nach billigem Ermessen" erfolgende Schätzung ist unzulässig, weil willkürlich[82]. Gegen diesen Grundsatz hat das OLG Düsseldorf verstoßen[83]. Dort hatte der Gutachter folgende Wertansätze gewählt, die das OLG Düsseldorf jeweils als übervorsichtig bezeichnet hat:

— Grundstücke: dreifacher steuerlicher Einheitswert 1935
— Abnutzung der Gebäude: doppelter steuerlicher AfA-Satz
— Binnen- und Seeschiffe: Vermögensteuerwerte
— Kapitalisierungszins von 5,5 % zuzüglich 1,5 % Risikozuschlag = Risikoabschlag von 27 % auf den Ertragswert
— Beteiligung an Rheinpreußen GmbH: Ertragswert unter Anwendung eines Kapitalisierungszinsfußes von 10 % statt 7 %
— Kapitalisierungszins Pensionsrückstellungen: 3,5 % statt 5,5 %
— Ertragssteuerrückstellungen für Realisierung stiller Reserven: Realisierungszeiträume:
    für Gebäude: 30 Jahre
    für Schiffe: 10 - 15 Jahre
— Ferner seien bei der Errechnung des Ertrages selbst die nachhaltigen Risiken weitgehend, die Erfolgschancen aber nur sehr vorsichtig berücksichtigt worden.
— Schließlich hat der Gutachter den Ertragswert, soweit er den Substanzwert überstieg, mit 12 % statt 7 % Kapitalisierungszinsfuß errechnet, hat also diesen vorsichtig errechneten Ertrag nochmals um 40 % gekürzt, soweit er den Substanzwert überstieg.

Das OLG Düsseldorf hat dann ausgeführt, daß die übervorsichtige Bewertung durch einen Zuschlag ausgeglichen werden müsse. Bei Auswertung der Schätzungsgrundlagen wäre nunmehr anhand der einzelnen zu vorsichtig bewerteten Posten die Korrektur vorzunehmen gewesen. Die Neuberechnung des Rheinpreußen-Anteils auf den sonst angewandten Kapitalisierungszinsfuß von 7 % hätte z. B. eine Erhöhung des Wertes um 40 % ausgemacht. Die Erhöhung des Kapitalisierungs-

---

[79] 12. 11. 1962 (KNORR), Koppenberg, S. 57 ff.
[80] Vgl. RG 6. 1. 1940 = DR 1941, 1301; BGH 30. 4. 1952 = BGHZ 6, 62; BGH 1. 12. 1964 = VersR 1965, 239.
[81] *Frey*, WPg 1963, 149; *Gieseke*, ZAKDR 1942, 72.
[82] RG 21. 3. 1911 = Gruchot 55, 1179 (1184); BGH 24. 4. 1956 = WM 1956, 757; BGH 18. 5. 1971 = NJW 1971, 1692.
[83] 27. 11. 1962 (Beteiligungs-AG), Koppenberg, S. 83 ff.; dagegen kritisch *Frey*, WPg 1963, 146 ff.

zinsfußes der Pensionsrückstellungen auf 5,5 % hätte ca. 25 %[84] ausgemacht. Statt einer Berechnung hat das Gericht jedoch lediglich „unter Berücksichtigung aller Umstände" einen globalen Zuschlag von 10 % gemacht, der angesichts der möglichen Tatsachenauswertung willkürlich erscheint.

B 1.43 Logische Fehler

Die Schätzungsmethode muß ein vereinfachtes Abbild des rechtlich maßgebenden Wertes sein und darf keine logischen Fehler enthalten[85]. Das Gericht darf der Tatsachenauswertung daher nicht grundsätzlich falsche oder offenbar unsachliche Erwägungen zugrundelegen, und es darf nicht wesentliche, die Entscheidung bedingende Tatsachen außer acht lassen[86]. Soweit das Gericht sich der Schätzungsmethode eines Sachverständigen anschließt, muß auch diese von den genannten Fehlern frei sein. Die zugrundegelegte Schätzungsmethode darf daher nicht vom Ansatz her rechtlich zu berücksichtigende Schadensposten außer Betracht lassen oder systematisch doppelt in Ansatz bringen[87].

B 1.5 Unterscheidung zwischen rechtlich richtigem Wert und Schätzung

In der Rechtsprechung und im juristischen Schrifttum ist man bisher in Anlehnung an § 738 II BGB davon ausgegangen, daß der Wert des Gesellschaftsvermögens durch Schätzung zu ermitteln sei, ohne sich zuvor darüber zu vergewissern, an welchen rechtlichen und logischen Grundsätzen denn die Schätzung zu orientieren ist. Der oft wiederholte Satz, der „wahre, innere Wert" sei zu ermitteln, ist nichtssagend, solange man nicht weiß, was dieser Wert eigentlich ist. Auch im betriebswirtschaftlichen Schrifttum ist zwischen der eigentlich maßgeblichen Ableitung des Unternehmenswertes und den Schätzungsmethoden häufig nicht genügend unterschieden worden[88], was sich dort vielleicht aus der unterschiedlichen Zielsetzung erklären läßt. Für den Richter muß jedenfalls zunächst Klarheit darüber bestehen, welcher rechtlich maßgebende Sachverhalt ermittelt werden muß und wie aus ihm nach den Grundsätzen der Logik die Abfindung abzuleiten ist. Dies soll unten B 2 bis B 4 untersucht werden. Zu der Anwendung einzelner Schätzungsmethoden und ihrer Übereinstimmung mit dem rechtlich maßgeblichen Wert wird erst unten B 5 Stellung genommen.

---

[84] Nach FG Düsseldorf, 16. 10. 1964 = BB 1965, 360.
[85] RG 21. 3. 1911 = Gruchot 55, 1179 (1184).
[86] BGH 30. 4. 1952 = BGHZ 6, 62; 27. 9. 1951 = BGHZ 3, 162 (175).
[87] BGH 18. 5. 1971 = NJW 1971, 1692; 8. 2. 1971 = NJW 1971, 1176; 26. 4. 1972 = DB 1972, 1229.
[88] Vgl. z. B. Viel/Bredt/Renard, S. 25; Münstermann, S. 32, wo die Ertragswertmethode nur als „nachteilig", nicht aber eindeutig als logisch unrichtig bezeichnet wird. Vgl. dazu unten B 3.44.

B 2. Rechtsquellen

B 2.1 Gesetzeswortlaut

B 2.11 Abfindung in bar

Die Abfindung muß in bar, also in Geld gezahlt werden. Es ist demnach nicht zulässig, statt der Barabfindung z. B. Schuldverschreibungen hinzugeben[1]. In der Regel wird man davon ausgehen können, daß die Barabfindung in deutscher Währung zu zahlen ist. In Ausnahmesituationen, z. B. in Zeiten von Währungsinstabilität und Devisenzwangswirtschaft, kann allerdings, wenn die Gesellschaft erhebliches Auslandsvermögen besitzt, eine Abfindung nur in inländischer Währung keine volle Entschädigung darstellen, so daß ausländisches Vermögen in ausländischer Währung entschädigt werden müßte.

B 2.12 Einmaligkeit der Zahlung

Aus dem Wort „Abfindung" und wohl auch aus dem Wort „eine" folgt, daß die Zahlung eine einmalige zu sein hat[2].

Demgegenüber hat das KG[3] es für zulässig gehalten, bestimmte Werte des Gesellschaftsvermögens (es handelte sich um enteignete Ostwerte) aus der Abfindung auszuklammern und in dem Spruchstellenbeschluß auszusprechen, daß bei einer Realisierung der betreffenden Werte (durch Rückgabe oder Zahlung einer Entschädigung) die Abfindung erhöht werden sollte. Bei Einwilligung aller Beteiligten bestehen dagegen keine Bedenken, da die Festsetzung der Abfindung der Disposition der Parteien unterliegt[4].

Gegen den Willen eines Beteiligten erscheint die Ausklammerung jedoch unzulässig[5]. Für den Übernehmer würde die Ausklammerung bedeuten, daß ihm nur ein Teil des Gesellschaftsvermögens übertragen wird, während er den ausgeklammerten Gegenstand weiterhin im Interesse aller Gesellschafter verwalten müßte; dies widerspricht dem Zweck des Eigentumseingriffs, dem Übernehmer das gesamte Gesell-

---

[1] Dem zur Entschädigung Verpflichteten ist es unbenommen, neben der Barabfindung Schuldverschreibungen anzubieten (§ 305 BGB), OLG Celle, 28. 6. 1972 (BASF/Wintershall) = DB 1972, 1816. Eine freiwillige Leistung kann im Spruchstellenverfahren aber nicht korrigiert werden.

[2] *Sieben*, Die AG 1966, 10.

[3] KG 19. 11. 1962 (PREMAG), Koppenberg, S. 69.

[4] Der Sache nach handelt es sich dann um einen Teilvergleich. In dem vom KG entschiedenen Fall war die Aussonderung des Ostvermögens in dem Abfindungsangebot durch den gemeinsamen Vertreter nicht gerügt worden.

[5] So OLG Hamm 15. 5. 1963, Koppenberg, S. 160 (OMZ) für die Ausklammerung gegen den Willen des Übernehmers, während es den umgekehrten Fall offenläßt; a. A. *Widmann/Mayer*, § 12 Anm. 323.

schaftsvermögen zur Disposition im eigenen Interesse freizugeben. Die ausscheidenden Gesellschafter haben ihrerseits das berechtigte Interesse, sofort voll abgefunden zu werden, da sie anderenfalls das Risiko der Illiquidität des Unternehmers trügen — auch gegenüber neuen Gläubigern des Übernehmers hätten sie kein Konkursvorrecht an den ausgeklammerten Gegenständen[6] — und kein zuverlässiges Mittel haben, im rechten Zeitpunkt Auskunft über die erfolgte Realisierung zu erhalten.

Die Aufteilung der Abfindung in eine erste, sofort festgesetzte und fällige, und eine zweite, später festzusetzende und fällige Zahlung ist daher unzulässig[7]. Alle Werte des Gesellschaftsvermögens sind vielmehr sofort mit dem Gegenwartswert anzusetzen.

B 2.13 Berechnung der Abfindung

Zur Berechnung sagt das Gesetz nur, daß die Barabfindung angemessen zu sein hat und daß sie die Vermögens- und Ertragslage zum Zeitpunkt der Beschlußfassung der Hauptversammlung über den Eigentumseingriff zu berücksichtigen hat.

B 2.131 Angemessenheit

Das Wort „angemessen" ist im Sprachgebrauch nicht eindeutig; es kann sowohl eine volle als auch eine geringere Abfindung bezeichnen[8]. Fraglich ist nicht, ob die Abfindung angemessen zu sein hat, sondern unter welchen Voraussetzungen sie angemessen ist. Die Anweisung, die Abfindung müsse angemessen sein, hätte daher ohne Schaden weggelassen werden können. Im Zusammenhang mit Art. 14 III 3 GG wird das Wort „angemessen" sogar für die Bezeichnung einer geringeren als der vollen Abfindung gebraucht[9]. Demgegenüber war dem Gesetzgeber das Feldmühle-Urteil[10], das eine volle statt einer nur nach Art. 14 III 3 GG angemessenen Abfindung vorschreibt, bekannt, und er hat ihr, wie sich aus den Gesetzesmaterialien ergibt[11], auch durchaus entsprechen wollen. Unter diesen Umständen erscheint der Gebrauch des Wortes „angemessen" nicht nur nichtssagend, sondern mißverständlich.

B 2.132 Vermögens- und Ertragslage

Die Anweisung, für die Abfindung sei die Vermögens- und Ertragslage der Gesellschaft zu berücksichtigen, ist nicht ganz so selbstverständlich, wie es auf den ersten Blick den Anschein haben könnte.

---

[6] *Böttcher/Meilicke*, §§ 12, 13 Anm. 5.
[7] s. jedoch unten B 4.1412.
[8] *Sieben*, Die AG 1966, 8.
[9] Vgl. Weimarer Verf. Art. 153; BGH 10. 1. 1972 = DB 1972, 673.
[10] BVerfG v. 7. 8. 1962 (Feldmühle AG) = E 14, 263 (284).
[11] Vgl. Begründung zum Reg.-Entwurf zu § 305 AktG, zit. nach *Kropff*, S. 397.

In der DurchfVO zum Umwandlungsgesetz 1934 war eine angemessene Abfindung unter Berücksichtigung des Wertes der Aktien vorgesehen[12]. Dies war teilweise dahin ausgelegt worden, daß die Abfindung zum Börsenkurs erfolgen müsse[13]. Durch das UmwG 1956 wurden die Worte „unter Berücksichtigung des Wertes der Aktien" gestrichen, so daß das Gesetz überhaupt keine Anweisung mehr zu der Berechnung der Barabfindung enthielt. Die Rechtsprechung zum UmwG hatte dementsprechend unterschiedlich teilweise auf den Börsenkurs[14], überwiegend aber auf den Auseinandersetzungsanspruch nach §§ 738, 740 BGB analog abgestellt[15], der sich nach der Vermögens- und Ertragslage unter Berücksichtigung sämtlicher stiller Reserven berechnet[16]. Da auch das BVerfG[17] die volle Entschädigung dem Auseinandersetzungsanspruch gleichgesetzt hat, ist der Hinweis auf die Vermögens- und Ertragslage der Gesellschaft als streitentscheidend dahin zu verstehen, daß der Gesamtwert des Gesellschaftsvermögens berücksichtigt werden soll. Durch die Nennung der Ertragslage neben der Vermögenslage sollte außerdem sichergestellt werden, daß nicht nur die Liquidationswerte des gegenwärtigen Sachvermögens, sondern auch die zukünftigen Gewinnchancen bei der Festsetzung der Abfindung berücksichtigt werden. Auch dies stellt keine Neuerung dar, sondern war in der Rechtsprechung zur Auseinandersetzung in Personengesellschaften seit langem anerkannt[16].

Teilweise wird der Gesetzeswortlaut dahin verstanden, daß mit Vermögenslage der „Rekonstruktionswert" und mit Ertragslage der „Ertragswert" gemeint seien und daß wegen Nennung der beiden ein Mittelwert zwischen diesen Werten gebildet werden müßte[18]. Es ist jedoch nicht ersichtlich, daß der Gesetzgeber auf bestimmte Begriffe der Betriebswirtschaftslehre verweisen wollte. Hätte er dies tun wollen, so wäre im Gegenteil anzunehmen, daß er auch die dafür bekannten Begriffe, nämlich Ertragswert und Substanz- oder Rekonstruktionswert gewählt hätte. Aus der Benutzung der begrifflich nicht fest-

---

[12] Vom 14. 12. 1934 (RGBl. I S. 1262), Art. 2 § 5.

[13] *Hachenburg*, S. 63; *Rieger*, JW 1938, 3016; dagegen schon *Heinz Meilicke*, JW 1938, 3018; *Crisolli/Groschuff/Kaemmel*, § 10 Anm. 8.

[14] OLG Hamm 23. 1. 1963 (Bergbau AG Constantin der Große), Koppenberg, S. 99 ff.; zustimmend *Koppenberg*, S. 18; *Busse von Colbe*, ZfB 1959, 599 (609), und Die AG 1964, 263.

[15] *Böttcher/Meilicke*, §§ 12, 13 Anm. 24 ff. m. w. Nachw.; KG 28. 4. 1964 = Die AG 1964, 217; OLG Düsseldorf 31. 7. 1964 (Feldmühle) = DB 1964, 1148, und 27. 11. 1962 (Beteiligungs-AG), Koppenberg, S. 83 ff.

[16] RG 22. 12. 1922 = RGZ 106, 128; 9. 10. 1941 = DR 42, 140; BGH 21. 4. 1955 = BGHZ 17, 130.

[17] BVerfG v. 7. 8. 1962 sub II 2. d) (Feldmühle) = E 14, 263.

[18] KG 15. 12. 1970, OLGZ S. 277 (Berl. Maschinenbau AG); *Würdinger*, § 305 Anm. 13 mit unzutreffendem Hinweis auf die Ausschußberatungen; kritisch *Eckstein*, BB 1970, Beilage 31/70, S. 38; dagegen *Albach*, Die AG 1966, 183.

gelegten Worte „Vermögens- und Ertragslage" ist vielmehr zu schließen, daß er die Rechtsfindung bei der Berechnung der Barabfindung weiterhin der Wissenschaft überlassen wollte[19]. Dies ist um so mehr anzunehmen, als ihm bekannt war, daß eine gefestigte wissenschaftliche Meinung über die Methoden der Bewertung in keiner Weise vorhanden ist.

Der Gesetzgeber bezieht nicht klar Stellung, indem er z. B. nur auf die Vermögens- und Ertragslage der Gesellschaft abstellte und die Berücksichtigung des Anteilswertes verbietet; er schreibt nur ihre Berücksichtigung vor, was die Berücksichtigung anderer Gesichtspunkte nicht auszuschließen scheint. Die eigentliche Frage, *wie* nämlich die Vermögens- und Ertragslage berücksichtigt werden soll, bleibt unbeantwortet.

B 2.133 Zeitpunkt der Hauptversammlung

Nach dem alten UmwG war streitig, ob auf den Stichtag der Umwandlungsbilanz zu bewerten war. Diese konnte nach dem UmwStG 1957 bis sechs Monate vor dem Wirksamwerden der Umwandlung erstellt worden sein. So hatte im Falle der Umwandlung der Beteiligungs-AG die Hauptversammlung am 8. 12. 1959 die Umwandlung unter Zugrundelegung der Umwandlungsbilanz per 30. 9. 1959 beschlossen. Demgegenüber hat das OLG Düsseldorf[20] entschieden, daß der Abfindungsanspruch nach dem Zeitpunkt zu bemessen war, zu dem er entsteht, nämlich mit der Handelsregistereintragung. Dies rechtfertigt sich daraus, daß die verfassungsrechtlich abgesicherte Abfindung nicht durch Mehrheitsbeschluß beeinträchtigt werden kann.

Wenn der Gesetzgeber den Zeitpunkt, auf den die Bewertung vorzunehmen ist, auf den Tag der Hauptversammlung, die über den Eigentumseingriff beschließt, vorverlegt hat, so ist er wohl davon ausgegangen, daß die Höhe des Abfindungsangebots an diesem Tag bereits bekannt sein muß. Zugleich hat er durch die Bestimmung des Zeitpunktes klargestellt, daß nicht durch Hauptversammlungsbeschluß der Bewertungszeitpunkt verschoben werden kann. Dies ist heute, soweit ersichtlich, nicht mehr bestritten.

Unklar ist jedoch, was Bewertung „auf" einen bestimmten Stichtag bedeutet. Der Zeitpunkt der Wertbemessung kann nämlich für sehr verschiedene Faktoren maßgeblich sein: für den Zeitpunkt, auf den zukünftige Einnahmen abzuzinsen sind[21], oder für den Zeitpunkt, nach

---

[19] Nach *Kropff*, S. 399, sollte nur klargestellt werden, daß es nicht allein auf den Kurswert ankommt.
[20] OLG Düsseldorf 27. 11. 1962, Koppenberg S. 84 f.; ebenso OLG Hamm 30. 4. 1960, Koppenberg, S. 50; *Böttcher/Meilicke*, § 13 Anm. 3; a. A. ohne Begr. OLG Celle 6. 1. 1961, Koppenberg, S. 54.
[21] s. unten B 4.54; bei der Schätzung B 5.18 und B 5. 228.

dem Informationsänderungen über die tatsächlichen Verhältnisse nicht mehr zu berücksichtigen sind[22], oder für den Zeitpunkt, auf den verfahrensmäßig Abfindungsinventur und -bilanz aufgestellt werden müssen[23]. Welche von diesen Möglichkeiten mit der Bezeichnung des Zeitpunktes als dem Tag der Beschlußfassung in der Hauptversammlung gemeint ist, geht aus dem Wortlaut nicht hervor[24].

Als *Ergebnis* ist festzuhalten, daß sich aus dem Gesetzeswortlaut keine klare Anweisung für die Berechnung der Barabfindung entnehmen läßt.

B 2.2 Analog anwendbare Rechtsgrundsätze zur Bewertung

Wegen der Unergiebigkeit des Gesetzeswortlauts soll nunmehr untersucht werden, inwieweit zur Rechtsfindung auf die entsprechende Anwendung ähnlicher Bewertungsvorschriften und die dazu ergangene Rechtsprechung zurückgegriffen werden kann.

B 2.21 *Ausscheidende Personengesellschafter*

Da der Abfindungsanspruch von Personengesellschaftern ebenfalls auf einem zwangsweisen Ausscheiden beruht und eine Entschädigung für das gesamte Gesellschaftsvermögen betrifft, können die dazu entwickelten Rechtsgrundsätze für die Berechnung der Barabfindung von Kapitalgesellschaften entsprechend herangezogen werden[25].

Der entsprechenden Anwendung der Vorschriften über den Auseinandersetzungsanspruch bei Personengesellschaften auf die hier untersuchte Barabfindung scheint allerdings der Wortlaut der §§ 738, 740 BGB entgegenzustehen, der — wesentlich präziser als §§ 305 III 2, 320 V 5 AktG, 12 I 2 UmwG (Vermögens- und Ertragslage) — anordnet, den ausscheidenden Gesellschafter so zu behandeln, als wenn die Gesellschaft zum Zeitpunkt seines Ausscheidens aufgelöst worden wäre, und ihn ferner am Gewinn und Verlust der beim Ausscheiden schwebenden Geschäfte teilnehmen zu lassen. Diese Definition entspricht dem Liquidationswert und ist insofern unbillig, als der Wert eines lebenden Unternehmens, das sich einen erheblichen „goodwill" geschaffen hat, wesentlich über seinem Liquidationswert liegen kann. Die Rechtsprechung hat sich jedoch dadurch geholfen, daß sie anstelle der Veräußerung der einzelnen Vermögensgegenstände die Veräußerung des

---

[22] s. unten B 4.33.
[23] s. unten B 5. 228.
[24] *Sieben*, Die AG 1966, 87 Anm. 84.
[25] BGH 30. 3. 1967 = NJW 1967, 1464; *Heinz Meilicke*, JW 1938, 3018; *Friedländer*, S. 129; KG 28. 4. 1964 = Die AG 1964, 217.

Vermögens im ganzen fingierte, wobei der volle Ertragswert des Unternehmens als „goodwill" seine Berücksichtigung fand[26].

Folgende Unterschiede sind jedoch zu der hier behandelten Barabfindung festzustellen:

— Nach § 740 BGB sind schwebende Geschäfte zugunsten und zu Lasten der ausscheidenden Personengesellschafter erst nach deren Abwicklung abzurechnen, während bei der einmaligen Abfindung nach der Vermögens- und Ertragslage die zu erwartenden Gewinne und Verluste auch aus schwebenden Geschäften sofort mit ihrem Gegenwartswert anzusetzen sind. Dabei versteht es sich, daß bei der Berechnung der zukünftigen Ertragslage nach §§ 305 III 2, 320 V 5 AktG, 12 I 2 UmwG auch die schwebenden Geschäfte angerechnet werden müssen, daß aber die Gewinne aus schwebenden Geschäften dem ausscheidenden Personengesellschafter nur einmal, nämlich nach § 740 BGB, nicht aber beim Ertragswert zustehen[27].

— Der Personengesellschafter, der durch in seinen Risikobereich fallende Tatsachen (Konkurs, schweres Verschulden) sein Ausscheiden veranlaßt hat, wird sich den Schaden anrechnen lassen müssen, der durch sein Ausscheiden entsteht (Kosten der Handelsregistereintragung, Kosten des Gutachters für die Berechnung der Abfindung u. ä.), während beim Ausscheiden von Kapitalgesellschaftern diesen Schaden der Übernehmer zu tragen hat, da er das Ausscheiden im eigenen Interesse veranlaßt hat[28].

B 2.22 Pflichtteilsanspruch

Soweit das BGB den Pflichtteilsanspruch als Entschädigung für die entzogene Gesamtrechtsnachfolge in das Nachlaßvermögen ausgestaltet hat, wird man davon ausgehen können, daß er als volle Entschädigung zu berechnen ist. So hat der BGH für die Pflichtteilsberechnung nicht, wie bei der Enteignungsentschädigung, die Stoppreise[29], sondern den „wahren, inneren Wert" zugrundegelegt[30]. Im Unterschied zur Barabfindung[31] fällt allerdings der durch die Berechnung und Auszahlung des Pflichtteils entstehende Schaden dem Nachlaß zur Last, vgl. § 2314 II BGB. Im übrigen kann aber für die Bewertung zum Zwecke der ausscheidenden Kapitalgesellschafter entsprechend auf die Grundsätze, die die Rechtsprechung zur Pflichtteilsberechnung entwickelt hat, zurückgegriffen werden[32].

---

[26] St. Rspr. seit RG 5. 11. 1918 = RGZ 94, 106; gegen die Berücksichtigung der Zukunftsgewinne noch OLG Hamburg 12. 6. 1909 = OLGE 19, 313; *Schönle*, DB 1959, 1428; gegen ihn *Hueck*, S. 333.
[27] BGH 9. 7. 1959 = LM Nr. 1 zu § 740 BGB.
[28] Zu eng *Heinz Meilicke*, JW 1938, S. 3018; vgl. unten B 4.25 bei Fußn. 24.
[29] BGH 25. 11. 1955 = BGHZ 19, 139; BGH 4. 6. 1954 = BGHZ 13, 378.
[30] 25. 3. 1954 = BGHZ 13, 45.
[31] Vgl. oben B 2.21 bei Fußn. 28.
[32] OLG Hamm 15. 5. 1963, Koppenberg, S. 152 (OMZ); *Knorr*, KTSch 1962, 193; a. A. ohne Begr. OLG Hamburg 14. 1. 1960 = Die AG 1960, 44; KG 28. 4. 1964 = **Die AG 1964, 217**.

B 2.23 Bürgerlich-rechtlicher Schadensersatz

Im Unterschied zum bürgerlich-rechtlichen Schadensersatz kann mit der vollen Entschädigung keine Naturalherstellung verlangt werden, da der Eingriff in die Aktionärsrechte rechtmäßig ist; die Herstellung des Zustandes, der bestehen würde, wenn der Eigentumseingriff nicht eingetreten wäre, kann also nicht tatsächlich, sondern nur wertmäßig verlangt werden. Ferner kann die Abfindung nicht im Nachhinein, sondern muß im voraus gezahlt und ermittelt werden. Im übrigen ist der bürgerlich-rechtliche Schadensersatz jedoch vergleichbar, da er ebenfalls auf *volle* Entschädigung geht.

B 2.24 Handelsvertreterausgleich

Wenn der Handelsvertreterausgleich sich auch nicht nach der Höhe des Schadens des Handelsvertreters, sondern, vorbehaltlich des Höchstbetrages nach § 89 b II HGB und des Billigkeitsvorbehalts nach Absatz 1 Nr. 3, ex-ante nach dem für den Unternehmer durch die Werbung neuer Kunden entstandenen Vorteil berechnet, so ist er der Entschädigung durch Barabfindung doch insofern vergleichbar, als die in Zukunft zu erwartende Geschäftsentwicklung abzuschätzen ist[33]; darin unterscheidet er sich von den anderen Formen des Schadensersatzes, die auf eine ex-post-Betrachtungsweise abstellen. Für die Frage, in welcher Weise Zukunftserwartungen zu schätzen sind, kann daher die Rechtsprechung zu § 89 b HGB entsprechend herangezogen werden[34].

B 2.25 Enteignungsentschädigung nach Art. 14 III 3 GG

Da die Enteignungsentschädigung grundsätzlich keinen vollen Nachteilsausgleich für den Schaden enthält, sondern darunter bleibt, sind die hierfür entwickelten Rechtsgrundsätze für die volle Entschädigung nicht maßgeblich. Die Enteignungsrechtsprechung des BGH kann jedoch insoweit zu Rate gezogen werden, als die angemessene Abfindung nach Art. 14 III 3 GG eine Untergrenze für die volle Entschädigung setzt. Darüber hinaus lassen sich dann Grundsätze über die Bemessung der vollen Entschädigung aus der Enteignungsrechtsprechung herleiten, wenn der BGH Entscheidungen der Untergerichte mit der Begründung aufgehoben hat, sie hätten zu voller statt nur zu angemessener Entschädigung verurteilt[35].

B 2.26 Handelsrechtliche Bewertung

Die handelsrechtliche Bilanzaufstellung dient in erster Linie dem Gläubigerschutz. Für sie gilt daher das Vorsichtsprinzip, nach dem

---
[33] BGH 27. 10. 1960 = DB 1960, 1387.
[34] s. unten B 4.3.
[35] Vgl. BGH 10. 1. 1972 = DB 1972, 673.

zukünftige Verluste sofort, zukünftige Gewinne dagegen nicht vor ihrer Realisierung angesetzt werden dürfen. Dies führt regelmäßig zu einer Unterbewertung. Ferner steht die handelsrechtliche Bewertung weitgehend im Belieben der Unternehmensleitung[36], während es nicht in ihrem Belieben stehen kann, sich z. B. durch Ansatz eines nicht gebotenen Passivpostens zu Lasten eines Dritten ärmer zu machen[37]. Die handelsrechtlichen Buchwerte sind daher für die Berechnung der Barabfindung nicht maßgebend[38]. Für die Schätzung können allerdings die Buchwerte wertvolle Aufschlüsse geben und wegen des Vorsichtsprinzips als Mindestwert herangezogen werden[39].

B 2.27 Steuerrechtliche Bewertung

B 2.271 zum Zwecke der Ertragsbesteuerung

Für die Ertragsbesteuerung gilt ebenfalls das Vorsichtsprinzip. Daneben werden häufig Sonderabschreibungen gewährt. Wegen des Periodencharakters der Ertragsbesteuerung schließen unrichtige Wertansätze in aller Regel die spätere Erfassung des Gewinns nicht aus, so daß eine verhältnismäßig gröbere Bewertung angemessen ist, wenn durch Fehlbewertung nur eine kurzfristige Gewinnverlagerung, als wenn eine endgültige Gewinnschmälerung eintritt[40].

Bei der Barabfindung handelt es sich demgegenüber um eine einmalig zu berechnende Entschädigung, bei der ein Zuviel oder Zuwenig zu einer endgültigen Verfälschung führt. Die ertragsteuerlichen Bewertungsgrundsätze sind daher nicht für die Bemessung der vollen Entschädigung maßgeblich, sondern können allenfalls für die Schätzung als Mindestwerte herangezogen werden, wobei Sonderabschreibungen aufzulösen sind. Sie enthalten jedoch wegen der ungeheuren Kasuistik mannigfaltige Anregungen. Zudem läßt sich aus mancher Entscheidung entnehmen, daß eine bestimmte Bewertung nur wegen des Vorsichtsprinzips erfolgt[41]. Daraus lassen sich unmittelbare Rückschlüsse auf die Berechnung des eigentlichen vollen Wertes ziehen.

B 2.272 zum Zwecke der Vermögensbesteuerung

Das für die Bewertung von Gesellschaftsanteilen angewendete „Stuttgarter Verfahren"[42] kommt dem wahren Unternehmenswert näher als die steuerlichen Buchwerte. Es stellt zwar auf den für die Abfindung an

---

[36] BGH 11. 7. 1966 = NJW 1966, 2055.
[37] BFH 28. 4. 1971 = NJW 1972, 78.
[38] BGH 30. 3. 1967 = NJW 1967, 1464; vgl. unten B 4.31 bei Fußn. 7 - 9.
[39] *Parczyk*, DB 1971, 1488 f.
[40] BFH 3. 7. 1956 = DB 1956, 955; 19. 5. 1972 = BStBl. 1972 II 748 (750).
[41] Vgl. BFH 16. 9. 1970 = BStBl 1971 II S. 85.
[42] VSt-Richtlinien 1969 BStBl 1969 I Tz. 76 ff.

sich nicht maßgeblichen Anteilswert[43] ab[44], ermittelt diesen jedoch durch Zu- und Abschläge[45] vom Wert des gesamten Unternehmens. Das Stuttgarter Verfahren gibt den für die Abfindung maßgeblichen Wert jedoch deshalb unzutreffend wieder, weil

— der Bewertung zum Zwecke der Vermögensbesteuerung eine Bestandsaufnahme der Substanz („Momentaufnahme")[46] zugrundegelegt wird, so daß nicht einmal voraussehbare Steuerschulden[47] abziehbar sind,
— zukünftige Gewinne und Verluste nur sehr beschränkt angerechnet werden[48],
— von den viel zu niedrigen Einheitswerten für Grundstücke ausgegangen wird[49],
— das Stuttgarter Verfahren überhaupt eine sehr schematische und grobe Bewertung darstellt[50].

Dies kann im Steuerrecht hingenommen werden, da die Bewertung in DM nur Zwischenstadium für die Festsetzung der Steuer ist und es daher nicht so sehr auf eine genaue Wertfestsetzung in DM als auf eine gleichmäßige — auch gleichmäßig grobe — Besteuerung ankommt[51]. Demgegenüber ist die Barabfindung der Minderheitsgesellschafter in DM festzusetzen und erfordert daher eine hinreichend genaue Berechnung in DM[52]. Da diese Voraussetzungen bei der Bewertung zum Zwecke der Vermögensbesteuerung nicht erfüllt sind, ist das Stuttgarter Verfahren für die Berechnung der Barabfindung nicht maßgeblich[53] und kann auch bei der Schätzung nur mit großer Vorsicht und unter Vornahme der notwendigen Korrekturen herangezogen werden.

B 2.28 Ergebnis

Zum bürgerlich-rechtlichen Schadensersatz, zum Handelsvertreterausgleich, zur Enteignungsentschädigung sowie zur handels- und steuerrechtlichen Bewertung hat die Rechtsprechung sehr genaue Grundsätze über die Bewertung aufgestellt; diese können jedoch wegen der Beson-

---

[43] s. unten B 3.3 bei Fußn. 23.
[44] Vgl. Tz. 76.
[45] Vgl. Tz. 77 (5); Tz. 79 (3).
[46] BFH 8.1.1960 = DB 1960, 342.
[47] BFH 9.9.1966 = BStBl 1967 III S. 43.
[48] Tz. 78.
[49] Tz. 77 (3).
[50] *Bolsenkötter*, WPg 1969, 389 ff.; *Frey*, WPg 1963, 146.
[51] So schon *Walb*, ZfHwF 1940, 1.
[52] Für die Abfindung in Aktien der übernehmenden Gesellschaft können die VSt-Werte dagegen eine brauchbare Schätzungsgrundlage sein, soweit die Struktur der zu vergleichenden Unternehmen die gleiche ist: LG Köln, 12.1.1973 (Stolberger Zink AG), 24 Akt E 1/70. Der Informationsvorsprung des Mehrheitsgesellschafters wird bei dieser Methode allerdings noch größer als bei Ermittlung der wirklichen Werte.
[53] *Kindermann*, Die AG 1964, 181; *Warneke*, WPg 1964, 450.

derheiten im Vergleich zur vollen Entschädigung nicht entsprechend angewendet werden. Dagegen berechnen sich Pflichtteilsanspruch und Abfindung des Personengesellschafters zwar als volle Entschädigung, aber gerade bei diesen hat die Rechtsprechung die Erarbeitung von Bewertungsgrundsätzen bisher den Sachverständigen überlassen[54]. Eine unmittelbare Anweisung zur Berechnung der Barabfindung kann daher auch den vergleichbaren und entsprechend anwendbaren Rechtsvorschriften nur in sehr beschränktem Umfang entnommen werden.

B 3. Auslegung des Begriffs „volle Entschädigung"

Da der Gesetzgeber zu der Berechnung der Barabfindung keine klare Anweisung gegeben hat, muß auf die Auslegung des Begriffs der „vollen Entschädigung" zurückgegriffen werden, den das BVerfG[1] als maßgeblich genannt hat.

B 3.1 Volle Entschädigung = Ersatz für entzogenen Anteil am Unternehmenswert

Abgesehen von der Gleichsetzung mit dem Auseinandersetzungsanspruch hat das BVerfG den Begriff der vollen Entschädigung nicht definiert. Die Definition der vollen Entschädigung kann aber aus ihrem Zweck abgeleitet werden, der darin besteht, jedes Opfer des ausscheidenden Gesellschafters zu vermeiden[2]. Der Gesellschafter, der seine Gesellschaftsanteile hingeben muß, erbringt nur dann kein Opfer, wenn er wertmäßig so gestellt wird, wie er stehen würde, wenn er den Gesellschaftsanteil ohne den Eigentumseingriff behielte. Der Begriff der vollen Entschädigung verlangt also die Ermittlung eines hypothetischen Kausalverlaufs, ähnlich wie beim bürgerlich-rechtlichen Schadensersatzanspruch nach § 249 Satz 1 BGB. In diesem Sinne haben sowohl der BGH als auch das BVerwG in ständiger Rechtsprechung das Zurückbleiben der Enteignungsentschädigung nach Art. 14 III 3 GG hinter dem bürgerlichrechtlichen Schadensersatzanspruch damit begründet, daß nach Art. 14 III 3 GG nicht volle, sondern nur angemessene Entschädigung geschuldet werde[3]; der zum Wohle der Allgemeinheit Enteignete brauche nur wegen des Abwägungsgebots nicht so gestellt zu werden, wie er gestanden hätte, wenn die Enteignung nicht stattgefunden hätte. Daraus folgt, daß die volle Entschädigung den ausscheidenden Gesellschafter so stellen

---

[54] BGH 26. 4. 1972 = DB 1972, 1229; 21. 4. 1955 = BGHZ 17, 130; RG 22. 12. 1922 = RGZ 106, 128.
[1] BVerfG 7. 8. 1962 (Feldmühle) sub II 2. c) (3) = E 14, 263.
[2] Vgl. oben A 1.2.
[3] BVerwG 28. 5. 1958 = E 8, 4 (12); 25. 5. 1960 = E 10, 330 (332); BGH 27. 4. 1964 = LM Nr. 9 zu LandbeschG; 29. 11. 1965 = NJW 1966, 497; 6. 12. 1965 = LM Nr. 29 zu (Cf) Art. 14 GG; 10. 1. 1972 = DB 1972, 673.

muß, wie er stehen würde, wenn der Eigentumseingriff nicht stattgefunden hätte.

Diese aus der höchstrichterlichen Rechtsprechung abgeleitete Definition der Barabfindung entspricht dem, was die heutige Betriebswirtschaftslehre unter „Unternehmenswert" versteht. In der Betriebswirtschaftslehre wird zwischen dem individuell für Käufer und Verkäufer unterschiedlichen *Wert* einerseits und dem im Falle einer Veräußerung zustandegekommenen *Preis* andererseits unterschieden. Der Unternehmens*wert* wird dem Nutzen gleichgestellt, den das Unternehmen für eine bestimmte Person hat[4]. Die *Wert*bestimmung dient der Prüfung, ob und zu welchem *Preis* es zu einem Verkauf kommen kann: Der Verkäufer wird nur verkaufen, wenn der gebotene Kaufpreis höher ist als was ihm das Unternehmen sonst „wert" ist; der für den Verkäufer ermittelte Wert ist seine Preisuntergrenze. Dasselbe gilt — umgekehrt — für den oder die Käufer[5]. Für den Verkäufer ist die Alternative zum Verkauf, das Unternehmen zu behalten. Deshalb ist für ihn der Unternehmenswert der Nutzen, den er hätte, wenn er das Unternehmen behielte. Dies entspricht dem hypothetischen Kausalverlauf, der auch für die ausscheidenden Gesellschafter in den hier behandelten Abfindungsfällen zu unterstellen ist.

Nur das KG[6] hat gesagt, der Gesetzgeber habe keinen Schadensersatz im Sinne von § 249 ff. BGB gewähren wollen; anderenfalls hätte er von „Schadensersatz" statt von „Abfindung" gesprochen. Vielmehr sei der „wirkliche Wert" des Gesellschaftsvermögens zu ersetzen. Das KG hat dieses Argument aber nur dazu verwendet, die Maßgeblichkeit des Börsenkurses für die Abfindung auszuscheiden, wobei es davon ausgegangen ist, der Ersatz des Börsenkurses sei „Schadensersatz"[7]. In Wahrheit stellt aber gerade der Börsenkurs nicht den Schadensersatz für den erfolgten Eigentumseingriff dar[8]. Eine Begründung dafür, wieso der „wirkliche" Wert etwas anderes als der Schadensersatz sei, ist das KG schuldig geblieben.

Jaensch[9] ist offenbar der Ansicht, daß die Abfindung wie bei einer Preisverhandlung als Kompromiß zwischen dem subjektiven Wert des Ausscheidenden und demjenigen des Übernehmers gebildet werden müsse. Ähnlich hat das OLG Hamm gesagt, die Abfindung sei so zu bemessen, daß vermögensmäßig gesehen der übernehmende Hauptgesellschafter keine Vorteile und die ausscheidenden Aktionäre keine Nachteile haben[10].

---
[4] *Münstermann*, S. 11 ff.; *Gmelin*, S. 38.
[5] *Gmelin*, S. 38; *Matschke*, ZfBwF 1969, 57; *Jaensch*, S. 17.
[6] KG 28. 4. 1964 = Die AG 1964, 217; ebenso *Lion*, S. 148; *Hüchting*, S. 48.
[7] Im Anschluß an *Rieger*, JW 1938, S. 3016.
[8] Vgl. unten B 3.41.
[9] S. 15 f.
[10] 23. 1. 1963 (Bergbau AG Constantin der Große) = Koppenberg, S. 106 m. w. Nachw.; 15. 5. 1963 (OMZ) = Koppenberg, S. 145 f.; Wirtschaftsprüferhandbuch, S. 1097; *Novotny/Besold/Gründler-Mundt/Haß*, DB 1974, 448.

Den betriebswirtschaftlichen Begriff des für den Käufer oder Übernehmer geltenden „Wertes" kann man in der Sprache der Juristen mit „Bereicherung" übersetzen. Zugleich auf den Schaden des ausscheidenden und auf die Bereicherung des übernehmenden Gesellschafters abzustellen, ist aber nicht möglich[11]: die Bereicherung kann größer, sie kann aber auch geringer als der Schaden sein. Dies ist nicht nur den Juristen aus dem Schadensersatzrecht, sondern auch in der Betriebswirtschaftslehre unter dem Stichwort „Verschiedenheit der subjektiven Werte"[12] bekannt.

Die Preisbildung als Kompromiß zwischen Schaden des einen und Bereicherung des anderen ist kein logisch nachvollziehbarer Vorgang. Sie paßt daher nicht auf das Finden einer Entscheidung über einen Rechtsanspruch, die logisch nachvollziehbar sein muß. Sie ist der Festsetzung der Barabfindung auch deshalb nicht vergleichbar, weil den durch den Eigentumseingriff ausscheidenden Gesellschaftern, anders als dem Verkäufer, das Ausscheiden aufgezwungen wird. Die Ausscheidenden haben (verfassungsrechtlich gesichert) einen Anspruch auf volle Entschädigung auch dann, wenn die Bereicherung des Übernehmers niedriger als der Schaden liegt. Der Mehrheitsgesellschafter muß sich eben vorher überlegen, ob seine Bereicherung aus dem Eingriff den Schaden der Minderheitsgesellschafter deckt. Stellt sich hinterher heraus, daß er ein schlechtes Geschäft gemacht hat, so hat er sich das selbst zuzuschreiben.

Verfassungsrechtlich wäre es wohl zulässig, auf die Bereicherung dann abzustellen, wenn und soweit sie den Schaden übersteigt[13]. Es ist jedoch kein Grund ersichtlich, aus dem die Minderheitsgesellschafter besser gestellt werden müßten, als sie stünden, wenn der Eigentumseingriff, für den sie entschädigt werden, nicht stattgefunden hätte. So hat der BGH zur Enteignungsentschädigung ausgesprochen, daß für die Entschädigung nicht entscheidend ist, was der Enteignungsbegünstigte gewinnt, sondern was der Betroffene verliert[14]. Diese Entscheidung beruht nicht auf dem Zurückbleiben der Entscheidungsentschädigung hinter der vollen Entschädigung, sondern auf dem Begriff des Schadensersatzes, für den Vor- und Nachteile des Schädigers nicht ins Gewicht fallen. Ihr Grundsatz erscheint deshalb auch auf die hier behandelten Entschädigungen übertragbar.

Es ist daher festzustellen, daß die Barabfindung allein aus dem Schaden der ausscheidenden Gesellschafter — in der Sprache der Betriebswirte an ihrem subjektiven Wert — zu berechnen ist. Die Bereicherung des Übernehmers — in der Sprache der Betriebswirtschaftslehre

---

[11] *Sieben,* Die AG 1966, 9.
[12] *Münstermann,* S. 21 ff.; *Jaensch,* S. 11 ff.
[13] So ist wohl das OLG Hamm a.a.O. zu verstehen.
[14] 25. 6. 1964 = WM 1964, 1099 (1101).

sein subjektiver oder in seinem Entscheidungsbereich[15] errechneter Wert — ist unbeachtlich[16].

Der Begriff „subjektiver Wert" kann hier natürlich nicht dahin verstanden werden, daß es auch darauf ankäme, wie sich die Ausscheidenden subjektiv die Zukunftsentwicklung vorstellen; denn für die richterliche Entscheidung kommt es nur darauf an, welchen Anspruch die Partei *hat*, nicht darauf, welchen sie zu haben *glaubt*. Der Unternehmenswert wird deshalb für die Barabfindung am objektiven Interesse der Ausscheidenden, aber an den subjektiven Vorstellungen des Richters gemessen[17].

B 3.2 Unternehmenswert = auf den Stichtag abgezinster Überschuß der zukünftigen Einnahmen über die Ausgaben

Der Schaden der ausscheidenden Gesellschafter besteht in ihrem Anteil an der Gesamtheit der Einnahmen, die sie in Form von Gewinn- oder Liquidationsausschüttungen aus dem Unternehmen hätten erzielen können. Zu diesem Zweck ist zu ermitteln, was die Gesellschaft den Gesellschaftern bei bestmöglicher Verwertung ihres Vermögens[18] bis zu ihrem endgültigen Erlöschen hätte ausschütten können. Der Vorteil, erst später entgangene Einnahmen durch eine sofort fällige, ertragreich reinvestierbare Abfindung ersetzt zu erhalten, kann im Vorteilsausgleich durch einen Abschlag auf die Einnahmen ausgeglichen werden[19].

Dementsprechend berechnet die heutige Betriebswirtschaftslehre den Unternehmenswert aus sämtlichen Einnahmen, die das Unternehmen bei bestmöglicher Verwertung seines Vermögens bis zu seinem Erlöschen erwirtschaften kann, abzüglich der Ausgaben, die zur Realisierung der Einnahmen und zur Durchführung der Ausschüttung notwendig sind, wobei die zukünftigen Einnahmen und Ausgaben (Einnahmeüberschüsse) auf den Bewertungsstichtag abgezinst werden[20].

So besteht der Wert eines Hauses in den abgezinsten Mieteinnahmen zuzüglich Grundstückspreis zur Zeit des Abbruchs[21], abzüglich laufender Unterhaltungs- und einmaliger Abbruchskosten.

Ein auf bebaubarem Boden stehender, in 10 Jahren schlagreifer Wald würde mit den in 10 Jahren zu erzielenden Holzerlösen zuzüglich des dann zu erzielenden Preises für Bauland[21], abzüglich der durch die Pflege und das Abschlagen des Holzes verursachten Kosten, abgezinst auf den Stichtag,

---

[15] *Engels*, S. 17 f.

[16] So auch OLG Düsseldorf 31. 7. 1964 (Feldmühle) = Die AG 1964, 247; *Jonas*, ZfB 1954, 26; *Bankmann*, DB 1968, 1410; vgl. dazu im einzelnen unten B 4.25.

[17] Vgl. im einzelnen unten B 4.32.

[18] BGH 30. 3. 1967 = NJW 1967, 1464; vgl. unten B 4.2.

[19] Vgl. unten B 4.51 und B 3.3 bei Fußn. 34.

[20] *Münstermann*, S. 29 f.; *Jaensch*, S. 24 ff.

[21] Falls nicht die Weiterverwendung des Grundstücks in eigener Regie die bessere Verwertungsmöglichkeit ist, vgl. unten B 4.2.

bewertet, wenn nicht der sofortige Abschlag des Holzes trotz verminderter Holzpreise die bessere Verwertungsmöglichkeit ist.

Die abgezinsten Einnahmeüberschüsse berücksichtigen sowohl die Vermögens- als auch die Ertragslage der Gesellschaft. Die Vermögenslage schlägt sich dadurch in den Einnahmeüberschüssen nieder, daß für die einzelnen Vermögensgegenstände entweder ein sofortiger oder späterer Verkauf und/oder eine Benutzung, gegebenenfalls Abnutzung unter Erzielung von Einnahmen unterstellt wird. Die Ertragslage ist in den Einnahmeüberschüssen enthalten, weil eine gute Ertragslage sich in einer Vermehrung und eine schlechte Ertragslage sich in einer Verminderung des Überschusses der Einnahmen über die Ausgaben niederschlägt.

Ein Unterschied zwischen dem hier behandelten Schaden der Gesellschafter und dem von der Betriebswirtschaftslehre für einen Verkäufer aus den abgezinsten Einnahmeüberschüssen ermittelten Unternehmenswert besteht darin, daß den Minderheitsgesellschaftern das Gesellschaftsvermögen nur zu einem Teil gehört und daß deshalb bei der Unternehmensbewertung zum Zwecke der Barabfindung der Wert des gesamten Unternehmens nur Durchführungsstadium ist und die festzusetzende Abfindung erst durch Aufteilung des Unternehmenswertes[22] gefunden wird. Dieser Unterschied ist zwar nicht bei der Ermittlung der Einnahmeüberschüsse, wohl aber bei der Anwendung des Kapitalisierungszinses von Bedeutung, da die ausscheidenden Gesellschafter meist erheblich schlechtere Wiederanlagemöglichkeiten haben als ein Verkäufer des ganzen Unternehmens. Dadurch können sich bei der Berechnung der Barabfindung Unternehmenswerte ergeben, die von den bei anderen Bewertungsanlässen errechneten erheblich abweichen.

B 3.3 Gleichmäßiger Anteil aller Gesellschafter am Unternehmenswert

Abgesehen vom Vorhandensein verschieden ausgestalteter Anteilsrechte[22] verlieren alle Gesellschafter dieselben Rechte an dem Einnahmeüberschüssen; der Schaden pro Anteilsrecht ist insofern gleich.

Teilweise wird vorgeschlagen, bei der Abfindung einen Abschlag auf den rechnerischen Wert dafür zu machen, daß ein Minderheitsanteil wegen der mangelnden Einflußmöglichkeit weniger wert als der rechnerische Anteil ist[23], denn wegen der geringen Stimmacht partizipiere der Minderheitsgesellschafter, wirtschaftlich gesehen, nicht am Gesellschaftsvermögen, sondern nur am ausgeschütteten Gewinn[24]. Es wird

---
[22] Vgl. unten C.
[23] OLG Celle 6.1.1961 = Koppenberg, S. 54; *Busse von Colbe*, Die AG 1964, 263; *Warneke*, WPg 1964, 452.
[24] *Busse von Colbe*, ZfB 1959, 609 f.

also darauf abgestellt, was die Minderheitsgesellschafter ohne den Eigentumsbegriff *tatsächlich* erhalten hätten.

„Wirtschaftlich" gesehen ist richtig, daß ein Mehrheitsgesellschafter auch ohne Unternehmensvertrag, Eingliederung oder Umwandlung mannigfache Möglichkeiten hat, durch überhöhte Verrechnungspreise, Kapitalerhöhungen unter Ausschluß des Bezugsrechts, Tausch ungleichwertiger Grundstücke oder Beteiligungen[25] oder durch Abschluß von „Know-how-Verträgen"[26] sich Sondervorteile zu verschaffen und den Gewinn für sich „abzusahnen". Insofern ist eine Mehrheitsbeteiligung verhältnismäßig mehr wert als eine Minderheitsbeteiligung, und der Minderheitsgesellschafter ist nur um die ausgeschütteten Dividenden geschädigt, wenn er das nicht ausgeschüttete Gesellschaftsvermögen nie zu sehen bekommen hätte.

Für die Berechnung des Wertes des Gesellschaftsvermögens ist sicherlich eine tatsächliche, wirtschaftliche Betrachtungsweise geboten[27]. Eine andere Frage ist es jedoch, ob der Mehrheitsgesellschafter, wenn der Wert des Gesellschaftsvermögens einmal feststeht, sich darauf berufen kann, er habe eine gleichmäßige Verteilung des Gesellschaftsvermögens auf alle Gesellschafter aufgrund seines Mehrheitseinflusses verhindern können. Denn rechtlich haben alle Aktionäre einen Anspruch auf Gleichbehandlung und insbesondere auf gleichen Anteil am Gewinn, § 60 I AktG. Nach § 311 AktG muß der Mehrheitsaktionär, der sich aufgrund seines beherrschenden Einflusses Sondervorteile verschafft, diese ausgleichen. Einen Abschlag auf die Minderheitsbeteiligung zugunsten des Mehrheitsgesellschafters zugestehen heißt also soviel wie ihm gestatten, sich auf sein eigenes rechtswidriges Verhalten berufen, um daraus Rechtsfolgen für sich herzuleiten: Nemo auditur propriam turpitudinem allegans[28].

Hieraus folgt, daß die ausscheidenden Minderheitsgesellschafter so zu stellen sind, wie sie gestanden hätten, wenn der begünstigte Mehrheitsgesellschafter sich in Zukunft rechtmäßig verhalten hätte. Sie sind also mit ihrem rechnerischen Anteil an dem ganzen Gesellschaftsvermögen zu beteiligen; ein Abschlag vom rechnerischen Anteil wegen der Abhängigkeit vom Mehrheitsgesellschafter ist unzulässig[29]. Auch ein Abschlag wegen schwerer Veräußerbarkeit des Anteils ist unzulässig[30].

---

[25] Vgl. die Ausgliederung der Container-Fertigung aus der Industriewerke Karlsruhe AG (Quandt-Gruppe).
[26] Know-how-Vertrag der Volkswagenwerk AG mit ihrer Tochtergesellschaft Audi vor der Verschmelzung von Audi mit NSU.
[27] Vgl. unten B 4.24.
[28] Dig. (12, 5, 2 und 8); C. Just. 4.7.2.
[29] *Kropff*, DB 1962, 158; OLG Düsseldorf 27. 11. 1962, Koppenberg, S. 95 (Beteiligungs-AG); im Ergebnis ebenso OLG Hamm 30. 4. 1960, Koppenberg, S. 53; *Albach*, Die AG 1966, 183; *Petzel*, S. 49.

B 3. Auslegung „volle Entschädigung"

da nicht feststellbar ist, ob die ausscheidenden Gesellschafter jemals hätten veräußern wollen. Zudem ist die Veräußerbarkeit der Anteile durch Änderung der Rechtsform beliebig abänderbar.

Teilweise ist auch ein *Zuschlag* für die Minderheitsbeteiligung vorgenommen worden, weil dem Minderheitsgesellschafter durch den Zwangseingriff die Möglichkeit genommen wird, sich zu einem höheren als dem rechnerischen Wert von dem übernehmenden Mehrheitsgesellschafter auskaufen zu lassen[31]. Dies läuft darauf hinaus, die Minderheitsgesellschafter so zu stellen, als wenn der Eigentumseingriff nur einstimmig erfolgen könnte und der Mehrheitsgesellschafter sich die Zustimmung der Minderheitsgesellschafter abkaufen müßte. Dadurch wird jedoch die gesamte Mehrheitsumwandlung, -eingliederung und der Abschluß von Unternehmensverträgen ad absurdum geführt: Dem Preis, den ein Minderheitsgesellschafter für seine Zustimmung verlangen könnte, sind keine Grenzen gesetzt.

Ein Eigentumseingriff liegt nicht in der Beseitigung der Zustimmungsbedürftigkeit als solcher, sondern in der Beseitigung der Teilhabe am Gesellschaftsvermögen; soweit das Erfordernis der Einstimmigkeit besteht, dient dieses nur dazu, die Rechte der Minderheitsgesellschafter zu wahren. Sind diese Rechte auf andere Weise sichergestellt, wie hier durch Festsetzung der Abfindung im Spruchstellenverfahren, bedarf es des Einstimmigkeitserfordernisses nicht. Ein selbständiger Vermögenswert kann dem Zustimmungserfordernis nicht zugebilligt werden, da die Überstimmbarkeit als solche dem Gesellschaftsanteil von Kapitalgesellschaften immanent ist[32]. Somit ist auch ein Aufschlag auf den Minderheitsanteil nicht gerechtfertigt[33].

Nach alledem ist allein auf den rechnerischen Anteil an den Einnahmeüberschüssen abzustellen. Dennoch können sich bei den einzelnen Gesellschaftern durch die *vorzeitige* Ersetzung der Einnahmeüberschüsse Unterschiede in der Vollständigkeit der Schadensbeseitigung ergeben: die Wiederanlagemöglichkeiten jedes Gesellschafters sind verschieden[34], auch können durch andere individuelle Umstände Vor- und Nachteile durch die vorzeitige Abfindung für später entgehende Einnahmen entstehen[35].

---

[30] RG 6. 1. 1940 = DR 41, 1301; a. A. *Viel/Bredt/Renard*, S. 98; *Münstermann*, S. 77 f.
[31] OLG Hamm 23. 1. 1963, Koppenberg, S. 106/107 (Bergbau-AG Constantin der Große); ähnlich *Böttcher/Meilicke*, § 12, 13 Anm. 27.
[32] KG 28. 4. 1964 = Die AG 1964, 217.
[33] OLG Düsseldorf 27. 11. 1962, Koppenberg, S. 95; *Petzel*, S. 49; *Niemann*, S. 175 ff.; *Kropff*, DB 1962, 158
[34] Vgl. unten B 4.52.
[35] Vgl. unten B 4. 12.

Die individuellen Umstände der einzelnen ausscheidenden Gesellschafter können nicht schon deshalb außer acht gelassen werden, weil das Spruchstellenverfahren eine einheitliche Feststellung der Abfindung fordert. Der BGH hat in ständiger Rechtsprechung gesagt, daß voller Schadensersatz, anders als die Enteignung, nicht nur den durchschnittlichen, sondern den individuellen Schaden ersetzen müsse[36]; ein verfassungsrechtlich gesicherter Anspruch kann nicht durch einfaches Verfahrensrecht beschränkt werden. Nach allgemeinen Rechtsgrundsätzen braucht ein Schaden oder ein Vorteil jedoch dann nicht angerechnet zu werden, wenn er in den persönlichen Risikobereich des zu Entschädigenden fällt. Dies ist, wie unten B 4.12 und 4.52 dargelegt, bei den hier in Betracht kommenden individuellen Besonderheiten zumeist der Fall.

B 3.4 Verhältnis zu anderen Wertbegriffen

B 3.41 Börsenkurs

Der Börsenkurs, zu dem der Mehrheitsgesellschafter Anteile erworben hat, kann unter Umständen ein wertvoller Anhaltspunkt für die Schätzung des Unternehmenswertes sein[37]. Maßgeblich ist der Börsenkurs für die Abfindung jedoch nicht[38]:

— Der Durchschnitt der vergangenen, langfristig bereinigten Börsenkurse, auf den das OLG Hamm[39] abgestellt hat, kann schon deshalb nach dem Begriff der vollen Entschädigung nicht maßgeblich sein, weil ein Schaden aus dem besteht, was in Zukunft entgeht, und nicht daraus, was früher für den enteigneten Gegenstand gezahlt worden ist. Zudem enthält der Börsenkurs häufig einen Abschlag auf den inneren Wert wegen der geringen Einflußmöglichkeiten und kann gerade bei Vorhandensein eines Mehrheitsgesellschafters durch An- und Verkäufe an der Börse oder durch Zurückbehalten von Information über das Unternehmen manipuliert worden sein[40].

— Rieger[41] hat gemeint, eine Abfindung zum Börsenkurs sei auch bei Unterbewertung des Unternehmens eine volle Entschädigung, da die ausgeschlossenen Gesellschafter sich ja andere unterbewertete Aktien zurückkaufen könnten. Welche an der Börse notierten Aktien unterbewertet sind, ist jedoch nicht mit hinreichender Sicherheit feststellbar; den ausscheidenden Gesellschafter auf den Kauf anderer unterbewerteter Aktien zu verweisen, würde ihn dem Zufall ausliefern statt Schadensersatz zu leisten.

---

[36] 27. 4. 1964 = LM Nr. 9 zu LandbeschG.
[37] Vgl. unten B 5.4.
[38] BGH 30. 3. 1967 = NJW 1967, 1464; KG 28. 4. 1964 = Die AG 1964, 217; im Ergebnis ebenso OLG Düsseldorf 31. 7. 1964 = DB 1964, 1148 (Feldmühle); *Crisolli/Groschuff/Kaemmel*, § 10 Anm. 8; *Elmendorff*, WPg 1966, 552; *Franta*, DB 1956, 1198; *Hintner*, S. 205 ff.; *Kindermann*, Die AG 1964, 178; *Warneke*, WPg 1964, 446; *Widmann/Mayer*, § 12 Anm. 303; *Heinz Meilicke*, JW 1938, 3018.
[39] 23. 1. 1963 (Bergbau AG Constantin der Große), Koppenberg, S. 99 ff.
[40] Vgl. im einzelnen *Böttcher/Meilicke*, §§ 12, 13 Anm. 24.
[41] *Rieger*, JW 1938, 3016.

— Auf den Börsenkurs, der sich nach Bekanntwerden des Eingriffs gebildet hat, der den Abfindungsanspruch auslöst, kann es schon deshalb nicht ankommen, weil sich dieser Kurs selbst nach der vermuteten oder bekanntgewordenen Abfindung richtet. Ein Käufer, der weiß, daß er zumindest den Börsenkurs als Abfindung wiedererlangt, könnte *jeden* Preis zahlen, und die Barabfindung würde ins Unendliche gesteigert.

Bei der Schadensersatzleistung wegen Beeinträchtigung des Eigentums an der Aktie kann allerdings der Betrag verlangt werden, zu dem die Aktien ohne die Beeinträchtigung hätten verkauft werden können[42]. Bei dieser Entscheidung handelt es sich aber darum, daß einem Aktionär durch rechtswidrigen Ausschluß von einer Kapitalerhöhung Aktien vorenthalten worden waren, die er hätte verkaufen können. Die Beeinträchtigung war also nicht nur auf den Anteil am Gesellschaftsvermögen als solchen, sondern auch auf dessen Veräußerbarkeit gerichtet. Bei den hier behandelten Fällen handelt es sich dagegen um einen Eingriff nur in die Beteiligung am Gesellschaftsvermögen, während die Veräußerbarkeit des Anteilsrechts unberührt bleibt[43]. Auf Unterlassen von Gesellschafterbeschlüssen, die nur den Kurs beeinträchtigen, besteht kein Anspruch. Daher kann nur der Schaden ersetzt verlangt werden, der auf dem Entzug der Ansprüche aus dem Gesellschaftsverhältnis beruht, während die Vor- und Nachteile, die sich durch Abtretung dieser Ansprüche an Dritte (Veräußerung des Gesellschaftsanteils) ergeben, unberücksichtigt bleiben[44].

B 3.42 Verkehrswert des gesamten Unternehmens

Nach einer verbreiteten Ansicht ist als für die Abfindung maßgeblicher hypothetischer Sachverhalt zu ermitteln, welchen Preis ein Käufer für das gesamte Unternehmen zu zahlen bereit wäre (Verkehrswert)[45]. Dies entspricht der Rechtsprechung zur Auseinandersetzung von Personengesellschaften, die, um den goodwill des Unternehmens trotz der zu fingierenden Liquidation berücksichtigen zu können, die Veräußerung des Unternehmens im ganzen unterstellte[46]. Der Wortlaut der §§ 12 I 2 UmwG, 320 V 5, 305 III 2 AktG legt jedoch eine Veräußerung oder fingierte Liquidation nicht mehr nahe. Der BGH hat zum UmwG auch nicht mehr von Veräußerung, sondern nur noch von bestmöglicher *Verwertung* im ganzen gesprochen[47].

---

[42] RG 22. 5. 1940 = DJ 40, 1014.
[43] Vgl. jedoch OLG Frankfurt 16. 9. 1971 (Veith-Pirelli) = NJW 1972, 641 und *Heinz Meilicke/Hohlfeld*, BB 1972, 1249.
[44] Im Ergebnis ebenso *Hüchting*, S. 50; a. A. *Sieben*, Die AG 1966, 9.
[45] *Heinz Meilicke*, JW 1938, 3016; *Gieseke*, ZAKDR 1942, 72; *Böttcher/Meilicke*, §§ 12, 13 Anm. 25; OLG Hamm 30. 4. 1960, Koppenberg, S. 50; 23. 1. 1963 Koppenberg, S. 113 (Bergbau AG Constantin der Große); 15. 5. 1963 Koppenberg, S. 147 f. (OMZ); dagegen *Sieben*, Die AG 1966, 85.
[46] RG 22. 12. 1922 = RGZ 106, 128 (132); 6. 1. 1940 = DR 1941, 1301; zuletzt BGH 22. 10. 1973 = DB 1974, 329; vgl. oben B 2.21.

An dem Abstellen auf den Verkehrswert ist richtig, daß der für das gesamte Unternehmen *bezahlte* Preis ein Anhaltspunkt für die Schätzung sein kann[48]. Der „Verkehrswert" kann jedoch nicht als rechtlich maßgeblich angesehen werden, wenn eine Veräußerung nicht stattgefunden hat, sondern fingiert werden müßte. Der für ein Unternehmen gezahlte Preis ist weitgehend davon bestimmt, was der Käufer mit dem Unternehmen und der Verkäufer mit dem Preis anfangen wollen[49]. Verkehrswerte gibt es daher nur für vertretbare Sachen, für die ein Markt entstehen kann, nicht jedoch für ungleichartige und deshalb unvertretbare Unternehmen[50]. In der Betriebswirtschaftslehre ist auch weitgehend anerkannt, daß ein objektiver „Verkehrswert" für Unternehmen nicht existiert[51]. Ebenso hat der RFH schon frühzeitig ausgesprochen, daß eine befriedigende Gesamtbewertung eines Unternehmens praktisch nicht zu erreichen sei und mangels greifbarer Unterlagen zur Willkür führe[52].

Wer den „Verkehrswert" als rechtlich maßgebend ansetzt, müßte konsequenterweise jede im Verkehr angewendete Berechnungsmethode auch dann billigen, wenn sie Denkfehler enthält, einzelne Posten doppelt berücksichtigt usw., wenn sie nur nachweisbar im Verkehr zur Kaufpreisbestimmung angewandt wird. Diese Konsequenz haben aber auch die Entscheidungen, die auf den Verkehrswert abgestellt haben, nicht gezogen; vielmehr haben sie die Schätzungen der Sachverständigen auf logische Fehler überprüft und sogar den „Verkehrswert" mit Hilfe der entgangenen Einnahmen geschätzt[53].

Die Fiktion der Veräußerung des ganzen Unternehmens zum „Verkehrswert" ist für die Rechtsfindung ungeeignet, weil der Verkehrswert selbst erst durch inhaltlich unbestimmte, nach der neueren Betriebswirtschaftslehre sogar unbestimmbare Fiktionen ermittelt werden müßte.

Aber auch wenn man trotz des Fehlens eines Verkehrs von der Existenz eines objektiven „Verkehrswertes" für Unternehmen ausgeht[54], spricht gegen dessen Maßgeblichkeit, daß ein Käufer in der

---

[47] 30.3.1967 = NJW 1967, 1464; auch das KG 15.12.1970 = OLGZ 1971, 278 (Berl. Maschinenbau AG) hat die Fiktion der Veräußerung nur im Zusammenhang mit der Auseinandersetzung bei Personengesellschaften erwähnt.

[48] Vgl. unten B 5.4.

[49] *Gmelin*, S. 38; *Matschke*, ZfBwF 1969, 57.

[50] *Münstermann*, S. 12; *Viel/Bredt/Renard*, S. 21.

[51] *Münstermann*, S. 11 und 21 ff.; *Matschke*, ZfBwF 1969, 57; *Parczyk*, DB 1971, 1485; *Hintner*, S. 215; vgl. *Auler/Schöne*, GmbHRdsch 1969, 281 m. w. Nachw.

[52] RFH 28.2.1930 = RFHE 26, 285 (289) zum BewG; ähnlich *Barz*, DR 1941, 1303.

[53] Vgl. RG 6.1.1940 = DR 1941, 1301; OLG Hamm 23.1.1963 (Bergbau AG Constantin der Große), Koppenberg, S. 120 ff.; 15.5.1963 (OMZ), Koppenberg, S. 148; BGH 11.6.1959 = LM Nr. 7 zu § 138 HGB; vgl. oben B 1.1; vgl. auch BGH 2.12.1959, MDR 1960, 212.

B 3. Auslegung „volle Entschädigung"

Regel nur dann eine Sache zu erwerben bereit ist, wenn der Erwerb für ihn ein „Geschäft" darstellt; er wird daher Entwicklungschancen nur sehr vorsichtig berücksichtigen[55]. Zur Enteignungsentschädigung hat der BGH in ständiger Rechtsprechung ausgesprochen, daß nach Art. 14 III 3 GG nur der Marktpreis mit denjenigen Entwicklungschancen zu entschädigen ist, die am Stichtag am Markt bereits bewertet wurden, während diejenigen Entwicklungschancen, die zwar vorhanden, aber am Stichtag am Markt noch nicht realisierbar waren, nicht berücksichtigt werden dürfen[56]. Dies hat der BGH ausdrücklich mit dem Zurückbleiben der Enteignungsentschädigung hinter der vollen Entschädigung begründet[57]. Da die hier behandelten Abfindungen nach dem Grundsatz der vollen Entschädigung zu berechnen sind, erscheint es nicht gerechtfertigt, statt des tatsächlich eingetretenen Schadens auf den eventuellen Wert abzustellen, den ein Käufer im Markt zahlen würde. In diesem Sinne hat das OLG Düsseldorf[58] auf den vom Sachverständigen ermittelten „Kaufpreis" einen Zuschlag gemacht, um die ausscheidenden Aktionäre an der Chance einer günstigen Entwicklung des Unternehmens teilhaben zu lassen.

Schließlich braucht ein Verkäufer das Kaufangebot nicht anzunehmen, wenn die Einnahme, die der angebotene Kaufpreis darstellt, geringer ist als die Einnahmen, die er hätte, wenn er das Unternehmen behielte. Dadurch ist er sichergestellt, sein Vermögen in bestmöglicher Weise verwerten zu können. Die durch die hier behandelten Eigentumseingriffe ausscheidenden Gesellschafter verlieren dagegen ihre Rechte, ob sie wollen oder nicht[59]. Wenn die Abfindung zum „Verkehrswert" die entgehenden Einnahmen nicht ersetzt und ein Verkauf daher im freien Markt nicht stattgefunden hätte, würde den ausscheidenden Gesellschaftern die bessere Möglichkeit, die Beteiligung zu behalten, bei Ansatz des „Verkehrswertes" entschädigungslos entzogen. Daher ist maßgeblich nicht auf einen „Verkehrswert", sondern auf den Wert der entgangenen Einnahmen abzustellen, den die ausscheidenden Gesellschafter bei bestmöglicher Verwertung des Gesellschaftsvermögens im Interesse *aller* Gesellschafter gehabt hätten; der Verkauf des ganzen Unternehmens oder eines Teiles davon ist nur eine von zahlreichen Verwertungsmöglichkeiten.

---

[54] So *Viel/Bredt/Renard*, S. 24.
[55] So ausdrücklich OLG Düsseldorf 31. 7. 1964 (Feldmühle) = Die AG 1964, 246.
[56] BGH 9. 6. 1959 = NJW 1959, 1649.
[57] 29. 11. 1965 = NJW 1966, 497.
[58] 31. 7. 1964 (Feldmühle) = Die AG 1964, 246; ebenso OLG München 15. 12. 1964 = Die AG 1965, 139.
[59] Vgl. oben B 3.1 nach Fußn. 12.

B 3.43 Rekonstruktionswert

Der Begriff der entgangenen Einnahmen ist in die Zukunft gerichtet. Demgegenüber hat das OLG Hamm[60] gemeint, daß dem Substanzwert (besser: Rekonstruktionswert), der durch die Herstellungskosten der einzelnen zum Unternehmen gehörenden Wirtschaftsgüter bestimmt werde, grundlegende Bedeutung zukomme; denn unter dem auf den Stichtag des Erwerbs abgestellten Herstellungswert sei im allgemeinen ein Wirtschaftsgut nicht zu kaufen. Dem ist insofern zuzustimmen, als die Herstellungskosten einen guten Schätzwert für den Unternehmenswert abgeben (siehe unten B 5.2). Die Herstellung des gegenwärtigen Zustandes würde jedoch, auch wenn keine Fehlmaßnahme vorliegt, wegen neuerer, moderner Fertigungsmethoden möglicherweise so nicht mehr vorgenommen[61]. Der rechtlich maßgeblichen Bemessung der Barabfindung kann daher nicht der Rekonstruktionswert, sondern allein der Wert der zukünftigen Einnahmen zugrundegelegt werden[62].

*B 3.44 Unterschied zwischen
kapitalisierten Einnahmeüberschüssen und Ertragswert*

Von Betriebswirten wird häufig der Ertragswert als maßgeblich bezeichnet[63]. Der Ertragswert wird dadurch gebildet, daß die Ausschüttung eines ewig gleichbleibenden Zukunftsertrages unterstellt wird, der jeweils auf den Stichtag abgezinst wird. Der Unternehmenswert ist dann gleich dem Wert der kapitalisierten ewigen Zukunftserträge[64]:

$$\text{Ertragswert} = \frac{\text{jährlicher Ertrag} \times 100^{65}}{\text{Kapitalisierungszins}}$$

In der Praxis werden die Zukunftserträge meist nach den Vergangenheitserträgen geschätzt und die (handelsrechtlichen) Erträge der letzten Jahre um außerordentliche Ausgaben und Einnahmen bereinigt[66]. Dies ist jedoch nur ein Schätzungsverfahren und soll unten B 5.1 untersucht werden. In Wahrheit ist das, was den ausscheidenden Gesellschaftern in der Zukunft entgeht, von den Vergangenheitserträgen unab-

---

[60] 23. 1. 1963 Koppenberg, S. 115 (Bergbau AG Constantin der Große); im Ergebnis ebenso OLG Hamm 30. 4. 1960, Koppenberg, S. 50; OLG Celle 6. 1. 1961, Koppenberg, S. 54.
[61] Vgl. BGH 8. 12. 1960 = BB 1961, 348; 25. 6. 1964 = WM 1964, 1099; OLG Hamm 23. 1. 1963 (Bergbau AG Constantin der Große), Koppenberg, S. 117.
[62] *Umberg*, ZfHwF 1922, 288; *Münstermann*, S. 20.
[63] Parteigutachter Karoli und Wollert-Elmendorff in LG Hannover (Ilseder Hütte) 23 Akt E 1/70; Gerichtl. Gutachter TA in LG Düsseldorf (Rheinpreußen AG) 19 Akt E 3-7/69 I, beide nicht abgeschlossen.
[64] Vgl. *Jaensch*, S. 35.
[65] Die Formel gibt den Gegenwartswert einer unendlichen Rente.
[66] Grundlegend *Kolbe*, S. 35 ff. (1. Aufl.); vgl. auch Wirtschaftsprüferhandbuch, S. 1103 ff.

hängig; diese sind, wie allgemein anerkannt, nur ein Anhaltspunkt. Im übrigen entspricht natürlich die Hypothese des ewig gleichbleibenden Ertrages nicht der Wirklichkeit und wird nur aus Gründen der Praktikabilität als grobe Vereinfachung der richtigen Wertberechnung verwendet.

Aber auch die wirklichen zukünftigen *Erträge* ergeben, abgezinst, nicht den Unternehmenswert[67]. Dies liegt daran, daß die handelsrechtliche *Ertrags*rechnung einem ganz anderen Zweck dient als die Unternehmensbewertung, nämlich der Zurechnung des Zukunftserfolges auf bestimmte Geschäftsjahre. Deshalb sind in den Handelsbilanzerträgen viele Einnahmen und Ausgaben nur fiktiv, z. B. Rechnungsabgrenzungsposten, Abschreibungen für Abnutzung, u. a. Dies führt bei Anwendung der Ertragswertmethode teilweise zu unrichtigen Ergebnissen, wie an den Abschreibungen für Abnutzung erläutert werden soll:

In der handelsrechtlichen Ertragsrechnung werden durch Abschreibungen für Abnutzung bereits erfolgte Investitionsausgaben auf die einzelnen Jahre verteilt, in denen sie gebraucht werden und zu Einnahmen führen. In Wahrheit ist aber die Ausgabe bereits mit der Investition abgeschlossen, wärend das, was in der Ertragsrechnung als „Abschreibung für Abnutzung" erscheint, einer zusätzlichen Einnahme entspricht. Bei zukünftigen Investitionen führt dies wegen der Abzinsungswirkung zu falschen Ergebnissen, weil die Investitionsausgabe später als zum wirklichen Zeitpunkt und dadurch zu niedrig angesetzt wird[68].

Erst recht führt die Ertragswertmethode mit ihrer Abzinsung der Zukunftserträge deshalb zu einem falschen Unternehmenswert, weil die handelsrechtlichen Zukunftserträge Abschreibungen für Abnutzung von solchen Investitionen enthalten, die am Bewertungsstichtag bereits vorhanden waren. Dadurch werden Ausgaben für die Zukunft vorgetäuscht, die in Wahrheit bereits in der Vergangenheit erfolgt sind, und Einnahmen verdeckt, die in Wahrheit werterhöhend berücksichtigt werden müßten[69].

Richtigerweise bestimmt sich der Wert des investierten Unternehmenskapitals allein nach den Einnahmeüberschüssen. Bei ihnen erscheinen Investitionsausgaben, auch wenn sie in der Handelsbilanz aktiviert würden, wertmindernd als Ausgaben; dagegen können Abschreibungen für Abnutzung nicht vom Wert abgezogen werden, da die Einnahmen, auch soweit sie in der Bilanz nicht als Gewinn ausgewiesen,

---
[67] *Jaensch*, S. 24 ff.; *Münstermann*, S. 29 ff., 32 ff.; *Gmelin*, S. 39; in der neueren Betriebswirtschaftslehre h. M.
[68] *Engels*, S. 134 ff.; *Münstermann*, S. 30 ff.
[69] *Umberg*, ZfHwF 1922, 277; *Jaensch*, S. 26; *Münstermann*, S. 31.

sondern durch Abschreibungen verdeckt werden, in Form von Bargeld hereinkommen, am Ende vorhanden sind und allen Gesellschaftern gemeinsam zustehen.

Der Fehler, den die Ertragswertmethode durch Ansatz von „Abschreibungen für Abnutzung" als fiktiven Ausgaben macht, läßt sich zwar korrigieren, indem u. a. statt der Abschreibungen die zukünftigen Reinvestitionskosten eingesetzt werden[70]. Dies zeigt aber gerade, daß die Ertragswertmethode an sich nicht maßgeblich ist[71].

B 3.5 Ergebnis

Im Ergebnis ist festzuhalten, daß weder Substanzwert noch Ertragswert für die Bewertung eines Unternehmens zum Zwecke der Abfindung maßgeblich sind. Die rechtlich maßgeblichen *Haupttatsachen* für die Ableitung der Abfindung sind die abgezinsten Überschüsse der zukünftigen Einnahmen über die zukünftigen Ausgaben[72]. Wie aus ihnen die Abfindung abgeleitet wird, ist *Rechtsfrage* im Sinne der Methodenlehre[73]. Die gegenwärtigen Tatsachen und Umstände, mit denen die Bewertung vorgenommen wird, sind *Hilfstatsachen* (Indizien) für die Ermittlung der an sich maßgeblichen abgezinsten zukünftigen Einnahmeüberschüsse. Die Art, wie von den Hilfstatsachen auf die Haupttatsachen geschlossen wird, ist grundsätzlich *Tatfrage* im Sinne der Methodenlehre[73]. Rechtsfrage ist sie jedoch insoweit, als Sätze der Logik und der Erfahrung bei Vorliegen von Hilfstatsachen eine *Vermutung* für die Höhe der zukünftigen Einnahmeüberschüsse begründen.

B 4. Rechtsgrundsätze zur Ermittlung der kapitalisierten Einnahmeüberschüsse

Es sind nunmehr die Rechtsgrundsätze herauszuarbeiten, nach denen die Einnahmeüberschüsse zu ermitteln[1] und abzuzinsen[2] sind.

B 4.1 Vollständigkeit der Entschädigung

B 4.11 Grundsatz: jeder zukünftige Einnahmeüberschuß

Aus dem Begriff der vollen Entschädigung folgt, daß grundsätzlich alle zukünftigen Einnahmen und Ausgaben für die Bewertung anzu-

---

[70] Vgl. *Engels*, S. 134 ff. und unten B 5.14.
[71] So auch *Jaensch*, S. 26; Wirtschaftsprüferhandbuch, S. 1100 ff.
[72] H. M. in der heutigen Betriebswirtschaftslehre. Demgegenüber bezeichnet der BGH 17. 1. 1973 = DB 1973, 563 die Einnahmeüberschußrechnung noch als „von den als traditionell bezeichneten Methoden abweichendes Bewertungsverfahren".
[73] Vgl. oben B 1.31 und 1.33.
[1] B 4.1 bis 4.4.
[2] B 4.5.

B 4. Rechtsgrundsätze zur Ermittlung der Einnahmeüberschüsse

setzen sind[3]. Bei einer Verletzung dieses Grundsatzes kann das BVerfG angerufen werden.

Z. B. ist der Ausgabe, die sich aus der Verpflichtung, eine Kiesgrube wiederaufzufüllen, ergibt, die Einnahme des Verpflichteten gegenüberzustellen, die dieser durch Kippgebühren erzielen kann[4].

In der Betriebswirtschaftslehre wird teilweise die Ansicht vertreten, daß zukünftige Entwicklungsmöglichkeiten beim Unternehmenswert nicht zu berücksichtigen seien, sondern allein dem Käufer zufallen müßten[5]. Dem kann schon für die Kaufpreisberechnung nicht zugestimmt werden, da Entwicklungsmöglichkeiten einen Wert darstellen, die ein Verkäufer sich honorieren lassen wird, wenn er sich nicht schlechter stellen will, als er stünde, wenn er das Unternehmen behielte. Bei der Errechnung des entgangenen Ertrages zum Zweck der Enteignungsentschädigung darf eine Zuwachsrate für die Zukunft nur wegen des Zurückbleibens hinter dem vollen Schadensersatz nicht eingesetzt werden[6]. Bei der hier behandelten vollen Entschädigung sind daher auch alle Einnahmeüberschüsse aus Geschäftserweiterungen, z. B. auch durch Kapitalerhöhungen[7], anzusetzen, soweit sie bei Verbleib der Gesellschafter möglich gewesen wären[8].

Umgekehrt sind auch sämtliche zukünftige Ausgaben abzuziehen, z. B. die Ausgaben, die zu erwarten sind, weil eine Werksanlage durch Geröllmassen bedroht ist, die sich am Hang eines Berges ansammeln und bei denen die Gefahr besteht, daß sie alle 10 - 12 Jahre abrutschen. Wenn dies im Steuerrecht[9] nicht voll anerkannt wird, so dürfte dies daran liegen, daß wegen des Verbots der Gewinnrealisierung auch der Verlustrealisierung Grenzen gesetzt werden müssen.

Dabei kommt es theoretisch nicht darauf an, ob die Gegenleistung, die der Ausgabe gegenübersteht, bereits vereinnahmt ist oder nicht:

So sind theoretisch Ausgaben für Pensionsverpflichtungen unabhängig davon abzuziehen, ob die Arbeitnehmer diese bereits „verdient"[10] haben; der Belastung mit der Pensionsverpflichtung steht der Nutzen aus der zukünftigen Arbeitsleistung des Berechtigten gegenüber.

---

[3] So hat der Court of Appeals of New York in: Beloff v. Consolidated Edison, 87 NE 2 d 561, 565 (zitiert nach *Schleifenbaum*, S. 108), in einem gleichartigen Verfahren über die Abfindung zwangsweise ausscheidender Aktionäre gesagt: We say again, that every right of a dissenting shareholder is to be appraised and paid for.

[4] Anders wegen des Vorsichtsprinzips im EStR BFH 16. 9. 1970 = BStBl 1971 II S. 85.

[5] *Jonas*, ZfB 1954, 26; noch weiter *Zeiger*, BBWuBR 1965, 193, der jede Umstrukturierung allein dem Käufer zurechnen will, vgl. B 4.21 bei Fußn. 4 - 8.

[6] BGH 26. 6. 1972 = NJW 1972, 1574.

[7] Wirtschaftsprüferhandbuch, S. 1093.

[8] Wie die Erweiterungsmöglichkeiten erfaßt werden können, ist ein Problem der Tatsachenfeststellung und durch Sachverständigengutachten sowie über die unten B 5.4 aufgezeigten Grundsätze zu klären.

[9] BFH 26. 2. 1964 = DB 1964, 938.

[10] Vgl. dagegen § 6 a II Satz 1 EStG.

Nur für die Schätzung kann dies insofern von Bedeutung sein, als zukünftige Ausgaben sich mit den zukünftigen Einnahmen saldieren und per Saldo die Ausgabe nur insoweit als Belastung anzusehen ist, als sie die korrespondierende Einnahme übersteigt[11].

Während bei den gewöhnlichen Einnahmen und Ausgaben der Grundsatz der Vollständigkeit der Entschädigung keine rechtlichen Schwierigkeiten bringt, ist die Zurechnung einiger besonderer Schadensposten problematisch[12].

B 4.12 Individuelle Schäden der einzelnen Gesellschafter

In der Regel werden den Gesellschaftern die Einnahmeüberschüsse durch den Eigentumseingriff gleichmäßig entzogen (abgesehen von der Verteilung auf verschiedene Kategorien von Gesellschaftsrechten, vgl. unten C), so daß insofern allen der gleiche Schaden entsteht und zu ersetzen ist[13].

B 4.121 Nicht zu ersetzende individuelle Schäden

Wenn wegen der besonderen persönlichen Verhältnisse des einzelnen Gesellschafters bei diesem ein weiterer Schaden eintritt, so ist dies ein Risiko, das dem Mehrheitsgesellschafter grundsätzlich nicht mehr zuzurechnen ist.

Daher sind nicht zu ersetzen z. B. Schäden, die ein Gesellschafter aufgrund einer vertraglichen oder testamentarischen Verfügungsbeschränkung über den Gesellschaftsanteil erleidet. So kann ein Gesellschafter, der Aktien nach dem Sparprämiengesetz auf sechs Jahre festgelegt hatte, von dem Mehrheitsgesellschafter keinen Schadensersatz dafür verlangen, daß er aufgrund des Unternehmensvertrages zwischen dem Verlust der Sparprämie[14] und der entschädigungslosen Hinnahme der Eigentumsentziehung wählen muß[15]. Ähnlich hat der BGH bei der Enteignungsentschädigung entschieden, daß die Verpflichtung des Hoferben, im Falle einer innerhalb von 15 Jahren nach der Hofübernahme erfolgenden Enteignung seine Miterben zu entschädigen, kein weiterer Vermögensnachteil ist, der bei der Enteignungsentschädigung zu berücksichtigen ist[16].

Ebenso ist die Einkommensteuer allein Angelegenheit des Zahlungsempfängers. Entsteht durch die Zahlung der Barabfindung eine Gewinnrealisierung, die beim ausscheidenden Gesellschafter, z. B. beim buchführenden Kaufmann, zu einer höheren ESt führt, als bei einem Verbleib in der Gesellschaft zu zahlen gewesen wäre[17], so erhöht dieser

---

[11] Vgl. unten B 5.227 bei Fußn. 42.
[12] Unten B 4.12 - 4.15.
[13] Vgl. oben B 3.3.
[14] § 1 Abs. 4 Nr. 2 SparPG.
[15] Ein Gesetz, das zu dieser mißlichen Wahl zwingt, erscheint allerdings änderungsbedürftig.
[16] 14. 12. 1970 = NJW 1971, 806.
[17] Für die übertragende Umwandlung ist in § 13 UmwStG i. V. m. § 6 b EStG eine Befreiung von der Besteuerung durch die Abfindung realisierter Ge-

B 4. Rechtsgrundsätze zur Ermittlung der Einnahmeüberschüsse [67

Schaden nicht die Barabfindung, sondern ist allein vom ausscheidenden Gesellschafter zu tragen[18]. Umgekehrt kann aber der Mehrheitsgesellschafter den ausscheidenden Minderheitsgesellschaftern auch nicht entschädigungsmindernd entgegenhalten, daß sie die Dividendenerträge mit ESt hätten versteuern müssen, während die Barabfindung einkommensteuerfrei ist; denn auch dies ist die persönliche Angelegenheit des abzufindenden Gesellschafters.

B 4.122 Zu ersetzende individuelle Schäden (Nebenleistungen)

Ein besonderer Fall eines individuellen Schadens liegt bei Vorhandensein von Nebenverpflichtungen nach § 55 AktG oder entsprechenden Verpflichtungen nach dem jeweiligen Gesellschaftsvertrag vor[19]. Werden diesen Aktionären ihre Aktien durch einen der hier behandelten Eigentumseingriffe entzogen, so erleiden sie einen Schaden nicht nur durch den Verlust der Beteiligung am Gesellschaftsvermögen, sondern auch und insbesondere dadurch, daß sie ihre Erzeugnisse nicht mehr aufgrund ihrer Nebenverpflichtung an das gemeinsame Unternehmen liefern können. Dadurch werden sie entweder gezwungen, an ein anderes entfernt liegendes Unternehmen zu liefern, wodurch ihnen der Rationalisierungsvorteil, der in dem Bestehen der benachbarten Unternehmen lag, verloren geht, oder sie müssen an das früher gemeinsame, nunmehr fremde Unternehmen liefern, das ihnen die Preise vorschreiben oder überhaupt den Ankauf verweigern kann[20]. Von einem besonderen, persönlichen Risiko kann hier nicht mehr gesprochen werden; vielmehr stellt sich die Entziehung einer solchen Nebenverpflichtung von vornherein als Eingriff in den Gewerbebetrieb der Gesellschafter dar.

---

winne vorgesehen, da der Finanzausschuß die Besteuerung für unbillig hielt, vgl. *Glade/Steinfeld*, Tz. 386. Ein Erweiterung dieser Vorschrift auf die anderen hier behandelten Eingriffe erschiene angebracht. Für die Abfindung in Aktien gilt dies seit jeher: *Böttcher/Meilicke*, Anm. 239 S. 518; Fin. Min. Niedersachsen, Erl. v. 4. 10. 1972, DB 1972, 2089.

[18] So für die Enteignungsentschädigung BGH 28. 6. 1954 (in BGHZ 14, 111 nicht abgedr.), zit. nach *Kröner*, S. 102, Anm. 82; vgl. jedoch auch *Kröner*, S. 90, Anm. 32; für die Bestimmung der Preisuntergrenze ist dagegen auch die ESt-Belastung in die Berechnung einzubeziehen, *Münstermann*, S. 56 f.; vgl. auch BGH 18. 12. 1969 = BGHZ 53, 132 zu § 249 BGB.

[19] Nebenverpflichtungen sind z. B. auch nach GmbH-Recht möglich, vgl. *Baumbach/Hueck*, GmbHG, § 3 Anm. 8.

[20] Praktisch wird es sich bei der Aneignung einer solchen AG mit Nebenverpflichtungen immer auch um den Wert handeln, den ihre Absatzkapazität für die Produzenten darstellt; denn für solche Abnahmekontingente werden mitunter hohe Preise gezahlt, vgl. BFH 22. 2. 1962 = BStBl 1962 III S. 367. Bei dem Hauptanwendungsfall der Nebenleistungen, der Zuckerrübenindustrie, spielt der Wert der Absatzmöglichkeit gegenwärtig allerdings keine Rolle, da durch das Zuckergesetz vom 5. 1. 1951 in der Fassung vom 9. 8. 1954 (BGBl I S. 47) für Zuckerrüben Einzugsgebiete und Erzeugerpreise staatlich geregelt werden.

Der durch Entziehung der Nebenleistungs-Aktien entstehende Schaden beruht nicht eigentlich auf dem Wegfall der Nebenleistungspflicht, sondern auf dem Wegfall des für die Nebenleistungen gewährten Entgelts. Dieses Entgelt ist zwar nicht Teil der Vermögens- und Ertragslage der Gesellschaft, sondern tritt *neben* die Beteiligung an Vermögen und Ertrag. Das Gesetz schreibt aber nicht die alleinige Maßgeblichkeit, sondern nur die Berücksichtigung der Vermögens- und Ertragslage der Gesellschaft vor, so daß auch solche Schäden bei der Bemessung der Barabfindung angesetzt werden können, die nicht auf der Vermögens- und Ertragslage beruhen.

In der Tat rührt der *gesamte* Schaden der Nebenverpflichteten aus entzogenen, aus dem Gesellschaftsverhältnis stammenden Einnahmeüberschüssen her: Die Nebenleistung kann mit einem Entgelt vergütet werden, das nach § 61 AktG bis zu dem vollen Wert der Leistung gehen darf. Diese volle Vergütung kann z. B. ein in der Nähe einer gemeinsamen Molkerei-AG gelegener Milchproduzent und Aktionär häufig nicht mehr erlangen, wenn die Molkerei ihm die Preise vorschreiben kann oder er an eine andere, entfernt gelegene Molkerei liefern muß. Umgekehrt würden die Milchproduzenten zuviel erhalten, wenn bei erheblich unter dem Marktpreis liegendem Nebenleistungsentgelt allein die Vermögens- und Ertragslage der Gesellschaft für die Abfindung zugrundegelegt würde; denn was zu billig als Nebenleistung abgeliefert wird, erhalten sie in Form von überhöhten Erträgen zurück[21]. Daher muß die nach der Vermögens- und Ertragslage (Einnahmeüberschüsse) berechnete Abfindung um das für die Nebenverpflichtungen gezahlte Entgelt erhöht und um den bei anderweitiger Verwendung der Nebenleistungen ersparten Betrag verringert werden. Dadurch wird sichergestellt, daß den ausscheidenden Nebenleistungs-Gesellschaftern der Rationalisierungsvorteil — und *nur* der Rationalisierungsvorteil — ersetzt wird, den sie durch ihre Teilhabe an der Nebenleistungsgesellschaft hatten. Wenn das Entgelt den vollen Wert vergütete, den z. B. die Milchlieferungen für die Molkerei-AG hatten, so wird der Preis, der durch andere Verwendung der Milch erzielbar ist, zumindest um den Frachtaufwand, der für den anderweitigen Verkauf an andere, weiter entfernt gelegene Molkereien aufzuwenden ist, unter diesem Wert liegen. Daneben ist aber auch der zusätzliche Verkaufsaufwand, den die Gesellschafter erbringen müssen, um einen Käufer für ihre Nebenleistungen zu finden, einschließlich des Risikos, auf einem oligopolistischen Käufermarkt Preisnachlässe gewähren zu müssen, von dem eingesparten Entgelt aus anderer Verwendung der Nebenverpflichtung abzuziehen.

---

[21] Der Gewinnverteilungsschlüssel entspricht regelmäßig dem Umfang der Nebenverpflichtungen, vgl. RG 19. 5. 1922 = RGZ 104, 350.

Ebenso ist der individuelle Schaden zu berücksichtigen, der sich durch den Wegfall sonstiger, im Gesellschaftsvertrag vorgesehener Rechte oder Pflichten ergibt, z. B. bei Recht auf Geschäftsführung oder Sitz im Aufsichtsrat die Vergütung abzüglich dem Wert desjenigen, was er infolge des Unterbleibens seiner Dienstleistung ersparen oder durch anderweitige Verwendung seiner Dienste erwerben kann, vgl. § 615 I Satz 2 BGB. Ideelle Schäden, z. B. Minderung des Ansehens, brauchen nicht entschädigt zu werden, da dies nicht in den Schutzzweck des Art. 14 GG fällt[22], ebensowenig gesellschaftsfremde Sondervorteile, die durch den Einfluß auf die Geschäftsführung erlangt werden können[23].

B 4.13 Schadensersatzansprüche
die durch actio pro socio geltend gemacht werden können

Während das KG[24] angenommen hat, daß Schadensersatzansprüche gegen Mitglieder des Vorstandes oder des Aufsichtsrates in die Abfindungsrechnung einzubeziehen sind, hat das OLG München[25] die Prüfung von Schadensersatzansprüchen der genannten Art im Spruchstellenverfahren über die Abfindung der ausscheidenden Gesellschafter für unzulässig gehalten. Die Geltendmachung der genannten Ansprüche ist aber nicht nur im Wege der actio pro socio (vgl. §§ 309 ff., 349 ff. AktG), sondern auch durch die Gesellschaft selbst möglich. Sie gehören wie jeder andere Anspruch zum Gesellschaftsvermögen, für dessen Entzug die ausscheidenden Gesellschafter zu entschädigen sind.

Deshalb sind Schadensersatzansprüche, gleichgültig, ob sie mit der actio pro socio geltend gemacht werden können, vom Spruchstellengericht in die Abfindungsrechnung einzusetzen. Dabei muß das Gericht nach § 12 FGG alle Umstände ermitteln, um sich Klarheit darüber zu verschaffen, ob und mit welcher Wahrscheinlichkeit tatsächlich ein Schadensersatzanspruch besteht. Da ihm eine rechtskräftige Entscheidung darüber mit Wirkung für und gegen die Schadensersatzverpflichteten oder die Gesellschaft nicht möglich ist, muß es ihn unter Würdigung aller Umstände mit seinem wirtschaftlichen Wert ansetzen[26].

Dasselbe gilt für die entsprechend ausgestalteten Schadensersatzansprüche aus §§ 317, 318 AktG[27].

---

[22] Vgl. *Gessler*, BB 1956, 1175.
[23] Vgl. oben B 3.3 bei Fußn. 28 und unten C 1.
[24] 19. 11. 1962 Koppenberg, S. 78 (PREMAG).
[25] 15. 12. 1964 = Die AG 1965, 139.
[26] So KG a.a.O.
[27] So LG Köln 12. 1. 1973 (24 Akt E 1/70) i. S. Stolberger Zink AG; *Biedenkopf/Koppensteiner*, § 312 AktG Tz. 13; für die Ausgleichszahlung, nicht aber für die Abfindung, Parteigutachter Mellerowicz, Rätsch und Kontinentale Treuhand in LG Düsseldorf, 19 O Akt E 8-10/69 (HOAG), beendet durch OLG Düsseldorf 10. 5. 1972 = DB 1972, 1820.

B 4.14 Durch rechtswidrige Gesellschafterbeschlüsse verursachter Schaden

Beschlüsse, die nach dem Stichtag von der Gesellschafterversammlung gefaßt worden sind, können den Abfindungsanspruch nicht beeinträchtigen; dagegen erhobene Anfechtungsklagen sind daher im Spruchstellenverfahren nicht zu beachten.

B 4.141 Vor dem Stichtag gefaßte Gesellschafterbeschlüsse

Das Gesellschaftsvermögen kann durch einen Gesellschafterbeschluß, der vor dem Bewertungsstichtag ergangen ist, beeinträchtigt sein. So kann z. B. der Mehrheitsgesellschafter eine für die Gesellschaft ungünstige Verschmelzung erzwungen haben, um sich Sondervorteile zu verschaffen. Hat eine dagegen erhobene Anfechtungsklage Erfolg, so bewirkt die Aufhebung des schädigenden Beschlusses, z. B. der Verschmelzung, eine Verbesserung der Vermögenslage und somit der Barabfindung.

B 4.1411 Keine Prüfungszuständigkeit des Spruchstellengerichts

Durch Abschluß eines Unternehmensvertrages und durch formwechselnde Umwandlung wird die formelle Mitgliedschaft in der Gesellschaft nicht berührt, so daß dem Spruchstellengericht die Zuständigkeit für die Prüfung der Anfechtbarkeit von Gesellschafterbeschlüssen fehlt. Nach Ansicht des Reichsgerichts[28] bleibt das Anfechtungsrecht aber auch mit dem Untergang der Mitgliedschaftsrechte des Anfechtenden durch übertragende Umwandlung bestehen, wenn durch den angefochtenen Beschluß der Wert des Abfindungsanspruchs beeinflußt wird. Dasselbe dürfte gelten, wenn die Mitgliedschaft durch eine Eingliederung oder durch Gebrauchmachen vom Recht zum Ausscheiden bei formwechselnder Umwandlung und bei Unternehmensverträgen erlischt.

Demgegenüber hat sich Barz[29] dafür ausgesprochen, die Anfechtungsklage mit dem Wirksamwerden des Erlöschens der Mitgliedschaftsrechte des Anfechtenden für erledigt zu behandeln und die Frage, ob die Anfechtungsklage berechtigt war, im Spruchstellenverfahren anläßlich der Feststellung der Abfindung zu klären. Indessen unterscheidet sich das Verfahren der Anfechtungsklage wesentlich von dem Spruchstellenverfahren. Dieses unterliegt der Amtsermittlung, die Kosten trägt grundsätzlich der Mehrheitsgesellschafter. Jenes unterliegt der Dispositionsmaxime, die Kosten trägt die unterliegende Partei. Zudem dürfen im Spruchstellenverfahren alle Gesellschafter das Verfahren allein führen, während bei der Anfechtungsklage ein Nebenintervenient den Prozeß gegen den Willen des Anfechtungsklägers nicht weiterführen kann[30]. Obwohl mangels eines Widerspruchs

---
[28] RG 29. 1. 1937 = JW 1937, 2273.
[29] *Barz* in Anm. zu RG 29. 1. 1937, a.a.O.

und z. B. bei der Aktiengesellschaft mit Ablauf der Anfechtungsfrist alle Gesellschafter ihr Recht auf Aufhebung des Beschlusses verlieren[31], würde durch die Verlagerung der Prüfung vom Zivilprozeß in das Spruchstellenverfahren die Möglichkeit, die Unwirksamkeit des Beschlusses geltend zu machen, für alle Gesellschafter wieder aufleben. Eine derartige Beeinflussung eines Prozesses, der anhängig ist oder dessen Rechtshängigkeit zu erwarten ist, erscheint weder zu Lasten des Mehrheitsgesellschafters noch zu Lasten der anfechtenden Gesellschafter tragbar. Der Ansicht des RG, daß die Wirksamkeit eines Gesellschafterbeschlusses nur im Anfechtungsverfahren, nicht aber im Spruchstellenverfahren geprüft werden kann, ist daher zuzustimmen[32].

B 4.1412 Vorbehalt im Spruchstellenbeschluß

Es ist den ausscheidenden Gesellschaftern nicht zuzumuten, auf ihre Abfindung bis zur Entscheidung über eine Anfechtungsklage zu warten, auf deren Gang und Beendigung sie keinerlei Einfluß haben. Das Spruchstellenverfahren kann daher nicht entsprechend § 148 ZPO bis zur Entscheidung über die präjudizielle Anfechtungsklage ausgesetzt werden[33]. Vielmehr muß das Spruchstellenverfahren fortgesetzt und nur der Beschluß unter dem Vorbehalt einer Änderung wegen der anhängigen Anfechtungsklage erlassen werden. Bei Aktiengesellschaften kann der Vorbehalt des Erfolges einer Anfechtungsklage im Spruchstellenbeschluß keine Schwierigkeiten bereiten, da das Verfahren bis zu einem Monat nach Ergang des letzten anfechtbaren HV-Beschlusses kaum eingeleitet, geschweige denn entschieden sein kann. Dasselbe gilt für die anderen Gesellschaften, bei denen zwar keine formelle Anfechtungsfrist besteht, die Rechtsprechung aber dennoch eine Anfechtung in „angemessener", sehr kurzer Frist fordert[34].

B 4.142 Keine Beeinträchtigung der Abfindung durch am Stichtag gefaßte Gesellschafterbeschlüsse

Wie ist zu verfahren, wenn es sich um einen Beschluß handelt, der an demselben Tag wie der Beschluß über die Eigentumsentziehung gefaßt worden ist? Der Mehrheitsgesellschafter hat es z. B. in der Hand, ob er erst die Verschmelzung der Gesellschaft mit einer anderen Gesellschaft beschließen und dann den Unternehmensvertrag mit der verschmolzenen Gesellschaft genehmigen läßt[35] oder ob er zunächst den Unternehmensvertrag mit der Gesellschaft allein abschließt und so-

---

[30] RG 7. 8. 1918 = RGZ 93, 31; BGH 22. 12. 1964 = NJW 1965, 760.
[31] RG 4. 12. 1928 = RGZ 123, 204 (207/8); *Baumbach/Hueck*, AktG § 246 Anm. 3; *Wienand Meilicke*, DB 1972, S. 664.
[32] *Böttcher/Meilicke*, § 11 Anm. 34.
[33] OLG Celle 5. 2. 1970 (BASF/Wintershall), nicht veröffentlicht.
[34] Vgl. *Baumbach/Hueck*, GmbHG, Anh. zu § 47 Anm. 4 D.
[35] So ist bei der Ilseder Hütte-AG verfahren worden, LG Hannover 23 Akt E 1/70.

dann die Verschmelzung der anderen Gesellschaft auf die vertragsunterworfene durchführt. Formell müßte in dem zweiten Fall der anteilige Wert der Gesellschaft, im ersten der anteilige Wert der beiden verschmolzenen Gesellschaften für die Abfindung maßgeblich sein; die Minderheitsgesellschafter wären im ersten Fall gezwungen, die Verschmelzung anzufechten, wenn sie diese für nachteilig halten, obwohl sie nie vollwertige Mitglieder der verschmolzenen Gesellschaft gewesen sind, nur damit die Barabfindung nach dem Anteil ihrer Gesellschaft berechnet werden kann. Eine derartig formale Betrachtungsweise stellt die Minderheitsgesellschafter in eine sehr schlechte verfahrensrechtliche Position, da sie das hohe Kostenrisiko einer Anfechtungsklage auf sich nehmen müssen, um zu ihrer vollen Abfindung zu gelangen, obwohl ihre Mitgliedschaft in der neuen (verschmolzenen) Gesellschaft materiell von vornherein durch den Makel des Eigentumseingriffs behaftet gewesen ist. Nach dem Sinn des §§ 305 V 4, 304 III 2, 320 IV 1, 375 II 1 AktG, 13 Satz 1 UmwG soll aber eine Anfechtungsklage nicht mit dem alleinigen Ziel geführt werden, eine Erhöhung der Abfindung zu erreichen. Dies dient nicht nur dem Schutz des Mehrheitsgesellschafters vor Erpressung, sondern auch dem Schutz der Minderheitsgesellschafter vor den hohen Streitwerten einer Anfechtungsklage. Die Außerachtlassung von Beschlüssen, die in der Hauptversammlung gefaßt worden sind, die über den Eigentumseingriff entschieden hat, erscheint auch dem berechtigten Interesse des Mehrheitsgesellschafters zu entsprechen, wenn dieser vor Wirksamwerden der Eingliederung, Umwandlung oder des Unternehmensvertrages noch einen für die Gesellschaft vorteilhaften Beschluß fassen will. Es ist nicht einzusehen, wieso der Mehrheitsgesellschafter gezwungen sein sollte, die ausscheidenden Gesellschafter an der im Konzerninteresse durchgeführten Verschmelzungsoperation zu beteiligen. Es ist daher festzuhalten, daß das Spruchstellenverfahren nur durch die Anfechtung solcher HV-Beschlüsse beeinträchtigt werden kann, die vor dem Tag der Hauptversammlung über den die Barabfindung auslösenden Gesellschaftsbeschluß gefaßt sind. Beschlüsse am Bewertungsstichtag können die Abfindung nicht beeinflussen.

B 4.15 Ausgleich für Rückwirkung von Unternehmensverträgen

In der Praxis werden Unternehmensverträge häufig rückwirkend abgeschlossen[36]. Der rückwirkende Abschluß eines Gewinnabführungsvertrages bedeutet, daß der andere Vertragsteil den gesamten Gewinn des abgelaufenen Geschäftsjahres erhält, während den Minderheitsgesellschaftern ihr Anteil an diesem Gewinn entzogen wird. Der rück-

---

[36] Unternehmensverträge sind z. B. rückwirkend abgeschlossen worden zwischen Stolberger Zink-Metallgesellschaft AG (LG Köln 24 Akt E 1/70); Rheinpreußen AG — DEA (LG Düsseldorf 19 Akt E 3-7/69 I).

wirkende Abschluß eines Beherrschungsvertrages bedeutet, daß der nach § 312 AktG vorgeschriebene Abhängigkeitsbericht nicht erstellt wird und daß nachteilige Weisungen nicht mehr nach § 311 AktG ausgeglichen werden. Wäre dennoch der Zustand des Gesellschaftsvermögens am Tag der Beschlußfassung der Hauptversammlung über den rückwirkenden Unternehmensvertrag für die Abfindung maßgeblich, so würde den Minderheitsgesellschaftern der in der Zwischenzeit erzielte Gewinn entschädigungslos entzogen werden können, und es könnten entschädigungslos nachteilige Weisungen gegeben werden, ohne daß dies durch den Abhängigkeitsbericht aufgedeckt und ausgeglichen zu werden brauchte. Wegen des Gebots der vollen Entschädigung kann ein rückwirkender Abschluß eines Unternehmensvertrages mit dieser Wirkung nicht zulässig sein. Würde andererseits durch den rückwirkenden Abschluß des Unternehmensvertrages der für die Bewertung maßgebliche Stichtag auf den Tag des rückwirkenden Inkrafttretens verschoben, würde der Mehrheitsgesellschafter wiederum es in der Hand haben, den Bewertungsstichtag nach seinem Belieben zu bestimmen, was der Gesetzgeber durch die Bestimmung eines Stichtages gerade verhindern wollte und was bereits oben als unzulässig bezeichnet worden ist[37]. Selbst wenn der rückwirkende Abschluß von Unternehmensverträgen handelsrechtlich unzulässig wäre[38], könnnte man die Minderheitsgesellschafter nicht auf die Anfechtung verweisen, da die Abfindung durch am Stichtag gefaßte Beschlüsse — dazu gehört auch die Zustimmung zum Unternehmensvertrag — nicht mehr beeinträchtigt werden kann[39]. Hinzukommt, daß jedenfalls im Steuerrecht die Rückwirkung von Unternehmensverträgen zur Begründung einer Organschaft anerkannt wird[40]. Es ist nicht einzusehen, wieso ein Unternehmen nicht trotz Wahrung der Rechte der Minderheitsgesellschafter die steuerlichen Vorteile der Rückwirkung sollte erlangen können. Daraus folgt aber, daß das Spruchstellengericht selbst die durch den rückwirkenden Abschluß notwendigen Korrekturen vornehmen muß.

Beim rückwirkenden Abschluß eines Gewinnabführungsvertrages muß das Spruchstellengericht daher den bis zum Stichtag erzielten Gewinn den Minderheitsgesellschaftern so zurechnen, als wenn der Unternehmensvertrag nicht bestünde. Beim rückwirkenden Abschluß eines Beherrschungsvertrages müssen die Minderheitsgesellschafter so gestellt werden, als wenn bis zum Bewertungsstichtag der Abhängigkeitsbericht nach § 312 AktG erstellt und Vor- und Nachteile ausge-

---

[37] B 2.133.
[38] Für die Zulässigkeit: LG Siegen 17.12.1964 (Hüttenwerke Siegerland AG), in BB 1965, 1419 ff., nicht abgedr.; *Baumbach/Hueck*, AktG § 294 Anm. 8; dagegen *Heinz Meilicke*, Konzentration, S. 655.
[39] Oben B 4.142.
[40] § 7a Abs. 1 Nr. 4 KStG.

glichen worden wären. Das Spruchstellengericht muß daher alle Rechtsgeschäfte, welche die Gesellschaft seit Inkrafttreten des Beherrschungsvertrages bis zur Beschlußfassung darüber mit dem herrschenden oder einem mit ihm verbundenen Unternehmen vorgenommen hat, und alle anderen Maßnahmen, die sie auf Veranlassung oder im Interesse dieser Unternehmen in der genannten Zeit getroffen oder unterlassen hat, überprüfen (vgl. § 312 I 2 AktG). Bei den Rechtsgeschäften muß es Leistung und Gegenleistung, bei den Maßnahmen die Gründe der Maßnahmen und deren Vorteile und Nachteile für die Gesellschaft errechnen (§ 312 I 3 AktG)[41]. Ist per Saldo ein Nachteil für die Gesellschaft zu verzeichnen, so ist der Ausgleichsanspruch, der nach § 311 II 2 AktG hätte gewährt werden müssen, in die Abfindungsrechnung einzubeziehen[42].

B 4.2 Bestmögliche Verwertung

B 4.21 Verfassungsrechtliche Absicherung

Jeder Kaufmann ist bestrebt, von seinem Vermögen den bestmöglichen Gebrauch zu machen. Auch ein unabhängiger Vorstand der Gesellschaft, aus der die abzufindenden Gesellschafter ausscheiden, würde das Gesellschaftsvermögen in bestmöglicher Weise zu verwenden versuchen. Wenn der Mehrheitsgesellschafter das Recht erhält, sich das Gesellschaftsvermögen anzueignen, anstatt es im Interesse aller Gesellschafter zu nutzen, so müssen die ausscheidenden Gesellschafter als Abfindung dasjenige erhalten, was bei bestmöglicher Verwendung des Gesellschaftsvermögens hätte erwirtschaftet werden können[1]. Diesen Grundsatz hat der BGH auch für die Enteignungsentschädigung nach Art. 14 III 3 GG aufgestellt[2]. Von ihm kann auch bei der Enteignungsentschädigung nur bei ausdrücklicher gesetzlicher Vorschrift und nur wegen des Abwägungsgebots abgewichen werden[3]. Daraus folgt, daß der Grundsatz der bestmöglichen Verwertung für die volle Entschädigung verfassungsrechtlich abgesichert ist. Bei seiner Verletzung kann das BVerfG angerufen werden.

In der Betriebswirtschaftslehre wird teilweise die Ansicht vertreten, eine wesentliche Änderung der Betriebsstruktur sei dem Verkäufer nicht zuzurechnen[4]. Auch ein Verkäufer wird jedoch sein Unter-

---

[41] *Biedenkopf/Koppensteiner*, § 312 AktG Tz. 13.
[42] Wird vom Gericht keine Abhängigkeitsprüfung durchgeführt, so muß ein während der Rückwirkungsdauer des Beherrschungsvertrages eingetretener Verlust zugunsten der Abfindung ausgeglichen werden, da dann der Mindestschutz des § 302 I AktG eingreift.
[1] BGH 30. 3. 1967 = NJW 1967, 1464; RG 22. 12. 1922 = RGZ 106, 128 (132).
[2] 25. 6. 1964 = WM 1964, 1099.
[3] Vgl. BGH 8. 12. 1958 = LM Nr. 8 zu AusfG/AuslSchuldAbk Bl. 4.
[4] *Zeiger*, BBWuBR 1965, 193.

B 4. Rechtsgrundsätze zur Ermittlung der Einnahmeüberschüsse 75

nehmen nicht für weniger abgeben, als er selbst durch Umgestaltung erwirtschaften könnte; deshalb wird auch in der modernen Betriebswirtschaftslehre die Unternehmensbewertung geradezu der Investitionsplanung gleichgestellt[5]. Zudem hat der BGH in der Enteignungsrechtsprechung grundsätzlich auch Umstrukturierungsmöglichkeiten bei der Entschädigung berücksichtigt[6] und Ertragsverbesserungen durch Weiterentwicklung ausdrücklich nur wegen des Abwägungsgebots unberücksichtigt gelassen[7]. Bei der hier behandelten vollen Entschädigung sind daher auch alle Entwicklungsmöglichkeiten durch Umstrukturierung zu berücksichtigen[8], soweit sie auch bei Verbleib der ausscheidenden Gesellschafter möglich gewesen wären.

B 4.22 Maßstab der bestmöglichen Verwertung

Die bestmögliche Verwertung des Gesellschaftsvermögens kann nur durch eine betriebliche Investitionsrechnung ermittelt werden. Auf die Einzelheiten der dazu nötigen wahrscheinlichkeitstheoretischen Überlegungen soll hier nicht näher eingegangen werden[9]. Jedoch muß der Maßstab, an dem sich die Wahl der bestmöglichen Verwertung orientiert, den Wertungen der Rechtsordnung entsprechen.

In der Betriebswirtschaftslehre wird diskutiert, welches das Ziel der Unternehmung sei (Wohl der Gesellschafter, Wohl der Arbeitnehmer, Wohl der Unternehmung, Gemeinwohl). Nach geltendem Recht dient jede Gesellschaft dem gemeinsamen Zweck der *Gesellschafter,* § 705 BGB. Daher ist eine Verwertung zum besten Wohl der Gesellschafter (Gewinnmaximierung) zu unterstellen. Dies entspricht auch der wohl herrschenden Meinung in der Betriebswirtschaftslehre[10].

Bei der Wahl der Investition kann sich ein Zielkonflikt zwischen Mehrheits- und Minderheitsgesellschafter dadurch ergeben, daß beide verschiedene Wiederanlagemöglichkeiten haben und deshalb der eine noch eine Reinvestition, der andere dagegen eine Ausschüttung wählen würde. Dieser Konflikt ist zugunsten des Mehrheitsgesellschafters dahin zu entscheiden, daß die durch ihn bestimmte Verzinsung für die Wahl der Investitionsmöglichkeiten maßgeblich ist; denn auch bei Verbleib hätten die Minderheitsgesellschafter sich dieser rechtmäßigen Investitionsentscheidung des Mehrheitsgesellschafters unterwerfen müssen.

Der Mehrheitsgesellschafter kann allerdings nicht damit gehört werden, daß seine Wiederanlagemöglichkeit schlechter sei als diejenige, die

---
[5] *Münstermann,* S. 29.
[6] 25. 6. 1964 = WM 1964, 1099.
[7] BGH 20. 12. 1971 = DB 1972, 133; 10. 1. 1972 = DB 1972, 673.
[8] OLG Hamm 23. 1. 1963 (Bergbau-AG Constantin der Große) = Koppenberg, S. 119.
[9] Vgl. dazu *Hax,* Investitionstheorie 1970.
[10] Vgl. *Engels,* S. 54 ff.; vgl. auch unten B 5.51 bei Fußn. 5 b.

jedermann offensteht[11]. Deshalb kann eine Reinvestition in der Gesellschaft nur dann unterstellt werden, wenn ihre Rentabilität die jedermann und insbesondere allen Gesellschaftern erzielbare Verzinsung erreicht. Anderenfalls ist die Ausschüttung der liquiden Mittel der Gesellschaft als Gewinn oder im Wege der Kapitalherabsetzung an die Gesellschafter zu unterstellen[12].

B 4.23 Möglichkeiten eines guten Vorstandes

Häufig werden Aktiengesellschaften durch einen unfähigen Vorstand schlecht bewirtschaftet, weil die Anteile sich in Streubesitz befinden und die Kleinaktionäre nicht in der Lage sind, den alten, unfähigen Vorstand loszuwerden. Dies hat zur Folge, daß die Aktien niedrig notieren und ein Dritter billig die Mehrheit erwerben kann, um sodann die verbleibenden Gesellschafter auszubooten[13]. Ist für die Beurteilung, welches die bestmögliche Verwertung des Gesellschaftsvermögens ist, von dem am Stichtag vorhandenen Vorstand auszugehen, auch wenn dieser unfähig ist, oder ist die vom Gericht objektiv ermittelte beste Verwertungsmöglichkeit maßgeblich, die dem neuen Mehrheitsgesellschafter nur durch Auswechseln des Vorstandes möglich ist?

Als Ausfluß ihrer Unterwerfung unter die Entscheidung des Mehrheitsgesellschafters nehmen die Minderheitsgesellschafter auch an allen Vorteilen teil, die dieser erzwingen kann: Die Minderheitsgesellschafter sind so zu stellen, wie sie stehen würden, wenn der Mehrheitsgesellschafter weiterhin die Entscheidungen zum besten Nutzen aller Gesellschafter getroffen hätte. Daher partizipieren auch die ausscheidenden Gesellschafter daran, daß der Mehrheitsgesellschafter, der sie zum Ausscheiden zwingt, einen neuen, fähigen Vorstand einsetzen könnte, der die objektiv mögliche beste Verwertung des Gesellschaftsvermögens durchführen kann[14].

B 4.24 Tatsächliche Möglichkeiten

Bei der Erwägung der Verwertungsmöglichkeiten ist eine tatsächliche, nicht eine rechtliche Betrachtungsweise geboten. Zweifelhafte Forderungen sind daher, ebenso wie in der Handelsbilanz, mit ihrem wirklichen Wert anzusetzen.

---

[11] Die jedermann offenstehende Wiederanlagemöglichkeit entspricht dem Kapitalisierungszinssatz, der der Abzinsung der Einnahmeüberschüsse zugrundezulegen ist, vgl. unten B 4.51 und 4.52.
[12] Es sei denn, daß eine solche Entscheidung zur bestmöglichen Verwertung nicht durchsetzbar ist, z. B. wegen der Mitbestimmung der Arbeitnehmer in der Montanindustrie: *Breidenbach*, DB 1974, 104.
[13] Vgl. die Übernahme der DEA durch Texaco (LG Hamburg 64-0-7/69) sowie der Stolberger Zink AG durch die Metallgesellschaft (LG Köln 24 Akt E 1/70).
[14] So im Ergebnis auch *Jonas*, ZfB 1954, 18; *Viel*, WPg 1963, 36; vgl. BGH 8. 2. 1971 = NJW 1971, 1176 (1177/1178); a. A. *Umberg*, ZfHwF 1922, 273.

B 4. Rechtsgrundsätze zur Ermittlung der Einnahmeüberschüsse

So hat das KG[15] rechtlich zweifelhaften Forderungen gegen Vorstandsmitglieder der umgewandelten Gesellschaft keinen Wert beigemessen, weil es die Erfolgsaussichten einer Klage für so gering hielt, daß ihnen kein irgendwie beachtlicher Wert zukomme.

Bei der Gesellschaft gehörenden Minderheitsbeteiligungen kann ein geringerer als der rechnerische Anteil am Gesellschaftsvermögen anzusetzen sein, wenn die Wahrscheinlichkeit besteht, daß wegen der mangelnden Einflußmöglichkeit der volle Wert der Gesellschaft nicht zufließen wird. So kann ein Abschlag wegen eines ungünstigen Konsortialvertrages gerechtfertigt sein.

Kaum gerechtfertigt ist dagegen der Abschlag, den das OLG Düsseldorf[16] bei einer 50 %igen Beteiligung mit der Begründung vorgenommen hat, die Einflußmöglichkeit sei durch einen Konsortialvertrag beschränkt; dabei ist nicht ersichtlich, ob das Gericht den Vertrag überhaupt gesehen hat. In der Regel erlegt ein Konsortialvertrag allen Parteien die gleichen Rechte und Pflichten auf. Bei einer Minderheitsbeteiligung mag sich später herausstellen, daß der Konsortialvertrag per Saldo ungünstig ist. Bei einer 50 %igen Beteiligung ist aber nicht zu erkennen, wie ein Konsortialvertrag deren Inhaber per Saldo benachteiligen kann, wenn nicht bestimmte Vertragsbestimmungen dem anderen Teil Sonderrechte einräumen.

Fraglich ist, ob auch Einnahmen aus sittenwidrigen oder rechtswidrigen Handlungen angesetzt werden müssen. Im Schadensersatzrecht ist hierfür ein mittlerer Weg eingeschlagen worden: Ein Schaden, der in entgangenem rechtswidrigem Gewinn besteht, ist ersetzbar, wenn die Rechtswidrigkeit nur formell ist[17]; er ist nicht ersetzbar, wenn sie materiell ist[18].

Die Haltung des bürgerlichen Rechts erklärt sich daraus, daß niemand sich auf sein eigenes rechtswidriges Verhalten berufen darf, um daraus Rechtsfolgen für sich herzuleiten[19]. Dieser Satz gilt jedoch nur für den, der selbst rechtswidrig handelt. Die Berufung auf das rechtswidrige Handeln Dritter ist dagegen nicht ausgeschlossen. Da die Minderheitsgesellschafter nicht mit der Geschäftsführung der Gesellschaft identisch sind, müssen die auf rechtswidrigem Handeln beruhenden Mehreinnahmen (z. B. Sondervorteile aus Mehrheitsbeteiligungen) ebenso angesetzt werden, wie der Ansatz von auf rechtswidrigem Handeln Dritter beruhender Verluste (z. B. Minderheitsabschläge) geboten ist.

Wenn ein Unternehmen z. B. in erheblichem Maße mit Schmiergeldern arbeitet, um Aufträge zu erlangen, so müssen die Mehrerträge (abzüglich Schmiergelder), die aus diesen sittenwidrigen Handlungen resultieren, zugunsten der ausscheidenden Gesellschafter berücksichtigt werden. Auch

---

[15] 19. 11. 1962 Koppenberg, S. 78 (PREMAG).
[16] 27. 11. 1962 Koppenberg, S. 89 f. (Beteiligungs-AG).
[17] BGH 16. 6. 1955 = NJW 1955, 1312 (mangelnde Gewerbeerlaubnis, für deren Erteilung die materiell-rechtlichen Voraussetzungen vorlagen).
[18] RG 5. 6. 1917 = RGZ 90, 305 (Schwarzpreise).
[19] Vgl. oben B 3.3 bei Fußn. 28.

wird man den ausscheidenden Gesellschaftern nicht die Beteiligung an den Gewinnen verweigern können, die mit Hilfe eines rechtswidrigen Kartells[20] oder durch Verstöße gegen das Rabattgesetz erwirtschaftet werden. Bei Mehrheitsbeteiligungen ist zu berücksichtigen, daß es der Gesellschaft durch den maßgeblichen Einfluß möglich gewesen wäre, das Vermögen der Beteiligungsgesellschaft unter Ausschluß der dort vorhandenen Minderheitsgesellschafter für sich zu verwerten. So hat der RFH einen Zuschlag auf den Wert eines Aktienpaketes gemacht, wenn damit bestimmte Vorteile verknüpft sind, z. B. die Einschränkung des Wettbewerbs durch maßgeblichen Einfluß in einem Konkurrenzunternehmen[21].

B 4.25 Anrechnung von Fusionsvorteilen

Wie oben B 3.1 dargelegt, ist für die Berechnung der Abfindung von den Verhältnissen auszugehen, die ohne den Eigentumseingriff bestehen würden; Vorteile, die der Mehrheitsgesellschafter aus dem Eingriff zieht, sind nicht zu berücksichtigen.

Dazu zählt der ersparte Verwaltungsaufwand, der sich z. B. durch den Wegfall von Hauptversammlungen bei der Gesellschaft oder den Wegfall des Abhängigkeitsberichts (§ 312 AktG) ergibt. Dazu zählen auch die Steuervorteile, die der Mehrheitsgesellschafter durch den Eigentumseingriff hat[22]. So kann eine Erhöhung der Abfindung nicht damit begründet werden, der Mehrheitsgesellschafter erhalte durch den Eigentumseingriff die Möglichkeit, den hohen KSt-Satz auf gebildete Rücklagen dadurch zu umgehen, daß die ausgeschütteten Gewinne als Darlehen wieder zurückgewährt werden[22], oder dadurch, daß statt der Gewinne in steuerlich vertretbarem Umfange überhöhte Lizenzgebühren an den Mehrheitsgesellschafter gezahlt werden[23].

Umgekehrt sind auch die Nachteile des Eigentumseingriffs, z. B. die Umwandlungskosten, nicht anzurechnen[24].

Damit ist jedoch nicht gesagt, daß alle Vorteile, die der eingreifende Mehrheitsgesellschafter aus der Fusion zieht, nur ihm zuzurechnen sind. Eine unabhängige, „in Armeslänge" vom Mehrheitsgesellschafter geführte Gesellschaft hätte die Möglichkeit gehabt, tatsächliche Rationalisierungsvorteile, die sich aus einer Zusammenarbeit mit dem Mehrheitsgesellschafter ergeben können, vertraglich zu vereinbaren. Dabei wären die erzielten Vorteile nicht einseitig einem der Beteiligten zugeflossen, sondern wären zwischen beiden aufgeteilt worden.

So kann die beste Verwertungsmöglichkeit eines unbebauten Grundstücks der Gesellschaft darin liegen, für die Erweiterung einer benachbarten Fabrik des Mehrheitsgesellschafters verwendet zu werden; eine solche Möglichkeit erhöht seinen Wert[25].

---
[20] Für die Bewertung von Kartellgewinnen *Gessler*, in: Schlegelberger, HGB § 138 Anm. 21; *Haupt*, DR 1941, 2114.
[21] 10. 3. 1931 = RStBl 1931, S. 302.
[22] OLG Düsseldorf 31. 7. 1964 (Feldmühle) = Die AG 1964, 246.
[23] Vgl. jedoch unten B 4.41 Fußn. 13.
[24] Zu eng *Heinz Meilicke*, JW 1938, 3018; vgl. oben B 2.21. Richtig BGH 24. 1. 1974 = DB 1974, 572.
[25] BGH 31. 1. 1972 = NJW 1972, 758. Der BGH spricht von Erhöhung des Verkehrswertes. Dies ist insofern unrichtig, als der Wert nur durch den

Die Realisierung dieser Verwertungsmöglichkeit allein dem benachbarten Mehrheitsgesellschafter zurechnen hieße, die Minderheitsgesellschafter um eine Verwertungsmöglichkeit, die bei unabhängigem Weiterbetrieb der Gesellschaft bestanden hätte, entschädigungslos enteignen. Die durch Zusammenarbeit mit dem Mehrheitsgesellschafter möglichen Vorteile sind daher, im Gegensatz zu denen, die *nur* durch den Eigentumseingriff erlangt werden können, bei der Abfindung zu berücksichtigen.

Besitzen z. B. beide je eine benachbarte Zinkgrube[26] oder zusammenhängende Kohlenbergwerke, so sind die Kostenersparnisse bei der Abfindung zu berücksichtigen. Besitzt die Gesellschaft ein Tankstellennetz, während der Mehrheitsgesellschafter ein Mineralölkonzern ist[27], sind die Vorteile, die durch die Kooperation mit einem Mineralölkonzern möglich sind, bei der Abfindung zu berücksichtigen. Wenn Rationalisierungsvorteile angerechnet werden, müssen natürlich auch die dadurch bedingten Aufwendungen, z. B. durch Anpassung an das höhere Gehaltsniveau des übernehmenden Unternehmens, als Nachteil abgezogen werden[28].

Fraglich ist, wie die anrechenbaren Rationalisierungsgewinne zwischen der Gesellschaft und dem Mehrheitsgesellschafter zu verteilen sind. Gewöhnlich hängt die Verteilung vom Verhandlungsgeschick der Partner ab. Wegen der Abhängigkeit der Gesellschaft vom Mehrheitsgesellschafter ist ein freies Aushandeln der Vorteilsverteilung nicht möglich, sondern muß fingiert werden. Dabei ist zunächst zu prüfen, ob einer der Beteiligten den Rationalisierungsvorteil auch mit einem anderen Partner hätte erreichen können; so verringert sich z. B. der Wert von Nachbargrundstücken einer erweiterungswilligen Fabrik, wenn sie nicht alle Grundstücke benötigt, sondern nur einen Teil davon, und sich deshalb das billigste Angebot aussuchen kann. Bei der Schätzung wird nicht ohne weiteres eine hälftige Teilung, sondern eine Gewichtung insbesondere nach dem bei der Rationalisierung eingesetzten Kapital vorzunehmen sein.

Ein Verlustvortrag, der bei der Gesellschaft vorhanden ist, ist in der Regel schon deshalb ein zu bewertender Vorteil, weil zukünftige Gewinne durch Verrechnung mit dem Verlustvortrag GewSt- und KSt-frei bleiben, die anderenfalls hätten versteuert werden müssen. Ein Verlustvortrag ist aber auch dann ein Vermögenswert, wenn die Gesellschaft, bei der er besteht, ihn nicht oder erst später mit eigenen Gewinnen kompensieren kann. So kann er z. B. durch Verschmelzung mit einer ertragreichen Gesellschaft[29] oder durch deren Einbringung ausgenutzt werden.

Verkauf an den interessierten Nachbarn realisiert werden kann, als Käufer also nicht der Verkehr, sondern nur eine Einzelperson in Frage kommt.
[26] Kooperation Ramsbeck/Meggen (Stolberger Zink/Metallgesellschaft), LG Köln 24 Akt E 1/70.
[27] Wie im Fall DEA/Texaco (LG Hamburg 64-0-7/69).
[28] Nicht jedoch, wenn bei den Einnahmen der Alleingang der Gesellschaft unterstellt wird; in LG Köln, 24 Akt E 1/70 (Stolberger Zink) streitig.
[29] So bei der Verschmelzung von Aschaffenburger Zellstoffwerke AG mit Zellstoff Waldhof AG.

Wenn man den Vorteil aus einem Verlustvortrag, wie sonstige Kooperationsvorteile, teilweise dem Übernehmer zurechnete, müßte der Gesellschaft auch für den umgekehrten Fall der Verlustvortrag des Mehrheitsgesellschafters als Vorteil zugerechnet werden, wenn dieser nur durch die Gewinne der Gesellschaft ausgenutzt werden kann. Da jedoch in der Wirtschaft die Gewinnerzielung der Normalfall und der Verlustvortrag die Ausnahme bildet, erscheint es gerechtfertigt, den vollen Vorteil des Verlustvortrages demjenigen zuzurechnen, bei dem er vorhanden ist[30].

B 4.3 Wahrscheinlichkeitsrechnung für Zukunftserwartungen

Da beim bürgerlich-rechtlichen Schadensersatz durch Feststellungsurteil über den Grund und Abänderungsklage[1] jederzeit neu auf Zahlung geklagt werden kann, braucht dort ein Schaden erst dann ersetzt zu werden, wenn er tatsächlich zur vollen Überzeugung des Gerichts nachgewiesen ist. Würde bei der einmaligen und endgültigen[2] Abfindung ebenso verfahren, so würde, da ein zukünftiger Schaden selten mit Sicherheit vorausgesagt werden kann, den Minderheitsgesellschaftern der Ersatz sämtlicher Schäden abgeschnitten, die zur Zeit der Festsetzung der Abfindung noch nicht sicher, sondern nur möglich oder wahrscheinlich sind. Um eine volle Entschädigung zu gewährleisten, muß daher bei der Bemessung der Abfindung nicht nur der sichere, sondern auch der wahrscheinliche Schaden ersetzt werden[3].

B 4.31 Verfassungsrechtliche Absicherung

Die Bemessung des Schadens nicht nach der tatsächlichen, sondern nach der wahrscheinlichen Entwicklung kann dazu führen, daß wegen tatsächlich anderer Entwicklung die Abfindugng im Vergleich zum wirklichen Schaden zu gering oder zu reichlich bemessen ist. Insofern könnten Bedenken bestehen, ob die volle Entschädigung durch eine Vorausschätzung gewährt ist. Nach den Grundsätzen der Wahrscheinlichkeitsrechnung kann ein zukünftig ungewisses Ereignis bereits heute mit einem festen Wert berechnet werden[4]. Eine wirklich zutreffende Voraussage über zukünftige Ereignisse kann zwar nur dann gemacht werden, wenn sichere Erfahrungssätze (z. B. die Sterbetafeln) vorliegen (sogenannte objektive Wahrscheinlichkeit). Dem kann es aber rechtlich gleichgestellt werden, wenn der Richter nach Ausschöpfung der ihm zugänglichen Erkenntnisquellen eine Voraussage abgibt. Die Voraussage nach seiner subjektiven Wahrscheinlichkeit ist zwar nicht not-

---
[30] *Fichtelmann*, NJW 1972, 2119.
[1] §§ 304, 323 ZPO.
[2] s. oben B 2.12.
[3] KG 15. 12. 1970 (Berl. Maschinenbau-AG), OLGZ 1971, S. 278; OLG Düsseldorf 27. 11. 1962 (Beteiligungs-AG) = Koppenberg, S. 94 f.
[4] *Leinfellner*, S. 178 ff.; vgl. auch *Umberg*, ZfHwF 1922, 261; *Münstermann*, S. 25; *Schneider*, DB 1973, 241.

wendig richtiger als diejenige einer Partei; da sie aber durch einen Uninteressierten erfolgt, besteht die Wahrscheinlichkeit, daß sie die eine Partei nicht mehr als die andere begünstigt oder benachteiligt und dadurch zum Ersatz eines weder zu hohen noch zu niedrigen, sondern im Durchschnitt gerade vollen Schadens führt. Bei gleichmäßiger Berücksichtigung von Chance und Risiko nach den Grundsätzen der Wahrscheinlichkeitsrechnung sind daher keine verfassungsrechtlichen Bedenken zu erheben. Im Gegenteil würde es ein Abweichen von der vollen Entschädigung sein, wenn einer Partei durch eine Abänderungsklage die Möglichkeit gegeben wäre, bei günstiger Zukunftsentwicklung einseitig eine Erhöhung der Abfindung durchzusetzen[5]. Da die gleichmäßige Berücksichtigung von Chance und Risiko Voraussetzung für die volle Entschädigung ist, erscheint bei Verletzung dieses Grundsatzes die Anrufung des BVerfG zulässig.

Die kaufmännischen Grundsätze, nach denen Bewertungen vorsichtig vorzunehmen und Gewinne erst mit der Realisierung, Verluste jedoch bereits mit ihrer Voraussehbarkeit anzusetzen sind, können deshalb bei der Berechnung der hier behandelten Abfindung keine Anwendung finden[6].

Demgegenüber hat das OLG Hamm[7] gemeint, sich zwischen zwei möglichen Werten für denjenigen entscheiden zu müssen, der eine gewisse Vorsicht walten lasse, da dies eine berechtigte kaufmännische Gepflogenheit sei. Schon für die Unternehmensbewertung zum Zwecke des Verkaufs wird aber die Anwendung des Vorsichtsprinzips in der betriebswirtschaftlichen Literatur kritisiert, da der Verkäufer sich auf diese Weise systematisch schlechter stellt, als wenn er das Unternehmen behalten würde[8]. Bei der Unternehmensbewertung zum Zwecke der Abfindung zwangsweise ausscheidender Gesellschafter ist irgendeine kaufmännische Vorsicht jedenfalls nicht berechtigt; denn jede „vorsichtige" Bewertung ist parteiisch[9].

B 4.32 Berücksichtigung aller objektiv vorausschaubaren Zukunftsentwicklungen

Das LG Heilbronn[10] hält einen Unternehmensvertrag für anfechtbar, wenn der Mehrheitsaktionär den Zeitpunkt seines Zustandekommens mit Bedacht so gewählt hat, daß sich die Tochtergesellschaft wirtschaftlich in einer besonders ungünstigen Position befand und deshalb mit Abfindungsbedingungen einverstanden erklären mußte, die zu einem späteren, günstigeren Zeitpunkt nicht mehr zur Diskussion gestanden hätten. Dies setzt voraus, daß eine vom Vorstand vorausgesehene günstige

---

[5] Vgl. für den Fall der einseitigen Abänderungsmöglichkeit zugunsten des Mehrheitsgesellschafters oben A 2.121 Fußn. 11.
[6] OLG Düsseldorf 27.11.1962 Koppenberg, S. 94 (Beteiligungs-AG); 31.7. 1964 (Feldmühle-AG) = Die AG 1964, 246.
[7] 15.5.1963 Koppenberg, S. 156 (OMZ).
[8] *Münstermann*, S. 76; *Jaensch*, S. 98.
[9] *Thoennes*, WPg 1968, 407.
[10] 8.9.1971 (Volkswagen — Audi/NSU) = Die AG 1971, 372.

Entwicklung der „Position" der Tochtergesellschaft bei der Abfindung nicht berücksichtigt zu werden braucht. Im Anfechtungsprozeß müßte geprüft werden, ob die Abfindung auch die Wahl des ungünstigen Zeitpunktes ausgleicht, wenn nicht Unternehmensverträge in wirtschaftlich ungünstigen Zeiten überhaupt unmöglich sein sollen. Dem kann nicht gefolgt werden.

Die §§ 305 V 1, 320 VI 1 AktG, 13 Satz 1 UmwG sehen ausdrücklich vor, daß gegen die Höhe der Abfindung keine Anfechtungsklage möglich sein soll. Zweck dieser Vorschrift ist es, die Frage der Höhe der Entschädigung von der Frage der Rechtmäßigkeit des Eigentumseingriffs zu trennen, ähnlich wie im öffentlichen Recht die Frage der Rechtmäßigkeit einer Enteignungsmaßnahme von dem Streit über die Höhe der Enteignungsentschädigung getrennt ist. Diesem Zweck widerspricht es, wenn über die Prüfung der Voraussehbarkeit einer günstigen Entwicklung die Frage der Höhe der Abfindung doch wieder in die Zulässigkeitsvoraussetzungen hereingetragen wird.

Die Ansicht des LG Heilbronn, wenn auch im zugrundeliegenden Fall für die Minderheitsaktionäre von NSU günstig[11], ist im Regelfall für Minderheitsgesellschafter außerordentlich ungünstig: Die Abfindung würde um so niedriger ausfallen, je weniger die Unternehmensleitung bis zum Ablauf der Anfechtungsfrist hat an die Öffentlichkeit dringen lassen. Richtigerweise sind deshalb die am Stichtag bestehenden Kenntnisse der Unternehmensleitung für die Feststellung der Abfindung durch das Gericht zu berücksichtigen[12].

Aber auch auf das Kennenmüssen des Vorstandes, also ein Verschulden, kommt es nicht an[13]. Ein Verschulden ließe sich kaum je nachweisen, da der Mehrheitsgesellschafter sich durch Einholung von Gutachten absichern würde. Die Tatsache, daß der Mehrheitsgesellschafter es in der Hand hat, den Zeitpunkt des Eigentumseingriffs zu wählen, ist ohnehin als unbefriedigend angesehen worden[14]. Wenn dieses Wahlrecht aber auch noch dazu führte, daß die objektiv voraussehbaren Ertragsverbesserungen und Entwicklungschancen bei der Abfindung mangels Verschuldens des Vorstandes nicht berücksichtigt zu werden brauchten, würde dadurch die Chancengleichheit zu Lasten der ausscheidenden Gesellschafter verschoben. Deshalb kann es nur auf die Vorausschau eines objektiven Dritten ankommen.

Das OLG Hamm[15] hat nur „naheliegende und wirtschaftlich faßbare und dementsprechend nach allgemeiner Anschauung mitzubewertende

---
[11] Die Anfechtungsklage wurde verglichen, indem VW sein Abfindungsangebot verdreifachte.
[12] OLG Hamm 15. 5. 1963 (OMZ) = Koppenberg, S. 152.
[13] KG 15. 12. 1970 (Berl. Maschinenbau-AG) = OLGZ 1971, S. 279; *Hüchting*, S. 79.
[14] *Koppenberg*, S. 14.

Grundlagen für eine künftige Entwicklung" berücksichtigen wollen. Damit stellt es darauf ab, was im Verkehr ein Käufer mitbewerten würde; sonstige Chancen und Zukunftsaussichten sollen nicht mitbewertet werden. Dies ist von seinem Standpunkt, den Verkehrswert des Unternehmens zu ermitteln, konsequent und entspricht dem Standpunkt, den der BGH für Enteignungsentschädigungen vertritt: dort werden nur solche Zukunftserwartungen berücksichtigt, deren Verwirklichung bereits in greifbare Nähe gerückt ist[16], d. h., wenn der Grundstücksverkehr ihnen bereits einen Wert beimißt[17], während Spekulationsgesichtspunkte, auch wenn sie zu Recht bestehen, außer Betracht bleiben[18]. Dies hat der BGH jedoch ausdrücklich mit dem Zurückbleiben der Enteignungsentschädigung hinter dem vollen Schadensersatz begründet[17]. Daraus ist zu schließen, daß bei der vollen Entschädigung alle für die Zukunft erkennbaren Gesichtspunkte zu berücksichtigen sind, unabhängig davon, ob der Verkehr ihnen bereits einen Wert beimißt oder nicht.

So hat das OLG München[19] bei einer Gesellschaft, deren Vermögen im wesentlichen aus Wohnhäusern bestand, mit Recht den Verkehrswert der Wohnhäuser nicht für maßgebend erachtet, sondern einen Zuschlag dafür gemacht, daß auf weite Sicht hin durch den Abbau der Wohnungszwangswirtschaft eine marktgerechte Nutzung des Althausbesitzes möglich sein werde.

Da das Spruchstellenverfahren, ähnlich wie die richterliche Festsetzung der Abfindung von Personengesellschaften, eine objektive Festsetzung der angemessenen Abfindung bezweckt, muß die Vorausschau von dem durch den Sachverständigen aufgeklärten Richter vorgenommen werden[20]. Der Richter hat daher nach seinem begründeten Ermessen alle Zukunftserwartungen so zu berücksichtigen, wie er es für angemessen hält[21].

Z. B. brauchen die Preise, die der Bewertung der Vorräte oder der Ermittlung der zukünftigen Ertragslage zugrundegelegt werden, nicht die Börsenpreise am Stichtag zu sein, wenn erkennbar ist, daß diese Preise nicht dauerhaft sind, sondern sich ändern werden[22]. Dies gilt insbesondere

---

[15] 15. 5. 1963 Koppenberg, S. 146/7 (OMZ).
[16] BGH 25. 9. 1958 = BGHZ 28, 160 (163).
[17] BGH 29. 11. 1965 = NJW 1966, 497.
[18] BGH 9. 6. 1959 = NJW 1959, 1649; 8. 11. 1962 = BGHZ 39, 198 (204).
[19] 15. 12. 1964 = Die AG 1965, 139.
[20] Vgl. oben B 1.2 Fußn. 45.
[21] In ähnlicher Weise ist die für die Berechnung des Handelsvertreterausgleichs notwendige Prognose vom *Richter* zu stellen. BGH 27. 10. 1960 = DB 1960, 1387.
[22] Für einen allerdings nur kurzen Zeitraum ist auch im Steuerrecht anerkannt, daß Wertschwankungen nicht zu berücksichtigen sind, wenn erkennbar ist, daß regelmäßig Preisschwankungen eintreten und der Preis nicht ungewöhnlich ist. RFH 14. 3. 1939 = RStBl 1939, 746; BFH 16. 4. 1953 = BStBl 1953 III, 192; 17. 7. 1956 = DB 1956, 955; 13. 3. 1964 = BB 1964, 874.

für Rohstoffpreise, für die nicht allein ein außergewöhnlicher Preis am Stichtag, sondern die langfristig voraussehbare Preisentwicklung anzusetzen ist[23]. Ebenso kann der Börsenkurs am Stichtag nicht für die Bewertung von Wertpapieren, z. B. Aktien, herangezogen werden, wenn dieser hinter der voraussichtlichen Kursentwicklung zurückbleibt[24]. Insbesondere müssen die Preissteigerungen berücksichtigt werden, die auf der zukünftigen Geldentwertung beruhen[25].

Demgegenüber hat der BGH für ausscheidende Personengesellschafter entschieden, daß Vorräte von Waren, die auf dem Markt ohne weiteres erhältlich sind, in der Abschichtungsbilanz auch dann in Höhe des Preises eingesetzt werden können, den das Unternehmen im Zeitpunkt des Ausscheidens des Gesellschafters hätte zahlen müssen, wenn die Waren früher zu höherem Preise eingekauft und später zu höherem Preise verkauft worden sind[26]. Indes kann es nicht darauf ankommen, zu welchem Preis die Waren erworben werden können, sondern nur darauf, ob und zu welchem Preis sie verkauft worden waren; anderenfalls wird auf die Bereicherung des Übernehmers anstatt auf den Schaden der Ausscheidenden abgestellt[26a]. Selbst unter der Fiktion eines „Verkehrswertes" für Unternehmen[27] ist die Entscheidung des BGH falsch, denn der Inhaber des Unternehmens würde sich zu diesem Zeitpunkt nicht als Verkäufer für die Waren einstellen, wenn er Grund zur Annahme hat, daß die Preise in Zukunft eher steigen als fallen werden[28]. Wäre diese BGH-Rechtsprechung auf das Ausscheiden von Kapitalgesellschaften anwendbar, so würde dem Mehrheitsgesellschafter freigestellt, durch die Wahl des Zeitpunktes die Höhe seiner Abfindungsschuld maßgeblich zu beeinflussen[29].

B 4.33 Zeitpunkt des Vorausschauens

Ein Betrachter, der ex-post unter Kenntnis aller Umstände den Schaden berechnen könnte, kennt den abgezinsten Nutzen, den ein Gegenstand gebracht hat, und würde deshalb den Wert nach den verschiedenen Stichtagen nur dadurch anders ansetzen, daß der Gegenwartswert der Einnahmeüberschüsse mit größerer zeitlicher Entfernung zu ihrem Anfall sinkt[30]. Da aber die Abfindung im voraus berechnet werden muß, richtet sich der Unternehmenswert nach den Einnahmen, die das Unternehmen nach der subjektiven Vorausschau des Schätzenden

---

[23] a. A. Parteigutachten der DTG in Sachen DEA/Texaco (LG Hamburg 64-0-7/69), wo die DTG ausdrücklich von den in der Talsohle der Konjunktur geltenden Preisen ausgegangen ist.
[24] OLG Hamm 15. 5. 1963, Koppenberg, S. 153 (OMZ); ebenso für die Pflichtteilsberechnung *Palandt/Keidel*, § 2311 Anm. 3; bei gegenwärtig überhöhten Kursen sind diese zugrundezulegen, da der Mehrheitsgesellschafter die Aktien jederzeit verkaufen kann.
[25] Vgl. unten D 2.3.
[26] BGH 22. 10. 1973 = DB 1974, 329.
[26a] Vgl. oben B 3.1 bei Fußn. 16.
[27] Vgl. oben B 3.42.
[28] Wie die Umsätze an der Börse zeigen, bedeutet die Existenz eines Marktpreises keineswegs, daß jedermann zu diesem Preis zu verkaufen bereit ist.
[29] Vgl. oben B 4.32 Fußn. 14.
[30] *Thoennes*, WPg 1968, 408; *Frey*, WPg 1963, 148.

B 4. Rechtsgrundsätze zur Ermittlung der Einnahmeüberschüsse

in der Zukunft abwerfen wird. Diese menschliche Vorausschätzung richtet sich nach den tatsächlichen Umständen, die zum Zeitpunkt der Vorausschätzung dem Schätzenden bekannt sind.

Umstritten ist, ob der Tag der Hauptversammlung auch für die subjektive Seite der Bewertung gilt, ob also der Richter bei der von ihm vorzunehmenden Vorausschau nur solche Tatsachen berücksichtigen darf, die am Tage der Hauptversammlung voraussehbar waren, oder ob er alle Tatsachen, die bis zum Ergehen des Beschlusses bekannt geworden sind, zu berücksichtigen hat[31]. Ein Unterschied von wenigen Monaten kann die für die Zukunft voraussehbaren Einnahmen aufgrund neuer Informationen völlig anders erscheinen lassen.

Die Rechtsprechung des RG zur Abfindung von Personengesellschaftern ging dahin, nur auf die voraussehbare Entwicklung (ex-tunc) abzustellen. Eine Berichtigung der Abfindungsbilanz wurde nicht anerkannt, wenn eine später erkannte günstige Geschäftsentwicklung beim Ausscheiden noch nicht voraussehbar war[32]. Der BGH hat dagegen entschieden, daß später eingetretene Umstände für die Entscheidung über die Abfindung von Personengesellschaften zu verwerten seien[33].

Das OLG Hamm hat die Frage für die hier behandelten Abfindungen unentschieden gelassen[34]; es hat aber gemeint, nach dem Stichtag entstehende Umstände (im Gegensatz zu bereits bestehenden, aber erst später bekanntgewordenen Umständen), wegen des Stichtagsprinzips nicht mehr berücksichtigen zu dürfen[35]. Das Kriterium der „Entstehung" der Tatsachen entspricht der Definition des steuerrechtlichen Stichtagsprinzips, wie es der BFH im Anschluß an den RFH zunächst vertreten hatte[36]. Die Abgrenzung nach dem Zeitpunkt des „Entstehens" oder des „Wurzelns"[37] einer Tatsache ist jedoch logisch unbrauchbar, da objektiv jede zukünftige Entwicklung bereits in der Vergangenheit angelegt und nur mehr oder weniger erkennbar ist. Deshalb stellt der BFH nunmehr darauf ab, wie der betreffende Steuerpflichtige nach den am Stichtag bekannten Tatsachen die Entwicklung voraussehen

---

[31] Für ex-nunc-Schätzung: *Sieben*, Die AG 1966, 10; *Hüchting*, S. 80; LG Düsseldorf 19 Akt E 3/69 (Rheinpreußen AG), Aufkl. beschl. v. 31. 1. 1973 (nicht veröffentlicht); für ex-tunc-Schätzung: *Jonas*, ZfB 1954, 24.

[32] 6. 1. 1940 = DR 1941, 1301; vgl. auch zu § 73 GenG RG 5. 1. 1908 = RGZ 68, 1.

[33] 11. 6. 1959 = LM Nr. 7 zu § 138 HGB, Bl. 4; ebenso für die Pflichtteilsberechnung BGH 17. 1. 1973 = DB 1973, 563 mit Beschränkung auf den Fall, daß die „Wurzeln" nicht erst nach dem Bewertungsstichtag liegen. Vgl. dazu im folgenden.

[34] 15. 5. 1963 (OMZ) = Koppenberg, S. 151.

[35] Ebd., S. 154.

[36] RFH 2. 6. 1932 = RStBl. 1932, 824; BFH 17. 7. 1956 = DB 1956, 955.

[37] Vgl. BGH 17. 1. 1973 a.a.O.

mußte und konnte[38]; die Unterscheidung zwischen „entstandenen" und erst später „entstehenden" Tatsachen dient also der Beurteilung, wie der Steuerpflichtige am Stichtag die Entwicklung beurteilen mußte. Für die Barabfindung könnte das „Entstehen" der Tatsachen daher nur dann von Bedeutung sein, wenn es auf irgend jemandes Verschulden ankäme. Dies ist jedoch, wie oben B 4.32 dargelegt, nicht der Fall; vielmehr ist allein auf die Vorausschau des Richters abzustellen. Dieser hat sich über die Zukunftsaussichten des Unternehmens am Tag der Hauptversammlung keine Gedanken gemacht. Die Gründe, aus denen im Steuerrecht später „entstandene" Tatsachen nicht berücksichtigt werden, sind also auf die Abfindungsberechnung nicht übertragbar[39].

Von dem Erfordernis gleichmäßiger Berücksichtigung von Chance und Risiko her stünde es dem Gesetzgeber frei, ob er Tatsachen, die erst nach dem Bewertungsstichtag bekannt werden, noch berücksichtigen läßt, da sich dies nach beiden Seiten hin gleichermaßen günstig oder ungünstig auswirken kann.

Verfassungsrechtlich unzulässig ist nur, wie im Handels- und Steuerrecht, nach dem Stichtag bekanntgewordene Umstände zu berücksichtigen, wenn sie für die ausscheidenden Gesellschafter ungünstig, nicht aber wenn sie günstig sind. Diese Handhabung beruht auf dem Vorsichtsprinzip und ist mit einer gleichmäßigen Verteilung von Chancen und Risiken unvereinbar[40].

Praktisch folgt allerdings aus dem Informationsvorsprung der Unternehmensleitung und des Mehrheitsgesellschafters, daß dieser jeweils die ihm günstigen Tatsachen hervorheben und die ihm ungünstigen unterdrücken kann; dadurch kann er eine der Tendenz nach niedrigere als die volle Entschädigung erreichen. Diese Verfälschung der Chancengleichheit ist jedoch auch bei Berücksichtigung aller bis zur mündlichen Verhandlung bekanntwerdenden Tatsachen gegeben. Durch die Berücksichtigung der Tatsachen, die zwischen der Hauptversammlung und dem Ergehen des Beschlusses bekanntwerden, wird der Informationsvorsprung aber hinausgeschoben und dadurch abgemildert: denn was durch den Zeitablauf Vergangenheit wird, ist den außenstehenden Gesellschaftern zugänglicher als die Zukunftserwartungen. Wegen der Abzinsung haben zudem die nahe am Bewertungsstichtag liegenden Jahre größeren Einfluß auf die Höhe der Abfindung als solche, die erst in größerer Ferne liegen. Die Nichtberücksichtigung von nach der Hauptversammlung bekanntwerdenden Tatsachen ist zwar nicht verfassungswidrig, weil die Benachteiligung der Ausscheidenden durch den Informationsvorsprung des Mehrheitsgesellschafters in der Natur der Eigen-

---

[38] BFH 29. 11. 1960 = BStBl 1961 III 154; ebenso schon RFH 4. 10. 1921 = RFHE 7, 132.
[39] OLG Hamm 15. 5. 1963 (OMZ) = Koppenberg, S. 153 f.; vgl. auch oben B 2.271.
[40] *Kropff*, DB 1962, 155. Vgl. oben B 4.31.

B 4. Rechtsgrundsätze zur Ermittlung der Einnahmeüberschüsse

tumsentziehung gegen Abfindung liegt; ihre Berücksichtigung kommt aber der Verwirklichung der vollen Abfindung unter Wahrung der Chancengleichheit näher.

Eine Sonderstellung nehmen am Stichtag nicht vorausgesehene Preissteigerungen, insbesondere bei Grundstücken und Gebäuden, ein. In den gegenwärtigen Zeiten der Geldinstabilität besteht hier die Wahrscheinlichkeit, daß die Preise steigen, bei den genannten Gütern sogar mehr, als es der gewöhnlichen Geldentwertung entspricht. Bei der Enteignungsentschädigung hat der BGH es daher als verfassungsrechtlich geboten angesehen, seit dem Bewertungsstichtag bis zur letzten mündlichen Verhandlung eingetretene Preisveränderungen zu berücksichtigen[41]. Erst recht gilt dies für die hier behandelten vollen Entschädigungen.

Bei der Enteignungsentschädigung hat der BGH die Verschiebung des für die Preise maßgeblichen Stichtages allerdings davon abhängig gemacht, daß die Enteignungsbehörde mit der Auszahlung in Verzug ist. Dies erklärt sich jedoch aus dem regelmäßigen Zurückbleiben der Enteignungsentschädigung hinter der vollen Entschädigung[42] und kann deshalb auf die hier behandelten Abfindungen nicht entsprechend angewandt werden.

Gegen die Berücksichtigung der bis zur Spruchstellenentscheidung bekanntwerdenden Tatsachen ließe sich einwenden, sie ermutige die abzufindenden Gesellschafter, das Verfahren in die Länge zu ziehen. Das Abwarten *nicht* voraussehbarer Umstände kann sich aber gleichermaßen als günstig oder als ungünstig erweisen. Zudem würde die Nichtberücksichtigung von Tatsachen, die erst nach der Hauptversammlung bekanntwerden, die Beteiligten veranlassen, zunächst für alle Tatsachen, die auf die Bewertung von Einfluß sein können, z. B. Preisentwicklungen, eine ihnen günstige Vorausschau zu behaupten, um für den Fall, daß sie sich bewahrheitet, hinterher darauf verweisen zu können, daß sie diese Entwicklung bereits vorausgesehen haben und daß sie folglich voraussehbar war. Dies würde der Sachlichkeit der Debatte im Spruchstellenverfahren äußerst abträglich sein.

Es ist auch nicht einzusehen, warum eine als offenbar falsch erkannte Einschätzung der Zukunft der Bewertung zugrundegelegt werden sollte[43]. Beim bürgerlich-rechtlichen Schadensersatz und beim Handelsvertreterausgleich ist anerkannt, daß alle bis zur letzten mündlichen Verhandlung bekanntwerdenden Umstände für die Bemessung des Schadens zu berücksichtigen sind[44]. Die Abweichung der vollen Ent-

---
[41] BGH 24. 2. 1958 = BGHZ 26, 373 (376 f.); 30. 11. 1959 = BGHZ 31, 244; 15. 11. 1971 = DB 1972, 39.
[42] Vgl. unten D 2.3.
[43] *Offerhaus*, DB 1968, 1148: Akt der Willkür.
[44] Für den Schadensersatz: RG 22. 5. 1940 = DJ 1940, 1014; BGH 16. 2. 1971 = NJW 1971, 837; für den Handelsvertreterausgleich: BGH 3. 6. 1971 = NJW 1971, 1611.

schädigung der ausscheidenden Gesellschafter vom bürgerlich-rechtlichen Schadensersatz, die in der im voraus erfolgenden Berechnung liegt, erscheint ein notwendiges Übel, aber nicht Selbstzweck zu sein. Es erscheint daher richtig, grundsätzlich bei der Festsetzung der Abfindung durch das Spruchstellengericht alle Tatsachen für die Vorausschau zu berücksichtigen, die dem Gericht während des Verfahrens bis zum Ergehen des Beschlusses bekannt werden[45].

Wird z. B. nach der Hauptversammlung ein Erlöseinbruch oder eine Ertragsverbesserung festgestellt, so ist diese zu berücksichtigen[46]. Wird nach dem Stichtag eine Beteiligung zu einem hohen Preis verkauft, so sind die ausscheidenden Minderheitsgesellschafter daran zu beteiligen, auch wenn der Wert der Beteiligung am Stichtag anders eingeschätzt werden konnte. Umgekehrt muß aber auch der Verkauf zu einem niedrigeren Preis als voraussehbar berücksichtigt werden, es sei denn, daß er unter Umständen erfolgt ist, die darauf schließen lassen, daß ein unabhängiger Vorstand das Rechtsgeschäft nicht durchgeführt hätte; so hat das OLG Hamm[47] im Ergebnis zu Recht den Preis aus dem Verkauf an ein früheres Vorstandsmitglied für die Bewertung nicht herangezogen, da dieser unter dem Erwerbspreis lag. Ebenso wird man Rechtsgeschäfte mit dem Mehrheitsgesellschafter oder mit ihm verbundenen Unternehmen nur mit Vorsicht für die Entwicklung heranziehen dürfen, die ohne den Eigentumseingriff zu erwarten gewesen wäre. Ferner sind solche Rechtsgeschäfte außer Betracht zu lassen, die bei Verbleiben der Minderheitsgesellschafter nicht durchführbar gewesen wären; so hat das OLG Hamm[48] den Verkauf einer Beteiligung zu einem niedrigeren Preis unter der Bedingung, daß die Umwandlung nicht rückgängig gemacht wird, nicht für die Bewertung dieser Beteiligung herangezogen. — Bei einer Rentenverpflichtung kann, anders als im Steuerrecht[49], eine Rückstellung für die Abfindung berichtigt werden, wenn sich während des Verfahrens herausstellt, daß der Berechtigte länger oder kürzer gelebt hat, als am Tag der Hauptversammlung erwartet worden ist.

B 4.34 Grundsätze der Wahrscheinlichkeitsmathematik

Die Prognose der zukünftigen Einnahmen und Ausgaben trägt naturgemäß zahlreiche Momente der Unsicherheit in sich[50]; der Richter muß aber die logischen Grundsätze der Wahrscheinlichkeitsrechnung beachten[51]. Dabei ist zwischen den Einnahmeüberschüssen, die als sichere Mindesterwartung angesehen werden können, und denjenigen, die nur als wahrscheinlich anzusehen sind, zu unterscheiden.

---

[45] Auch wer die Veräußerung des Unternehmens am Stichtag unterstellt (vgl. oben B 3.42), braucht nicht zwingend später bekanntwerdende Tatsachen unberücksichtigt zu lassen, vgl. *Eckstein*, BB 1970, Beilage 31/70, S. 40; a. A. *Sieben*, Die AG 1966, Anm. 30.
[46] OLG Hamm 15. 5. 1963 (OMZ) = Koppenberg, S. 158; BGH 17. 1. 1973 = DB 1973, 563.
[47] 15. 5. 1963 Koppenberg, S. 158 (OMZ).
[48] 15. 5. 1963 Koppenberg, S. 154 f. (OMZ).
[49] FG Nürnberg 25. 5. 1971 = EFG 1971, 477.
[50] BGH 27. 10. 1960 = DB 1960, 1387.
[51] Vgl. im einzelnen *Schneider*, DB 1973, 241.

B 4.341 Sichere Mindesterwartung

Die sicheren Einnahmen und Ausgaben sind mit ihrem vollen Wert anzusetzen, also ohne jeden Risikoabschlag. Eine Einnahme oder Ausgabe ist sicher, wenn sie unter jeder denkbaren Fallgestaltung nicht wegfallen kann.

Wenn z. B. durch eine Delkredere-Rückstellung auf Forderungen unterstellt worden ist, daß ein Teil der Forderungen nicht bezahlt wird, kann eine USt-Rückstellung nicht auf den vollen, sondern nur auf den wertbereinigten Forderungsbestand als Ausgabe angesetzt werden[52], da bei einem höheren Forderungseingang als dem vorausgesehenen die höhere USt durch den höheren Zahlungseingang gedeckt ist[53].

Soweit der Unternehmensleitung in Zukunft ein Wahlrecht zusteht, ist davon auszugehen, daß von der besten Wahlmöglichkeit Gebrauch gemacht wird. Neben einer Rückstellung für Schadensersatzverpflichtungen kann daher keine Rückstellung für die Kosten eines Passivprozesses gebildet werden, solange dieser nicht rechtshängig geworden ist[54], da den Kosten eine Wahrscheinlichkeit gegenübersteht, den Prozeß zu gewinnen, und die Wahl, sich auf einen Prozeß einzulassen, nur dann getroffen wird, wenn die Gewinnchance größer als das Kostenrisiko ist. Aus dem gleichen Grunde können nicht Gerichtskosten für einen zukünftigen Aktivprozeß oder für die Anrufung höherer Instanzen angesetzt werden, ohne zugleich die geltend gemachte Forderung zumindest in der Höhe der Kosten als wahrscheinliche Forderung zu aktivieren.

B 4.342 Unsichere Chancen

Wenn eine zukünftige Einnahme oder Ausgabe nicht sicher ist, so ist ihr voller Betrag, multipliziert mit dem Faktor der Wahrscheinlichkeit ihres Eintritts bzw. Ausbleibens anzusetzen[55].

Beispiel:

Die Wahrscheinlichkeit, eine Schadensersatzforderung gegen ein Vorstandsmitglied gerichtlich durchsetzen zu können, werde mit 1 : 4 beurteilt.

Die mutmaßliche Schadensersatzforderung wird mit dem Multiplikator 0,2 bewertet.

Sind verschiedene Geschehensabläufe möglich, von denen jeder einen anderen Wahrscheinlichkeitsgrad hat, so geht man in der Wahrscheinlichkeitsrechnung so vor, daß jede Alternative mit dem Wahrscheinlichkeitsfaktor multipliziert wird.

Beispiel:

Die Rentabilitätsgrenze einer Zinkgrube liege bei einem Zinkpreis von £ 150.

---

[52] BFH 8. 5. 1963 = BStBl 1963, III 362.
[53] So auch *Döllerer*, BB 1964, 97; vgl. auch FG Düsseldorf 19. 8. 1968 = EFG 1969, 61.
[54] BFH 24. 6. 1970 = NJW 1971, 399.
[55] *Münstermann*, S. 25; im einzelnen *Schneider*, DB 1973, 241.

Die Wahrscheinlichkeit des durchschnittlichen Zinkpreises der nächsten 10 Jahre sei

für £ 130 der Faktor 0,1 =	13
für £ 150 der Faktor 0,5 =	75
für £ 170 der Faktor 0,3 =	51
für £ 190 der Faktor 0,1 =	19

Es ist von einem Durchschnittspreis von 158 £ auszugehen.

Ist für einen Mindestertrag eine von einem Dritten gegebene Einkommensgarantie vorhanden, so muß dies wertsteigernd berücksichtigt werden[56], da dadurch die Wahrscheinlichkeit, einen niedrigeren Ertrag zu erwirtschaften, wegfällt und somit die durchschnittliche Wahrscheinlichkeit steigt. Hätte in unserem Beispiel ein Dritter einen Zinkpreis von £ 150 garantiert, so wäre die Möglichkeit des Zinkpreises von 130 £ auf 150 £ zu korrigieren, so daß sich ein Durchschnittspreis von £ 160 ergibt.

Soweit für den Ablauf zukünftiger Ereignisse Erfahrungssätze vorliegen, muß der Richter diese Erfahrungswerte berücksichtigen.

Bei Pensionsrückstellungen sind z. B. die neuesten Sterbetabellen zugrundezulegen.

Sammelwertberichtigungen auf Forderungen sind nur anzuerkennen, wenn für den wahrscheinlichen Forderungsausfall oder -verzug[57] eine reale Grundlage gegeben ist[58].

Liegen Erfahrungswerte nicht vor, so ist der Wahrscheinlichkeitsfaktor vom Richter nach seinen subjektiven Vorstellungen unter Beachtung der in B 1.4 herausgearbeiteten Grundsätze zu schätzen.

Eine Tatsache, deren Eintritt nicht völlig unwahrscheinlich ist, darf nicht völlig unberücksichtigt bleiben. So kann die Wahrscheinlichkeit, daß eine Verletzung des Wettbewerbsverbots zum Wegfall der Leistungspflicht einer zugesagten Pension führt, nicht mit nahezu null angenommen werden[59].

Gegenwärtig abbauunwürdige Flöze in der Gesellschaft gehörendem Bergeigentum (Gerechtsame) dürfen nur dann mit 0,—DM bewertet werden, wenn eine Änderung der Abbauwürdigkeit völlig unwahrscheinlich ist[60].

Läßt sich unter mehreren Möglichkeiten eine überwiegende Wahrscheinlichkeit nicht feststellen, so ist von gleicher Wahrscheinlichkeit

---

[56] BGH 29. 5. 1967 = Warneyer 1967 Nr. 161, S. 280 f.
[57] Vgl. *Beine*, BlGenW 1960, 392.
[58] *Kunze*, WM 1960, 446; ebenso noch BFH 4. 12. 1956 = BStBl. 1957 III 17. Die steuerlich anerkannten Sammelwertberichtigungen sind weitgehend eine Maßnahme zur Bildung von Eigenkapital (*Kunze*, a.a.O.) und deshalb für die Abfindung unmaßgeblich.
[59] a. A. FG Düsseldorf 16. 10. 1964 = BB 1965, 360; *Höfer*, Betr. Altersvers. 1970, 17. Im Ergebnis rechtfertigt sich die Entscheidung allerdings dadurch, daß dem Wegfall der Zahlungspflicht die Nachteile aus der Verletzung des Konkurrenzverbots gegenüberstehen; der dafür gegebene Schadensersatzanspruch darf im Steuerrecht nicht aktiviert werden, vgl. B 4.11 Fußn. 9.
[60] a. A. *Umberg*, ZfHwF 1922, 263.

auszugehen. Dabei kann ein allgemeines oder besonderes Risiko nur dann zu einem Abschlag auf einen Einnahmeüberschuß führen, wenn es nicht durch die Chance einer Erhöhung des Einnahmeüberschusses ausgeglichen wird[61].

Bei der Ertragsvorausschau kann davon ausgegangen werden, daß bisher dauerhafte Geschäftsbeziehungen auch weiterhin bestehen werden, es sei denn, daß bestimmte Umstände dagegen sprechen[62].

Ein Risikoabschlag kann nicht allein wegen des niedrigen Eigenkapitalanteils vorgenommen werden, da dem besonders hohen Risiko die besonders hohe Chance erhöhter Gewinne gegenübersteht[63].

B 4.4 Abziehbarkeit von Ertragsteuern

In der Betriebswirtschaftslehre ist streitig, ob bei der Unternehmensbewertung die zukünftige KSt und GewSt persönliche Angelegenheit des übernehmenden Mehrheitsgesellschafters sind oder ob sie den zukünftigen Schaden mindern und daher von den Zukunftserträgen und den stillen Reserven abziehbar sind[1]. Bei der übertragenden Umwandlung nach dem UmwStG 1957 hat das OLG München[2] dies unter Hinweis auf die BGH-Rechtsprechung zum Ausscheiden aus Personengesellschaften[3] verneint, während das OLG Hamm[4] und das OLG Düsseldorf[5] angenommen haben, daß KSt und GewSt grundsätzlich vom Unternehmenswert abzuziehen sind und nur über die Art der Anrechnung unterschiedliche Auffassungen vertraten. Das OLG Stuttgart hat sich überhaupt nicht festgelegt, sondern hat die Frage den Sachverständigen überlassen[6].

B 4.41 Das „Ob" der Anrechnung

Die Nichtanrechnung von Ertragsteuern (ESt und GewSt) auf die Abfindung von Personengesellschaftern[7] beruht darauf, daß die übernehmenden Gesellschafter von der Ertragsbesteuerung insofern freigestellt sind[8]:

---

[61] *Münstermann*, S. 76.
[62] OLG Celle 25. 1. 1968 = NJW 1968, 1141 für die Vorausschau zum Zwecke der Berechnung des Handelsvertreterausgleichs; ebenso *Schröder*, DB 1964, 323; BGH 20. 11. 1969 = DB 1970, 152; Feststellungslast für Änderung trägt Unternehmen, *Meyer*, BB 1955, 299.
[63] a. A. *Gmelin*, S. 47; einschränkend *Kiehne*, DB 1971, 1677.
[1] *Breidenbach*, DB 1963, 1649 ff.; *Klinger*, DB 1963, 457; *Heudorfer*, DB 1962, 37, jeweils m. w. Nachw.; vgl. dazu richtig *Münstermann*, S. 23.
[2] 15. 12. 1964 = Die AG 1965, 139.
[3] BGH 11. 6. 1959 = LM Nr. 7 zu § 138 HGB.
[4] 30. 4. 1960 Koppenberg, S. 52; 15. 5. 1963 Koppenberg, S. 159 (OMZ).
[5] 27. 11. 1962 Koppenberg, S. 91 (Beteiligungs-AG); 31. 7. 1964 (Feldmühle) = Die AG 1964, 246.
[6] 12. 11. 1962 Koppenberg, S. 60 und 67 (KNORR).
[7] BGH 11. 6. 1959 = a.a.O.

Bei der Personengesellschaft findet die *Einkommenbesteuerung* in der Person des einzelnen Gesellschafters statt, der insoweit wie ein Gewerbetreibender besteuert wird. Scheidet ein Personengesellschafter aus der Gesellschaft aus, so unterliegt seine Abfindung, soweit sie die Buchwerte übersteigt, der Einkommensteuer, wobei die Anwendbarkeit des halben Steuersatzes nach § 34 EStG in den persönlichen Bereich des ausscheidenden Gesellschafters fällt[9]. Die verbleibenden Personengesellschafter können ihrerseits die volle Abfindung als Anschaffungskosten für den Gesellschaftsanteil ansetzen, die Grundlage für die Abschreibungen und für die Berechnung eines späteren Veräußerungsgewinns sind. Dadurch werden die Abfindenden von der Besteuerung der stillen Reserven, die auf die ausscheidenden Gesellschafter entfallen, freigestellt.

Die *Gewerbesteuer* wird zwar bei der Personengesellschaft erhoben, Gewinne, die durch die Veräußerung von Anteilen an Personengesellschaften entstehen, werden jedoch nicht besteuert[10]. Dennoch erhöht der über den Buchwert hinausgehende Abfindungsbetrag wie bei der Einkommensteuer die Anschaffungswerte[11], so daß die verbleibenden Gesellschafter ebenfalls von der Besteuerung der auf die Ausscheidenden entfallenden stillen Reserven mit Gewerbesteuer freigestellt werden.

Bei den Kapitalgesellschaften findet die Besteuerung in der Person der Gesellschaft statt. Dadurch trägt bei nicht steuerbegünstigten übertragenden Umwandlungen, Eingliederungen, Unternehmensverträgen und formwechselnden Umwandlungen der Abfindende allein die Last der Besteuerung der stillen Reserven, auch soweit sie auf die Anteile der ausscheidenden Minderheitsgesellschafter entfallen.

Für die steuerbegünstigte übertragende Umwandlung sah das UmwStG 1957 in § 3 noch eine endgültige Freistellung des Übernehmers von der Besteuerung der stillen Reserven der übernommenen Gesellschaft vor; deshalb hat das OLG München[12] richtig entschieden, daß die endgültige Steuerbefreiung für die stillen Reserven nicht allein dem Übernehmer zukommen dürfe[13]. Nach § 4 II UmwStG 1969 wird jedoch nunmehr die Versteuerung sämtlicher stiller Reserven der steuerbegünstigt umgewandelten Gesellschaft durch den Übernehmer sichergestellt. Die Tatsache, daß nach § 9 I UmwStG 1969 die gezahlte Abfindung vom Übernehmer als Anschaffungskosten für die Beteili-

---

[8] Konsequenterweise hat der BGH für die Pflichtteilsberechnung die Anrechnung der ESt auf den Pflichtteil bejaht, da der Erbe allein die stillen Reserven, auch soweit sie auf den Pflichtteil entfallen, versteuern muß, BGH 26. 4. 1972 = DB 1972, 1229.

[9] Vgl. oben B 4.121.

[10] BFH 25. 5. 1962 = BStBl 1962 III S. 438.

[11] *Lenski/Steinberg* § 7 Anm. 11.

[12] OLG München 15. 12. 1964 = Die AG 1965, 139; ebenso schon *Heinz Meilicke*, JW 1938, 3018.

[13] Insofern kommt es, ebensowenig wie bei der GewSt, nicht auf den Schaden des ausscheidenden Gesellschafters, sondern darauf an, wen das Steuergesetz zu begünstigen bezweckt, wobei eine gleichmäßige Begünstigung anzunehmen ist (Art. 3 GG), OLG München a.a.O.

gung angesetzt wird, ändert an der Belastung des Abfindenden mit sämtlichen Steuern auf stille Reserven der Gesellschaft nichts, da eine die Buchwerte der Gesellschaft übersteigende Abfindung die für das Gesellschaftsvermögen bestehenden Buchwerte beim Übernehmer nicht erhöht und ein durch die Abfindung eventuell entstehender Übernahmeverlust nach § 8 UmwStG bei der Ermittlung des Einkommens des übernehmenden Gesellschafters nicht berücksichtigt wird.

Wegen der Besteuerung sämtlicher stiller Reserven durch den Abfindenden sind somit auf die Gesellschaft entfallende KSt und GewSt in allen hier behandelten Bewertungsfällen zu Lasten der ausscheidenden Gesellschafter von der Barabfindung abzuziehen.

B 4.42 Das „Wie" der Anrechnung

Teilweise wird die Auffassung vertreten, KSt und GewSt seien so anzusetzen, als wenn sie am Bewertungsstichtag fällig wären[14]. Die Möglichkeit, mit stillen Reserven arbeiten zu können, stellt jedoch einen Wert dar, den jeder Kaufmann ausnutzt und an dem die ausscheidenden Gesellschafter partizipiert hätten, wenn sie in der Gesellschaft verblieben wären. Die sofortige volle Anrechnung von Ertragsteuern auf nicht sofort realisierte stille Reserven stellt die ausscheidenden Gesellschafter so, wie sie ohne den Steuervorteil stünden; der Steuervorteil würde entschädigungslos entzogen. Daher darf eine sofortige Auflösung stiller Reserven nicht unterstellt werden.

Teilweise wird die Ansicht vertreten, Ertragsteuern seien zu dem Zeitpunkt anzusetzen, zu dem die Güter veräußert werden, auf denen sie ruhen, während die gleichzeitige Neubildung stiller Reserven allein dem Übernehmer zuzurechnen sei. Sie wird damit begründet, daß die Möglichkeit, durch zulässige Ausnutzung steuerlicher Vorschriften stille Reserven zu bilden und auf diese Weise Steuerersparnisse zu erzielen, jedem zusteht, der sich unternehmerisch betätigt; diese Möglichkeit würde bei der entgeltlichen Übernahme eines Unternehmens nicht zusätzlich erworben, sondern stünde demjenigen zur Verfügung, der selbst ein Unternehmen aufbaut, ohne daß dafür ein Entgelt zu entrichten sei[15].

Indessen kommt es für die Abfindung nicht darauf an, welche Vorteile der Übernehmer aus der Übernahme zieht, sondern darauf, welche Vorteile die ausscheidenden Gesellschafter aus dem Verbleiben in der

---

[14] *Fasold,* DB 1971, 1977; *Remmlinger,* DB 1963, 1263; für steuerliche Sonderrückstellungen ebenso OLG Hamm 30. 4. 1960, Koppenberg, S. 52.
[15] *Breidenbach,* DB 1963, 1649; *Sudhoff,* S. 384; ähnlich OLG Düsseldorf 27. 11. 1962 Koppenberg, S. 91 (Beteiligungs-AG); damals bestand allerdings noch nicht die Möglichkeit, stille Reserven nach § 6 b EStG auf neue Wirtschaftsgüter zu übertragen; a. A. *Peupelmann,* DB 1961, 1398.

Gesellschaft und ihrem Weiterbetrieb hätten ziehen können[16]. Die Frage, ob der Übernehmer die steuerlichen Vorteile auch auf andere Weise hätte erlangen können[17], ist daher rechtlich unbeachtlich. Wäre die Neubildung stiller Reserven auch beim Weiterbetrieb der Gesellschaft unter Verbleib der ausscheidenden Gesellschafter möglich gewesen, dürfen nicht fiktiv Ertragsteuern angesetzt werden, die tatsächlich erst später fällig geworden wären. Das gilt, entgegen Koppenberg[18], auch für steuerliche Sonderabschreibungen, für die im Einzelfall zu prüfen ist, ob es zu einer effektiven Nachversteuerung gekommen wäre, oder ob die Möglichkeit einer Vermeidung dieser Besteuerung durch eine anderweitige Sonderabschreibung, z. B. nach § 6 b EStG, bestanden hätte. Ist dies der Fall, so sind die ausscheidenden Gesellschafter an dieser Abschreibungsmöglichkeit zu beteiligen. Ertragsteuern sind nach alledem ohne Unterschied erst zu dem Zeitpunkt anzusetzen, zu dem sie tatsächlich fällig geworden wären[19].

Zukünftige Änderungen der Steuerlast sind mit der Wahrscheinlichkeit ihres Eintretens zu berücksichtigen[20].

B 4.5 Abzinsung der Einnahmeüberschüsse

In den Entscheidungen zum UmwG sind sehr unterschiedliche Zinssätze für die Abzinsung zugrundegelegt worden, ohne daß diese unterschiedliche Behandlung irgendwie begründet worden wäre: Ein Gutachten, das das OLG Stuttgart[1] seiner Entscheidung zugrundegelegt hat, hat einen Kapitalisierungszins von 10 - 11 % angesetzt. Das OLG Düsseldorf hat in seiner Entscheidung vom 27. 11. 1962[2] einen gemischten Kapitalisierungszins von 5,5 % (zuzüglich 1,5 % Risikozuschlag) auf den „normalen" Ertrag und von 9,5 % (zuzüglich 1,5 % Risikozuschlag) auf den Übergewinn zugrundegelegt. In einer späteren Entscheidung[3] hat es den Kapitalisierungszins mit 6 % angesetzt. Das OLG Hamm hat den Kapitalisierungszins mit 6 % angenommen[4]. Auch in der Betriebswirtschaftslehre ist die Höhe des Kapitalisierungszinses umstritten[5].

---
[16] Vgl. oben B 3.3 bei Fußn. 16.
[17] Zweifelnd *Koppenberg*, S. 25.
[18] *Koppenberg*, S. 26, der einen „Kompromiß" vorschlagen will.
[19] *Lohnert*, DB 1970, 1093; hohe stille Reserven bei abnutzbaren Gegenständen vermindern allerdings die Abschreibungsmöglichkeiten, was zu höheren laufenden Ertragsteuern führt; *Sudhoff*, NJW 1963, 421.
[20] Zur Berücksichtigung von wahrscheinlichen Gesetzesänderungen OLG München 15. 12. 1964 = Die AG 1965, 139; für die Pflichtteilsberechnung auch BGH 25. 3. 1954 = BGHZ 13, 45; vgl. oben B 4.342.
[1] 12. 11. 1962 Koppenberg, S. 62 (KNORR); dabei ist nicht ersichtlich, inwieweit ein Risikozuschlag zum Kapitalisierungszins gemacht worden ist.
[2] Koppenberg, S. 93 (Beteiligungs-AG).
[3] 31. 7. 1964 (Feldmühle-AG) = Die AG 1964, 246.

B 4. Rechtsgrundsätze zur Ermittlung der Einnahmeüberschüsse

Die Vernachlässigung des Kapitalisierungszinssatzes durch die Spruchstellengerichte und deren Gutachter ist durch nichts zu rechtfertigen[6]. Eine Stelle hinter dem Komma kann beim Kapitalisierungszinsfuß bereits erhebliche Auswirkungen auf das Gesamtergebnis haben[7]. So führt allein der Ansatz von einmal 6 %, einmal 7 % durch das OLG Düsseldorf a. a. O. zu einem um 16,66 % unterschiedlichen Ergebnis[8].

B 4.51 Rechtlicher Ausgangspunkt: Wiederanlagemöglichkeit der ausscheidenden Gesellschafter

Der Grund für die Abzinsung der Zukunftseinnahmen liegt darin, daß die ausscheidenden Minderheitsgesellschafter durch die einmalige Abfindung vorzeitig für erst später entgangene Einnahmeüberschüsse entschädigt werden[9]. Wenn ihnen der volle Betrag dieser Einnahmeüberschüsse als Abfindung ausgezahlt würde, würden sie einen über den Schaden hinausgehenden Vorteil erlangen, da sie den erhaltenen Betrag wieder anlegen können. Die ausscheidenden Gesellschafter brauchen aber nicht besser gestellt zu werden, als sie stünden, wenn ihnen die Einnahmen erst später zukämen; die Abzinsung rechtfertigt sich also aus dem Rechtssatz, daß der Geschädigte sich die Vorteile, die ihm durch das schädigende Ereignis entstehen, auf den Schadensersatz anrechnen lassen muß (Vorteilsausgleich)[10].

Der Abzinsung der Zukunftserträge ist daher derjenige Zinssatz zugrundezulegen, den die ausscheidenden Gesellschafter bei Wiederanlage der Barabfindung erreichen können[11]. So ist auch in der Betriebswirtschaftslehre weitgehend anerkannt, daß der Verkäufer den Kapitalisierungszins anzusetzen hat, den er in einer Vergleichsinvestition erzielen kann[12].

---

[4] 23. 1. 1963 Koppenberg, S. 120. Es brauchte zu der dagegen vorgebrachten Kritik nicht Stellung zu nehmen, da auch bei einem niedrigeren Kapitalisierungszins der Ertragswert nicht maßgeblich gewesen wäre.
[5] Übersicht bei *Auler/Schöne*, GmbH-Rdsch 1969, 283 ff.
[6] Koppenberg, S. 27/28.
[7] Vgl. *Münstermann*, S. 63 f.
[8] Das OLG Düsseldorf hat in der Entscheidung, in der es einen Kapitalisierungszins von 6 % angenommen hat, zwar nur einen Chancenzuschlag von 5 % auf die Abfindung vorgenommen, während es in der anderen einen solchen von 10 % ansetzte. Durch einen Zuschlag von 5 % ist aber ein Abschlag um 16,6 % offensichtlich nicht ausgeglichen.
[9] Vgl. oben B 3.2 bei Fußn. 19 und B 3.3 bei Fußn. 34.
[10] Vgl. § 93 III 1 BBauG, wonach Vermögensvorteile, die dem Entschädigungsberechtigten infolge der Enteignung entstehen, bei der Festsetzung der Entschädigung zu berücksichtigen sind: BGH 10. 6. 1952 = BGHZ 6, 270.
[11] OLG Düsseldorf, 27. 11. 1962 (Beteiligungs-AG), Koppenberg, S. 91; *Sieben*, Die AG 1966, S. 11 und S. 83.
[12] *Münstermann*, S. 151 Zi. 5; *Gmelin*, S. 43; *Jaensch*, S. 26 ff.

Die ausscheidenden Gesellschafter können für den Kapitalisierungszins nicht etwa auf denjenigen Zinssatz verwiesen werden, den die Gesellschaft oder irgendein Dritter bei Wiederanlage des ganzen Gesellschaftsvermögens oder aller Abfindungen erzielen könnte, etwa mit dem Argument, den Ausscheidenden seien die zukünftigen Chancen und Risiken aus dem Beteiligungsverhältnis zu ersetzen. Die Chancen und Risiken aus dem Gesellschaftsverhältnis betreffen nur die zukünftigen Einnahmeüberschüsse, die durch den Eigentumseingriff entzogen worden sind. Daß diese nunmehr vorzeitig ersetzt werden, wird erst durch das Ausscheiden verursacht, liegt also gerade *außerhalb* der Risiken, die mit dem Gesellschaftsverhältnis verbunden waren.

Auch auf den Zinssatz, mit dem die Gesellschaft oder der Mehrheitsgesellschafter ihre Investitionen kalkulieren, können die Ausscheidenden nicht verwiesen werden[13]. Dem Kalkulationszinssatz des Mehrheitsgesellschafters brauchen sie sich nur bei der Entscheidung über die bestmögliche Verwertung des Gesellschaftsvermögens zur Erzielung möglichst hoher Einnahmeüberschüsse zu unterwerfen[14]. Die einmal ermittelten Einnahmeüberschüsse müssen nach der Wiederanlagemöglichkeit der vorzeitig Abgefundenen abgezinst werden, da diese bei Anwendung eines höheren Zinses schlechter gestellt werden, als sie stünden, wenn sie mit vollen Rechten in der Gesellschaft bleiben und den Eingang der zukünftigen Einnahmeüberschüsse abwarten könnten. Stattdessen auch für die Abzinsung der Einnahmen der Minderheitsgesellschafter den höheren kalkulatorischen Zins nehmen würde bedeuten, auf die Bereicherung abstellen, die der Mehrheitsgesellschafter dadurch erlangt, daß er statt der späteren Zahlung der jeweils anfallenden vollen Einnahmeüberschüsse sofort eine geringere Abfindung hingibt. Wie oben B 3.1[15] dargelegt, kommt es auf die Bereicherung des Übernehmers aber nicht an. Im übrigen würde das Abstellen auf die Bereicherung des Übernehmers beim Kapitalisierungszinsfuß unsinnigerweise zu einer um so niedrigeren Abfindung führen, je rentabler der Mehrheitsgesellschafter arbeitet.

Der Gesetzgeber ist nicht gehindert, die Vorteilsanrechnung zu regeln; nur darf nicht ein höherer als der wirkliche Vorteil zur Anrechnung gebracht werden, da dies auf einen Abschlag auf die volle Entschädigung hinausliefe. Bei einem solchen Verstoß wäre die Anrufung des BVerfG zulässig.

---

[13] Anders *Kolbe*, 3. Aufl. S. 75; für die Verkaufpreisbestimmung hat Kolbe allerdings recht, da der Unternehmenseigner den kalkulatorischen Zinssatz nach seinen eigenen Wiederanlagemöglichkeiten bestimmt, so daß für ihn der kalkulatorische und der in einer Vergleichsinvestition erreichbare Zins identisch sind.
[14] Vgl. oben B 4.22.
[15] Vgl. bei Fußn. 16.

B 4.52 Gleicher Kapitalisierungszins für alle ausscheidenden Gesellschafter

Nicht alle ausscheidenden Gesellschafter haben dieselben Wiederanlagemöglichkeiten. Insbesondere können Großanleger höhere Zinssätze erwirtschaften als Kleinanleger. Bei Zugrundelegung eines gleichen Kapitalisierungszinsfußes sind daher z. B. Kleinaktionäre schlechter gestellt als Inhaber von großen Aktienbeträgen[16]. Verfassungsrechtlich wäre es wohl möglich, bei der Berechnung der Abfindung die Abzinsung je nach der individuellen Wiederanlagemöglichkeit des Abzufindenden vorzunehmen[17]. Eine Gesellschaft, die ihre Anteile in sehr kleinen Mindestbeträgen abgegeben hat, muß jedoch damit rechnen, daß ihre Gesellschafter mit kleinen Renditen wirtschaften und daß der Entzug von Zukunftserträgen sie schwerer schädigt, als wenn nur Großanleger Anteile hielten. Demgegenüber ist eine individuell bestehende Wiederanlagemöglichkeit Sache des einzelnen Betroffenen; denn die besonderen Möglichkeiten und Fähigkeiten, die ein Geschädigter zur Verringerung des Schadens hat, braucht er sich nicht zur Minderung des zu leistenden Schadensersatzes anrechnen zu lassen[18].

Zudem ist die Abzinsung der Zukunftserträge wesentlicher Bestandteil eines jeden Bewertungsgutachtens. Praktisch würde eine individuelle Abzinsung auf ein Bewertungsgutachten pro ausscheidenden Gesellschafter hinauslaufen, was offensichtlich dem Zweck des einheitlichen Spruchstellenverfahrens widerspräche.

Daher ist bei der Abzinsung auf die Wiederanlagemöglichkeit eines Gesellschafters, der die kleinste Stückelung eines Gesellschaftsanteils hat, abzustellen. Dies ist in der Regel[19] der landesübliche Zinssatz für langfristige festverzinsliche Wertpapiere[20] in der dem kleinsten Gesellschaftsanteil entsprechenden Stückelung.

Da die Schadensminderung durch Wiederanlage der Barabfindung nicht ohne Wiederanlagespesen möglich ist, sind auch die Wiederanlagespesen, die mit der durch den Eigentumseingriff erzwungenen Vermögensumschichtung zusammenhängen, zu ersetzen[21].

---

[16] Vgl. oben B 3.3 bei Fußn. 34.
[17] *Sieben*, Die AG 1966, 11.
[18] Vgl. *Palandt*, Vorbem. § 247 Anm. 7 b; BGH 16. 2. 1971 = NJW 1971, 837; 21. 12. 1971 = BGHZ 58, 14.
[19] In Zeiten schneller Geldentwertung wird der Kauf festverzinslicher Wertpapiere indiskutabel (Verstoß gegen B 4.53).
[20] So auch h. M. in der Betriebswirtschaftslehre, *Münstermann*, S. 67; *Viel/ Bredt/Renard*, S. 91 ff.
[21] OLG Hamm 23. 1. 1963 (Koppenberg, S. 106) (Bergbau AG Constantin der Große); OLG Hamm 15. 5. 1963 (OMZ) = Koppenberg, S. 145 f.; ebenso BGH 8. 2. 1971 = NJW 1971, 1176 für die Wiederanlagekosten bei der Enteignungsentschädigung.

B 4.53 Bestmögliche Wiederanlage

Genauso wie zugunsten der ausscheidenden Gesellschafter die bestmögliche Verwertung des Gesellschaftsvermögens zugrundezulegen ist, ist zu ihren Lasten dem Kapitalisierungszins diejenige Rendite zugrundezulegen, die die ausscheidenden Gesellschafter bei bestmöglicher Wiederanlage der Barabfindung erzielen können. Dies ergibt sich aus analoger Anwendung des § 254 BGB, wonach der Schaden vom Geschädigten möglichst gering zu halten ist[22].

Damit löst sich auch die in der Betriebswirtschaftslehre umstrittene[23] Frage, ob der zur Zeit der Bewertung bzw. der Zahlung geltende oder der in Zukunft zu erwartende Zinssatz maßgeblich ist: ist der gegenwärtige Zins höher, ist dieser zugrundezulegen, ist er aber niedriger als der für die Zukunft zu erwartende, so muß der zukünftige angesetzt werden. In letzterem Fall ist für die Zeit, die zwischen der Auszahlung der Abfindung und der voraussichtlichen Erhöhung des Zinsniveaus liegt, jedoch derjenige Zinssatz zugrundezulegen, der für kurzfristige Geldanlagen gilt[24].

Echte Zinsschwankungen, die auf einer vorübergehenden Geldknappheit oder -schwemme beruhen, sind verhältnismäßig geringfügig. Wesentliche Änderungen des Zinsniveaus beruhen meist auf der fortschreitenden Geldentwertung. So ist in den Jahren 1950 - 1962 langfristig eine Geldentwertung von ca. 2 - 3 %[25], in den Jahren 1969 - 1972 von 5 - 6 %[26] zu verzeichnen gewesen. Dementsprechend ist der Zinssatz von Schuldverschreibungen von 5 - 6 %[27] auf 8 - 9 %[28] gestiegen. Der um das Geldwertrisiko bereinigte Zins ist daher mit ca. 3,0 % konstant geblieben[29]. Schwankungen, die durch Änderungen des Geldwertrisikos begründet sind, gleichen sich bei der Festsetzung der Abfindung durch die gleichzeitige Berücksichtigung bei den Einnahmeüberschüssen aus Sachwerten aus (vgl. unten B 4.56), so daß darauf beruhende Schwankungen des Zinses nur auf den Wert von Geldschulden und Forderungen Einfluß haben[30].

---

[22] Für die Enteignungsentschädigung BGH 29. 3. 1971 = BGHZ 56, 57.

[23] *Münstermann*, S. 64 f.; *Auler/Schöne*, GmbH-Rdsch 1969, 284 m. w. Nachw.

[24] Definiert man den Kapitalisierungszinsfuß als die einheitliche Verzinsung einer Vergleichsinvestition aus der gesamten Reihe zukünftiger Aufwendungen und Erträge, so wird die Frage, ob der zur Zeit der Bewertung bzw. der Zahlung oder der in Zukunft zu erwartende Zinssatz maßgeblich ist, zwar aus der Definition heraus müßig; das Problem fällt dadurch aber nicht weg, sondern verlagert sich nur aus der *Anwendung* in die *Ermittlung* des Kapitalisierungszinsfußes.

[25] Monatsbericht der Deutschen Bundesbank Juni 1958, S. 118; März 1962, S. 68 (Lebenshaltungskosten).

[26] Monatsbericht der Deutschen Bundesbank, Mai 1972, Anhang S. 68.

[27] Monatsbericht der Deutschen Bundesbank, März 1962, S. 70; Juni 1958, S. 106.

[28] Monatsbericht der Deutschen Bundesbank, Mai 1972, Anhang S. 53.

[29] *Herbert V. Prochnow*, The Five-Year Outlook for Interest Rates in the United States and Abroad, Chicago, sehen bis 1976 eine Steigerung des realen Zinses auf 4 % voraus (zit. nach FAZ, 7. 11. 1972, S. 16).

B 4.54 Zeitpunkt, auf den abzuzinsen ist

Vom bewertungstheoretischen Standpunkt müßte als Zeitpunkt, auf den die zukünftigen Einnahmeüberschüsse abzuzinsen sind, der Zeitpunkt gewählt werden, an dem an die Stelle der Beteiligung die Abfindungszahlung tritt. Da der Zeitpunkt, an dem die festgesetzte Abfindung endlich ausgezahlt wird, im voraus nicht bekannt ist, muß jedoch ein fester Zeitpunkt gewählt werden. Die Tatsache der erst später erfolgenden tatsächlichen Auszahlung der Abfindung wird durch Verzögerungszinsen ausgeglichen, vgl. unten D.

Seitdem der Gesetzgeber den Stichtag von der Handelsregistereintragung auf die Beschlußfassung der Hauptversammlung über den Eigentumseingriff vorgelegt hat[31], geht die Praxis, soweit ersichtlich, davon aus, daß die Abzinsung des Unternehmenswertes auf den Tag der Hauptversammlung vorzunehmen ist. Dadurch wird die Abfindung um den Betrag, der ihrer Verzinsung zwischen Hauptversammlung und Handelsregistereintragung entspricht, gegenüber dem früheren Rechtszustand verringert.

Hiergegen bestünden keine Bedenken, wenn der Gesetzgeber nicht bei der Eingliederung und bei der übertragenden Umwandlung eine Verzinsung der Abfindung nur vom Tage der Bekanntmachung der Eintragung des Eigentumseingriffs in das Handelsregister an vorgesehen hätte[32]. Dadurch wird den ausscheidenden Gesellschaftern ein Schaden zugefügt; denn in der Zeit zwischen Beschlußfassung in der Hauptversammlung und Bekanntmachung der Eintragung des Beschlusses im Handelsregister erhalten sie für den Wert ihrer Beteiligung keinen Ertrag[33]. Es erscheint jedoch nicht möglich, den Zeitpunkt, auf den abgezinst wird, z. B. auf den Tag der Bekanntmachung der Handelsregistereintragung zu verschieben; denn dadurch verlöre der Tag der Hauptversammlung für den objektiven Wert des Unternehmens jede Bedeutung, was dem Gesetzeswortlaut doch eindeutig zu widersprechen scheint. Für die Abzinsung der zukünftigen Einnahmeüberschüsse ist daher der Tag der Beschlußfassung der Hauptversammlung über den Eigentumseingriff maßgeblich.

B 4.55 Risikozuschlag zum Kapitalisierungszins

In der Praxis wird auf den für die Wiederanlage ermittelten Kapitalisierungszins häufig ein Zuschlag für das allgemeine Unternehmerrisiko

---
[30] Praktisch können sie deshalb häufig unberücksichtigt bleiben, vgl. unten B 5.17.
[31] s. oben B 2.133.
[32] § 320 V 6 AktG, § 12 I 3 UmwG.
[33] Die fehlende Verzinsung zwischen Tag der Hauptversammlung und Tag der Bekanntmachung der Handelsregistereintragung ist verfassungswidrig, vgl. unten D 1.2.

gemacht[34]; dies steht einem Abschlag auf den Unternehmenswert gleich. Richtigerweise gehört die Berücksichtigung von Risiken jedoch zur Ermittlung der zukünftigen Einnahmeüberschüsse[35]. Sind diese unter Berücksichtigung aller Risiken und Chancen ermittelt, darf ein weiterer Risikoabschlag auf den Unternehmenswert nicht vorgenommen werden[36].

Ein Risikozuschlag ist allerdings dann im Ergebnis nicht zu beanstanden, wenn die angesetzten Einnahmeüberschüsse noch ein Risiko enthalten, das sie als überhöht erscheinen läßt, und der Risikozuschlag zum Kapitalisierungszins zufällig gerade dieses Risiko ausgleicht. Der Richter muß dann aber den Risikozuschlag zum Kapitalisierungszins in den darin liegenden Risikoabschlag auf die zukünftigen Einnahmeüberschüsse umrechnen, um sich die *Höhe* des Abschlages auf die Abfindung klarzumachen.

Z. B. hat die Deutsche Treuhand-Gesellschaft[37] als Parteigutachter den Kapitalisierungszins von 4,5 % um einen Risikozuschlag von 2,5 % auf 7 % erhöht. Dies entspricht einem Risikoabschlag auf die Abfindung von

$$100 - \frac{4{,}5}{7} \times 100 = 100 - 64{,}3 = \underline{35{,}7\%\ (!)}$$

Im Grunde handelt es sich bei den Risikozuschlägen zum Kapitalisierungszins um eine allzu globale, grobe Schätzungsmethode, während in Wahrheit die Risiken für die verschiedenen Einnahmen eines Unternehmens sehr unterschiedlich sind[38]. Deshalb ist die Risikoschätzung durch Ansatz von Zuschlägen zum Kapitalisierungszins grundsätzlich abzulehnen. Risikoabschläge müssen nicht nur dem Grunde, sondern auch der Höhe nach motiviert werden[39]; zumindest von einer gewissen Höhe an werden sie reine Willkür, auch wenn an sich Anlaß für die Berücksichtigung eines Risikos besteht[40].

---

[34] So Parteigutachter Karoli bei Ilseder Hütte (LG Hannover 23 Akt E 1/70); Parteigutachter Deutsche Treuhand-Gesellschaft bei Rheinpreußen (LG Düsseldorf 19 Akt E 3—7/69 I) und DEA (LG Hamburg 64—0—7/69); a. A. Parteigutachter Wollert-Elmendorff bei Ilseder Hütte (a.a.O.); Parteigutachter Allgemeine Revisions- und Treuhand-Gesellschaft bei Sachtleben (LG Köln E 1/72); das OLG Düsseldorf 27. 11. 1962 (Beteiligungs-AG) (Koppenberg, S. 93) hat den vom gerichtlichen Sachverständigen gemachten Risikozuschlag — allerdings unzureichend, vgl. B 1.42 bei Fußn. 84 und B 4.5 Fußn. 8 — korrigiert.
[35] Oben B 4.342.
[36] So für viele *Viel/Bredt/Renard*, S. 95 f.; *Peupelmann*, DB 1964, 890; *Thoennes*, WPg 1968, 410.
[37] In LG Hamburg (DEA) 64—0—7/69; in LG Düsseldorf (Rheinpreußen) 19 Akt E 3—7/69 I; in LG Köln (Sachtleben) E 1/72 hat sie dagegen einen Risikoabschlag auf den Kapitalisierungszins ausdrücklich abgelehnt.
[38] *Knorr*, KTSch 1962, 193.
[39] Vgl. oben B 1.42 nach Fußn. 83.
[40] Vgl. BGH 13. 7. 1970 = NJW 1970, 2018: 20 % Abschlag durch Mittelwertbildung ist Willkür.

Im übrigen richtet sich die Zulässigkeit des Ansatzes von Risikozu- oder -abschlägen nach den oben B 4.3 ff., B 4.342 herausgearbeiteten Grundsätzen. Deshalb darf ein Risikozuschlag zum Kapitalisierungszins nur für wirklich bestehende Risiken ohne Denkfehler angesetzt werden:

Ein Risikozuschlag kann daher nicht mit der Begründung angenommen werden, dem Mehrheitsgesellschafter müsse ein Anreiz für die Übernahme geboten werden, da er sonst durch die Übernahme lediglich so stünde, als wenn er gegenwärtige Zahlungen gegen zukünftige Einnahmen tauschte[41]; dies liefe auf einen Abschlag von der vollen Entschädigung hinaus.

Ein Risikozuschlag kann auch nicht mit der Begründung gerechtfertigt werden, daß risikoreiche Geldanlagen höher verzinst werden als solche, die völlig sicher sind[42]. Der Risikozuschlag bei Geldtiteln beruht darauf, daß die Gefahr der Illiquidität des Schuldners besteht. Demgegenüber kann aus einem Geldtitel nie mehr als der versprochene Zinssatz erwirtschaftet werden. Dem Risiko der Illiquidität des Schuldners steht also keine Chance des Mehrertrages gegenüber. Nur deshalb ist es bei Geldtiteln gerechtfertigt, einen einseitigen Risikozuschlag anzusetzen. Bei einem Wirtschaftsunternehmen steht dem Risiko des Minderertrages jedoch die Chance des Mehrertrages gegenüber. Bei der Unternehmensbewertung ist ein Risikozuschlag daher nur anzusetzen, wenn das Risiko einer Verschlechterung die Chance einer Verbesserung übersteigt[43].

B 4.56 Risikoabschlag vom Kapitalisierungszins (Geldentwertung)

Die Abzinsung der Einnahmeüberschüsse muß mit einem Zinssatz erfolgen, der selbst keine Risiken mehr enthält: Die ausscheidenden Aktionäre brauchen sich nur das auf die vorzeitig gezahlte Entschädigung anrechnen zu lassen, was sie aus deren Wiederanlage nach Berücksichtigung aller Chancen und Risiken erwirtschaften können. Soweit die dem Kapitalisierungszins zugrundegelegte Wiederanlagemöglichkeit noch Risiken enthält, muß ein Abschlag für dieses Risiko gemacht werden, oder — was auf dasselbe hinausläuft — die bei der Wiederanlage noch bestehenden Risiken dürfen auch bei den Einnahmeüberschüssen nicht berücksichtigt werden[44]. Deshalb kann z. B. der branchenübliche Zins nicht verwendet werden, wenn die Einnahmeüberschüsse bereits nach Berücksichtigung der branchenüblichen Chancen und Risiken angesetzt wurden, da anderenfalls die besonderen Chancen und Risiken der jeweiligen Branche doppelt berücksichtigt würden[45].

---

[41] So aber *Frey*, WPg 1970, 38; Antragsgegnerinnen bei Ilseder Hütte AG (LG Hannover, 23 Akt E 1/70).
[42] a. A. OLG Hamm 23. 1. 1963 (Koppenberg, S. 121/2) (Bergbau AG Constantin der Große), das diese Frage aber im Ergebnis offen lassen konnte.
[43] *Münstermann*, S. 76; vgl. oben B 4.342 bei Fußn. 61.
[44] *Münstermann*, S. 76; *Sieben*, Die AG 1966, 85.
[45] Vgl. jedoch unten B 5.17 bei Fußn. 32.

Ein Risiko, das in dem sonst risikolosen[46] landesüblichen Zins für Staatsanleihen[47] noch enthalten ist, ist das Geldentwertungsrisiko. Die Betriebswirtschaftslehre ist sich nicht einig, ob vom landesüblichen Zins ein Abschlag wegen der Geldentwertung zu machen ist[48]. Das OLG Düsseldorf, das — soweit ersichtlich — als einziges Gericht zu dieser Frage Stellung genommen hat, hat einen Abschlag vom für Geldtitel geltenden Zins für angebracht gehalten, wenn die Geldentwertung in Zukunft fortschreite[49]; in dem konkreten Fall hat es den Abschlag mit der Begründung abgelehnt, für die Vergangenheit habe zwar eine Geldentwertung von jährlich 2 %[50] stattgefunden, für die Zukunft sei jedoch keine sichere Vorausschätzung möglich.

Richtigerweise kommt es darauf an, ob die zukünftigen Einnahmeüberschüsse in nominellen oder in wertbeständigen DM geschätzt werden. Durch die Geldentwertung steigen Preise, Gehälter, kurz, fast alle Einnahmen und Ausgaben, aber auch die Erträge, nominell an. Werden die zukünftigen Erträge in DM nominell geschätzt, so müssen sie auch mit dem Zinssatz abgezinst werden, der für Geldanlagen gilt; dadurch wird die Tatsache ausgeglichen, daß spätere Einnahmen in entwerteter DM durch sofortige Abfindung in guter DM entschädigt werden:

Beispiel:

Nominell steigende, wertmäßig gleichbleibende Einnahme bei jährlicher Geldentwertung von 5 %

0 Jahre	1 Jahr	2 Jahre	3 Jahre	4 Jahre
100	105	110,25	115,76	121,55
		abgezinst mit 3 + 5 = 8 %		
100	97,22	94,52	91,9	89,34

---

[46] Das Kurs- und Zinsänderungsrisiko kann vernachlässigt werden, soweit es auf der Geldentwertung beruht, da sich die Geldentwertung entsprechend bei den Einnahmen auswirkt, vgl. die nächsten Seiten und oben B 4.53. Soweit es andere Ursachen hat, ist die Vernachlässigung zulässig, wenn Chance einer Verbesserung und Risiko einer Verschlechterung gleich erachtet werden, vgl. oben B 4.342 bei Fußn. 61.

[47] Dieser ist regelmäßig zugrundezulegen, vgl. oben B 4.52 bei Fußn. 20.

[48] Dagegen: *Lehmann*, ZfB 1954, 465; Parteigutachter Karoli und Wollert-Elmendorff in LG Hannover 23 Akt E 1/70 (Ilseder Hütte); dafür: *Gmelin*, S. 43; *Niemann*, S. 211; *Rittershausen*, ZfB 1964, 652; *Busse von Colbe*, Die Unternehmung, S. 49 ff.; DTG als Parteigutachter bei LG Düsseldorf 19 Akt E 3—7/69 I (Rheinpreußen) und bei LG Hamburg 64—0—7/69 (DEA).

[49] OLG Düsseldorf 27. 11. 1962 (Beteiligungs-AG) = Koppenberg, S. 94; vgl. dazu *Sieben*, Die AG 1966, 55.

[50] Der damals durchschnittlichen Geldentwertungsrate, vgl. oben B 4.53 Fußn. 25.

B 4. Rechtsgrundsätze zur Ermittlung der Einnahmeüberschüsse

Werden die zukünftigen Einnahmen dagegen in Preisen zum Bewertungsstichtag, also in wertbeständiger DM, geschätzt, so ist die Tatsache, daß sie tatsächlich in entwerteter DM anfallen, bereits ausgeglichen, so daß auch der Kapitalisierungszinssatz ohne Geldwertrisiko anzusetzen ist[51].

Beispiel:

Gleichbleibender Ertrag in wertbeständigen DM

0 Jahre	1 Jahr	2 Jahre	3 Jahre	4 Jahre
100	100	100	100	100
		abgezinst mit 3 %		
100	97,09	94,26	91,51	88,85

Genaugenommen muß bei der Rechnung in wertbeständigen DM der übrigbleibende, um die Inflationsrate gekürzte Zins noch mit der Inflationsrate abgezinst werden, um zu demselben Ergebnis wie bei der Rechnung in nominellen DM zu kommen:

$$\frac{3}{1+\frac{5}{100}} = 2,857\%$$

| 100 | 97,22 | 94,52 | 91,9 | 89,34 |

Rechtlich spielt es also keine Rolle, ob der Kapitalisierungszins um das Geldwertrisiko gekürzt wird, da dies von der Art der Berechnung der Zukunftserträge abhängt[52]. Bei der Schätzung (vgl. unten B 5.17) ist allerdings zu beachten, daß nicht die Zukunftserträge in wertbeständiger DM errechnet werden und dennoch ein das Geldwertrisiko enthaltender Zinssatz zugrundegelegt wird, da dies auf eine doppelte Berücksichtigung des Geldwertrisikos hinausläuft.

Das OLG Düsseldorf (a.a.O.) hat nicht ausdrücklich gesagt, ob den Zukunftserträgen eine Schätzung in wertbeständigen oder in nominellen DM zugrundeliegt. Jedenfalls ist aber die Begründung, mit der ein Abschlag für das Geldwertrisiko abgelehnt worden ist, nicht zutreffend: Genauso wenig wie bei jeder anderen Schätzung (vgl. oben B 4.3) kommt es nicht darauf an, ob eine sichere Vorausschau über die zu erwartende Geldentwertung getroffen werden kann, sondern nur darauf, wie hoch dieses Risiko bei Berücksichtigung der Chance einer fallenden und dem Risiko einer steigenden Geldentwertung durchschnittlich zu bewerten ist. Daß dieses Risiko noch 1962 mit ± 0 bewertet werden konnte, erscheint ausgeschlossen.

---

[51] *Münstermann*, S. 58 f. und 79; vgl. auch *Umberg*, ZfHwF 1922, S. 285 ff.; *Engels*, S. 139.
[52] *Sieben*, Die AG 1966, 85 f.

B 5. Schätzungsmethoden zur Ermittlung der Einnahmeüberschüsse

Die Schätzungsmethoden zur Ermittlung des Unternehmenswertes sind sehr zahlreich. Tatsächlich lassen sie sich aber alle auf zwei Werte oder deren Kombination zurückführen[1]: den sogenannten „Ertragswert", der aus einer Kapitalisierung der auf die Zukunft übertragenen Vergangenheitserträge abgeleitet wird, und den sogenannten „Substanzwert" oder besser „Rekonstruktionswert", der nach den Kosten berechnet wird, die zum Bewertungszeitpunkt eine Wiederherstellung des Unternehmens erfordern würde.

Daneben kann auch das Verhalten der Unternehmensleitung wertvolle Rückschlüsse auf den wirklichen Wert des Unternehmens oder seiner Teile liefern[2]. Schließlich wird der Liquidationswert des Unternehmens, der sich bei der Versilberung der einzelnen Vermögensgegenstände ergeben würde, als Untergrenze für den Unternehmenswert betrachtet[3].

Für ein ganzes Unternehmen nur einen einheitlichen Ertragswert, Rekonstruktionswert und gegebenenfalls Liquidationswert zu vergleichen, stellt insbesondere, wenn das Unternehmen aus mehreren Unternehmensbereichen besteht, eine allzu grobe Schätzung dar. Über die Art und Weise eines Weiterbetriebs kann nämlich je nach Wirtschaftseinheit unterschiedlich entschieden werden. Für trennbare Unternehmensbereiche sind daher auch getrennt die Schätzwerte zu ermitteln und zu vergleichen; nur so kann das Gericht erkennen, wo eine Diskrepanz z. B. zwischen Rekonstruktionswert und Ertragswert besteht und worauf sie beruht.

Da die Anwendung einer Schätzungsmethode von den tatsächlichen Verhältnissen des zu bewertenden Unternehmens abhängt, können die möglichen Schätzungsfehler[4] nicht abschließend aufgezählt werden.

B 5.1 Ertragswert

Der Ertragswert wird dadurch gebildet, daß die Ausschüttung eines ewig gleichbleibenden Zukunftsertrages unterstellt wird, der jeweils auf den Stichtag abgezinst wird[5]. Für die Schätzung der Zukunftserträge greift man auf die bereits bekannten Erträge der Vergangenheit zurück[6].

---
[1] *Jakob*, ZfB 1960, 131 ff., 209 ff.; *Jakob*, Finanzierungshandbuch 1964, S. 522; *Fasold*, DB 1972, 297.
[2] Vgl. unten B 5.4.
[3] *Münstermann*, S. 101; vgl. unten B 5.5.
[4] Oben B 1.4.
[5] Oben B 3.44.
[6] Die handelsrechtlichen Erträge der Vergangenheit eignen sich besser für eine Übertragung auf die Zukunft als die entsprechenden Einnahmeüber-

B 5.11 Eignung

Wenn die Gesellschaft bei bestmöglicher Verwertung ewig besteht und jährlich gleichbleibende Erträge in der angenommenen Höhe (nicht mehr und nicht weniger) erwirtschaftet und ausschüttet, ist der Ertragswert dem (maßgeblichen) Wert der abgezinsten Einnahmeüberschüsse gleich, wobei die zu Unrecht vom Ertrag abgezogenen Abschreibungen[7] durch die ihm zu Unrecht hinzugefügten Investitionen[7] kompensiert werden[8]. Da die Hypothese des ewig gleichbleibenden, ausgeschütteten Ertrages aber nicht der Wirklichkeit entspricht, muß untersucht werden, unter welchen Bedingungen und gegebenenfalls mit welchen Modifikationen die Ertragswertmethode verwertbar ist, um nicht gegen sachlich-rechtliche Grundsätze oder gegen Denkgesetze zu verstoßen.

B 5.12 Vergleich mit Vergangenheitsertrag

Die Vergangenheitserträge können als durchschnittliche Zukunftserträge nur dann zugrundegelegt werden, wenn sie für die Zukunft repräsentativ sind. Die Vergangenheitserträge, aus denen der durchschnittliche Zukunftsertrag abgeleitet wird, müssen also daraufhin untersucht werden, ob besondere Verluste oder Gewinne zu verzeichnen sind, die sich langfristig nicht wiederholen werden.

So kann z. B. die Lastenausgleichs-Vermögensabgabe nicht als ewige Ausgabe vom Zukunftsertrag abgezogen werden, da sie zeitlich begrenzt ist. Bei Kapitalisierung eines gleichen Zukunftsertrages muß sie eliminiert und gesondert mit ihrem Ablösungs- oder mit ihrem Zeitwert[9] angesetzt werden. Ferner müssen die Vergangenheitserträge für die Zukunftserträge bei unabhängiger Geschäftsführung und bestmöglicher Verwertung repräsentativ sein. Da die Erträge durch ein herrschendes Unternehmen beliebig manipulierbar sind, können die Vergangenheitserträge aus der Zeit, zu der ein Abhängigkeitsverhältnis bestand, nicht ohne weiteres als repräsentativ für die Zukunftserträge angesehen werden[10]. Umgekehrt dürfen aber auch Gewinne, die auf dem Einfluß des Mehrheitsgesellschafters beruhen, z. B. Kredithilfe, Beratung, nicht berücksichtigt werden[11].

Nicht die ausgeschütteten, sondern die erzielten Gewinne sind zugrundezulegen, da sich eine Rücklagenbildung später wieder in höheren Ausschüttungen niederschlägt[12].

---

schüsse, weil sie insbesondere wegen der Verteilung der Investitionen auf deren Lebensdauer (Abschreibungen) regelmäßiger als diese sind.

[7] Vgl. oben B 3.44 bei Fußn. 68, 69.
[8] Vgl. unten B 5.14.
[9] Je nach der bestmöglichen Verwertung, vgl. oben B 4.21 Fußn. 3.
[10] *Bankmann*, DB 1968, 1410; *Mestmäcker*, S. 306 und 312; hier kommt dem Rekonstruktionswert besondere Bedeutung zu, vgl. B 5.21 bei Fußn. 8; a. A. *Bankmann*, a.a.O., der nur den Liquidationswert ansetzen will.
[11] *Bergmann*, S. 107.
[12] LG Köln 12.1.1973 (Stolberger Zink) 24 Akt E 1/70; *Hüchting*, S. 37 m. w. Nachw.; die Gegenmeinung beruht auf der Überlegung, daß Minder-

B 5.13 Nachhaltigkeit des Rohertrages

Die Übertragbarkeit der normalisierten Vergangenheitserträge auf die Zukunft kann nur dann als gegeben angesehen werden, wenn in der Zukunft langfristig voraussichtlich die gleichen Verhältnisse wie in der Vergangenheit herrschen werden. Die Kapitalisierung der normalisierten Vergangenheitserträge setzt daher eine ähnliche Preisentwicklung der Erlös- und der Aufwandseite voraus.

Soweit Änderungen z. B. durch die allgemeine Geldentwertung auf beiden Seiten erfolgen und sich gegenseitig ausgleichen, können sie vernachlässigt werden; es sind nur solche Änderungen anzusetzen, die über die beidseitig gleichmäßigen Preissteigerungen hinausgehen.

Soweit eine langfristige Verbesserung oder Verschlechterung der Erträge allein durch ein Zurückbleiben der Kosten hinter den Erlösen bzw. umgekehrt, also ohne Neuinvestitionen, zu erwarten ist, wirkt sich dies unmittelbar auf den nachhaltigen Zukunftsertrag aus; dieser steigt oder sinkt überproportional. Gleichmäßige Schwankungen des Rohertrages nach oben und unten können dagegen meist vernachlässigt werden.

B 5.14 Nachhaltigkeit der Investitionstätigkeit

Die Belassung des Postens „Abschreibungen" bei der Kapitalisierung des Vergangenheitsertrages ist nur insoweit gerechtfertigt, als diese den zukünftigen Investitionen entsprechen[13]. Sie werden deshalb auch besser als „Reinvestitionsrate" bezeichnet[14].

In der betriebswirtschaftlichen Praxis wurde die Reinvestitionsrate früher oft nach den Abschreibungen der Vergangenheit bemessen. Dadurch sollte unterstellt werden, daß das abgenutzte Vermögen laufend erneuert wird. Dies ist jedoch insofern fehlerhaft, als den Abschreibungen die Buchwerte zugrundeliegen, die wegen der Geldentwertung hinter den Wiederbeschaffungskosten zurückbleiben. Andererseits ist die wirkliche Lebensdauer meist länger als die den handelsrechtlichen Abschreibungen zugrundegelegte. Deshalb ist die Betriebswirtschaftslehre dazu übergegangen, die Reinvestitionsrate nach dem Verhältnis des Rekonstruktionswertes der abnutzbaren Wirtschaftsgüter zu ihrer wirklichen Lebensdauer zu berechnen[15]. Dadurch wird unterstellt, daß die

---

heitsgesellschafter nur an den Ausschüttungen partizipieren, vgl. *Engels*, S. 137 f.; bei der Barabfindung ist sie unzulässig, vgl. oben B 3.3 bei Fußn. 24.

[13] *Jakob*, ZfB 1960, 221; so auch Gutachter in OLG Hamm 23.1.1963, Koppenberg, S. 129 (Bergbau AG Constantin der Große); das Gericht hat diese Frage dahingestellt sein lassen; vgl. oben B 3.44 bei Fußn. 68, 69 und B 5.11 bei Fußn. 7.

[14] Demgegenüber spricht das Wirtschaftsprüferhandbuch, S. 1125 weiterhin von „Abschreibungen", obwohl es der Sache nach mit den Reinvestitionskosten argumentiert.

[15] *Viel/Bredt/Renard*, S. 68; *Peupelmann*, DB 1961, 1397; *Günther*, DB 1962, 577.

vorhandenen Wirtschaftsgüter gleichmäßig unbrauchbar und durch neue ersetzt werden.

Diese Schätzungsmethode ist zutreffend für den Fall, daß die zu erwartenden Ersatzinvestitionen gleichmäßig verteilt und in der Größenordnung der vergangenen liegen, weil dann die Erhaltung der Substanz sowie deren angemessene Verzinsung unterstellt werden.

In vielen Fällen ist sie jedoch unzutreffend. Sie führt z. B. zu einem zu niedrigen Wert, wenn kürzlich ein starker Investitionsstoß vorgenommen wurde, weil dann in naher Zukunft nur geringe Ersatzinvestitionen anfallen und die am Rekonstruktionswert orientierte Reinvestitionsrate zu hoch ausfällt[16].

Die Reinvestitionsrate kann auch dann nicht nach der Abnutzung des Rekonstruktionswertes berechnet werden, wenn die Ertragslage schlecht ist und sich deshalb eine Erhaltung der Substanz nicht lohnt. Dies ist immer dann der Fall, wenn der Ertragswert unter dem Rekonstruktionswert liegt[17]. Würde dennoch die Reinvestitionsrate nach der vorhandenen Substanz berechnet[18], so würde damit unterstellt, daß dauernd reinvestiert wird, diese Investitionen aber keine angemessene Verzinsung bringen. Dies läuft darauf hinaus, von dem wirklichen Wert einen Abzug für Verluste aus planmäßigen Fehlinvestitionen zu machen. Hierin läge ein Verstoß gegen den Grundsatz der bestmöglichen Verwertung des Gesellschaftsvermögens[19]. Richtigerweise ist in diesem Fall der zukünftige Investitionsbedarf selbständig zu ermitteln[20]. Gegebenenfalls muß das Auslaufen der unrentablen Produktion unterstellt werden[21].

Sinkt der Rohertrag erst später so weit herab, daß eine angemessene Verzinsung der Neuinvestitionen nicht mehr vorliegt, ist beim Heruntergehen auf einen niedrigeren langfristigen Zukunftsertrag zu berücksichtigen, daß auch die Neuinvestitionen sinken, und zwar bereits von dem Zeitpunkt an, zu dem investiert werden müßte, wenn der Ertrags-

---

[16] Vgl. *Engels*, S. 134 ff.; *Jaensch*, S. 26.
[17] Da es für die bestmögliche Verwertung nicht auf den Kapitalisierungszinssatz, sondern auf den meist darüber liegenden kalkulatorischen Zins ankommt, würde eine Neuinvestition in der Regel bereits dann nicht mehr vorgenommen, wenn der mit dem Kapitalisierungszins errechnete Ertragswert noch über dem Rekonstruktionswert liegt. Die Ausscheidenden sind jedoch nur dagegen geschützt, daß nicht eine schlechtere als die jedermann zugängliche Wiederanlage des Gesellschaftsvermögens unterstellt wird, vgl. oben B 4.22 bei Fußn. 11.
[18] So Parteigutachter Karoli und Wollert-Elmendorff bei der Bewertung der Ilseder Hütte AG (LG Hannover 23 Akt E 1/70).
[19] Vgl. oben B 4.2.
[20] OLG Hamm 23. 1. 1962 (Bergbau AG Constantin der Große) = Koppenberg, S. 128 f.; *Umberg*, ZfHwF 1922, 277.
[21] Vgl. unten B 5.51 bei Fußn. 10.

verfall nicht einträte. Es ist daher fehlerhaft, bis zum Eintritt des Ertragsverfalls den hohen Zukunftsertrag abzüglich hoher Reinvestitionsrate und sodann den niedrigen Zukunftsertrag abzüglich der niedrigen Reinvestitionsrate zu kapitalisieren[22]. Zwischen dem Zeitpunkt, zu dem die Investitionen wegen des zu erwartenden Ertragsverfalls herabgesetzt werden, und dem Eintritt dieses Ertragsverfalls werden nämlich die anfallenden „Abschreibungen" nicht neu investiert, es entsteht also ein zusätzlicher Einnahmeüberschuß, der entweder von der Gesellschaft anderweitig angelegt oder an die Gesellschafter ausgeschüttet werden könnte. Die einfache Herabsetzung des kapitalisierten Zukunftsertrages würde den ausscheidenden Gesellschaftern den Einnahmeüberschuß, der sich aus dem Unterlassen von Neuinvestitionen ergibt, entschädigungslos entziehen.

Wenn eine Verbesserung der Ertragslage durch Vornahme von Neuinvestitionen zur Erweiterung des Unternehmens möglich ist, steht der Erhöhung der Erlöse im nachhaltigen Zukunftsertrag eine Erhöhung des Postens „Neuinvestitionen" gegenüber, so daß effektiv eine Verbesserung der Einnahmeüberschüsse nur mit der Differenz eintritt, um die die aus der Investition zu erwartenden Erträge über eine angemessene Verzinsung der Investition hinausgehen. In diesem Fall würde es fehlerhaft sein, die handelsrechtliche Ertragssteigerung für die Unternehmensbewertung zugrundezulegen, soweit sie Beträge enthält, die lediglich eine angemessene Verzinsung der getätigten Investitionen darstellen.

B 5.15 Ertragsteuern

Grundsätzlich sind GewSt und KSt bei der Bewertung von Kapitalgesellschaften abzuziehen[23]. Bei der GewSt richtet sich der Steuersatz nach den Betriebsstätten und kann insofern aus der Vergangenheit ohne weiteres abgeleitet werden. Fraglich ist jedoch, welcher KSt-Satz anzusetzen ist; dieser hängt nämlich davon ab, welcher Teil des erzielten Gewinns ausgeschüttet wird und steht insoweit im Belieben der Unternehmensleitung. Teilweise wird die Ansicht vertreten, es müsse ein durchschnittlicher KSt-Satz zugrundegelegt werden, der sich bei einer teilweisen Rücklagenbildung ergibt[24]. Dies wird damit begründet, daß Wirtschaftsunternehmen in der Regel nicht den vollen Gewinn ausschütten, sondern einen Teil thesaurieren und thesaurieren müssen, weil in der modernen Wirtschaft wachsen muß, wer nicht untergehen will.

---

[22] So aber gerichtlicher Gutachter TA im Verfahren Rheinpreußen AG (LG Düsseldorf, 19 Akt E 3—7/69 I) für die Bewertung der Kraftwirtschaft.
[23] s. oben B 4.4.
[24] Parteigutachter DTG in LG Hamburg 64-0-7/69 (DEA) und LG Düsseldorf 19 Akt E 3-7/69 I (Rheinpreußen); anscheinend ebenso Gutachter in OLG

Durch die Thesaurierung von Gewinnen steigen jedoch die Rücklagen, also das Eigenkapital des Unternehmens. Mit größerem Eigenkapital werden größere Gewinne erwirtschaftet. Setzt man einen gemischten KSt-Satz wegen Rücklagenbildung an, so dürfte zur Errechnung des Ertragswertes nicht ein gleichbleibender, sondern müßte ein ständig steigender Gewinn zugrundegelegt werden. Unlogisch ist es jedoch, einerseits einen gleichbleibenden nachhaltigen Gewinn zugrundezulegen, andererseits aber von diesem gleichbleibenden Gewinn einen Abschlag wegen Rücklagenbildung zu machen, um in Zukunft laufend höhere Gewinne zu erzielen[25]. Daher ist bei Zugrundelegung eines gleichbleibenden Zukunftsertrages bei der Berechnung des Ertragswertes nur der für Vollausschüttungen geltende KSt-Satz anzusetzen. Die Praxis der Gesellschaft und/oder des Mehrheitsgesellschafters, die jeweils erwirtschafteten Gewinne nicht voll auszuschütten, sondern teilweise zu thesaurieren, kann allenfalls ein Beweisanzeichen dafür sein, daß die Thesaurierung gegenüber der Vollausschüttung die günstigere Verwertungsmöglichkeit ist und daß in dem Unternehmen Entwicklungschancen stecken, die durch den Ansatz eines kapitalisierten gleichbleibenden Ertrages nicht berücksichtigt sind.

Häufig werden sich in einem Unternehmen die Bildung neuer stiller Reserven mit der Auflösung bereits bestehender aufheben, so daß von der Vollversteuerung des angesetzten nachhaltigen Ertrages ausgegangen werden kann. Besonders bei florierenden Unternehmen kann die Bildung stiller Reserven jedoch über deren Auflösung hinausgehen[26]. Ist per Saldo eine Bildung stiller Reserven zu erwarten, darf der zu kapitalisierende Zukunftsertrag nicht in voller Höhe um den KSt-Satz gekürzt werden, da die ausscheidenden Gesellschafter sonst um den Wert gebracht würden, den die Möglichkeit, stille Reserven zu bilden und damit arbeiten zu können, darstellt.

B 5.16 Verbindlichkeiten

Schulden lassen sich auf zweierlei Weisen beim Ertragswert berücksichtigen[27].

Entweder werden die Schuldzinsen beim Ertrag angesetzt und der so verminderte Nettoertrag kapitalisiert; dies ergibt unmittelbar den eigentlich gesuchten Unternehmenswert, indem die unterschiedliche Höhe der Verzinsung sich im Nettoertragswert niederschlägt.

Düsseldorf 31. 7. 1964 (Feldmühle) = Die AG 1964, 246; a. A. Parteigutachter Karoli und Wollert-Elmendorff, LG Hannover 23 Akt E 1/70 (Ilseder Hütte).
[25] *Kropff*, DB 1962, 156.
[26] Vgl. *Koppenberg*, S. 26; *Klinger*, DB 1963, 457.
[27] Umstr., vgl. *Günther*, DB 1962, 577; *Kenntemich*, WPg 1964, 595; *Klinger*, DB 1962, 413 m. w. Nachw.; richtig *Viel/Bredt/Renard*, S. 85.

So vermindern die Schuldzinsen einer mit 6 % verzinslichen Schuld im Nennwert von 100,— DM den Ertragswert bei einem Kapitalisierungszins von 8 % um

$$\frac{6,- \text{DM} \times 100}{8} = 75,- \text{DM}$$

Wegen des als ewig fingierten Zukunftsertrages wird mit dieser Methode der ewige Fortbestand der gegenwärtigen Finanzierungsverhältnisse unterstellt.

Oder es wird zunächst ein Bruttoertragswert (ohne Ansatz von Schuldzinsen) errechnet und die Schulden sodann gesondert vom Bruttoertragswert abgezogen, um auf den Unternehmenswert zu kommen. Dies hat nicht zum Nennwert, sondern zum Zeitwert der Verbindlichkeit zu geschehen, da Vor- und Nachteile, die sich aus der Finanzierung ergeben, nicht unbewertet bleiben dürfen[28].

Der Zeitwert der mit 6 % verzinslichen ewigen Schuld im Nennbetrag von 100,— DM ist bei einem Kapitalisierungszinssatz von 8 % ebenfalls

$$\frac{100,- \text{DM} \times 6}{8} = 75,- \text{DM}$$

Während beide Methoden bei ewigen Schulden unkompliziert zu demselben Ergebnis führen, ist bei befristeten Schulden dem Abzug des Zeitwertes der Vorzug zu geben, weil dadurch der Wegfall der günstigen oder ungünstigen Finanzierungsmöglichkeit berücksichtigt wird.

Bei einer teuren Schuld, deren Zinssatz über dem Kapitalisierungszins liegt, darf nämlich von ihrem Fortbestand nach dem Grundsatz der bestmöglichen Verwertung nur bis zur frühestmöglichen Rückzahlung ausgegangen werden. Ebenso kann bei einer niedriger verzinslichen Schuld angenommen werden, daß der Gläubiger sie zum frühestmöglichen Zeitpunkt kündigt, wenn er nicht aus anderen Gründen ein Interesse am Weiterbestehen der Schuld hat. Ein Zinsvor- oder -nachteil wirkt sich daher bei einer befristeten erheblich geringer aus als bei einer ewigen Schuld, was bei Ansatz der Schuldzinsen im ewigen Zukunftsertrag nicht berücksichtigt würde.

Andererseits läßt sich der Zeitwert von Verbindlichkeiten, die mit sonstigen Lieferungen und Leistungen in Zusammenhang stehen, kaum zuverlässig isolieren, weil z. B. die Zinsen für Lieferantenkredite in höheren Kaufpreisen für Rohstoffe verborgen sind; wollte man den Zeitwert der Lieferantenkredite gesondert vom Ertragswert abziehen, müßte man die Einkaufspreise im ewigen Zukunftsertrag entsprechend erniedrigen.

---

[28] *Bowardé*, DB 1964, 558; a. A. *Viel/Bredt/Renard*, S. 70 f.

Im Ergebnis ist festzuhalten, daß beide Methoden nebeneinander benutzt werden können und müssen. Rechtlich ist lediglich zu beachten, daß nicht zunächst die Schuldzinsen einer Verbindlichkeit vom Zukunftsertrag und sodann die Schuld vom Ertragswert abgezogen wird, da dies auf doppelten Abzug hinausliefe[29].

So kann ein fortlaufend gewährter, zinsloser Lieferantenkredit nicht als Schuld vom Ertragswert abgezogen werden, weil das für ihn gezahlte Entgelt in den erhöhten Einkaufspreisen steckt. Mit der Kapitalisierung des dadurch verminderten Zukunftsertrages ist der Abzug des Lieferantenkredits vollzogen[30].

Auch Pensionsrückstellungen können nicht vom Ertragswert abgezogen werden, wenn die laufenden Pensionszahlungen bereits im nachhaltigen Zukunftsertrag berücksichtigt sind.

B 5.17 Kapitalisierungszinsfuß

Ist ein Durchschnittsertrag aus den Vergangenheitserträgen gebildet und als langfristig erzielbar angesehen worden, so ist ein Zuschlag wegen allgemeiner Unternehmerrisiken nicht gerechtfertigt, da sich diese Risiken bereits in der Vergangenheit gewinnmindernd ausgewirkt haben[31]. Beim Ausgehen von Vergangenheitserträgen ist der branchenübliche Zins dem landesüblichen, risikolosen Zinssatz vorzuziehen, weil in ihnen die in der Branche steckenden Risiken oder Entwicklungschancen noch enthalten sind, anstatt, wie es logisch richtiger wäre[32], bereits durch Zu- oder Abschläge von den Zukunftserträgen berücksichtigt zu werden. Ein allgemeiner Risikozuschlag ist nicht gerechtfertigt, wenn nicht eindeutig festzustellen ist, daß die Risiken überwiegen, da sodann die Chance einer Verbesserung und das Risiko einer Verschlechterung gleich zu bewerten sind[33].

Da es für den Abschlag wegen des Geldwertrisikos darauf ankommt, ob die Einnahmeüberschüsse in Preisen zum Bewertungsstichtag oder in jeweiligen Preisen errechnet worden sind[34], ist bei Zugrundelegung der Vergangenheitserträge zu unterscheiden:

Soweit der Ertrag aus Sachwerten erwirtschaftet wird, ist mit steigender Geldentwertung in der Regel ein nominell steigender Ertrag zu erwarten[35]. Wird dennoch ein gleichbleibender Zukunftsertrag der Kapitalisierung zugrundegelegt, so handelt es sich um geldwertstabile

---

[29] Falsch daher *Ludwig*, DB 1964, 269.
[30] *Viel*, WPg 1963, 36.
[31] *Viel/Bredt/Renard*, S. 95 ff.; *Peupelmann*, DB 1964, 890; *Münstermann*, S. 57; *Thoennes*, WPg 1968, 410.
[32] Vgl. oben B 4.55.
[33] Vgl. oben B 4.342 nach Fußn. 60.
[34] Vgl. oben B 4.56.
[35] Dies gilt insbesondere, wenn langfristige Verträge Anpassungsklauseln vorsehen, vgl. *Müller*, BuG 1968, 193.

DM, und es muß ein um das Geldwertrisiko bereinigter Kapitalisierungszinssatz angewendet werden[35a]. Dieser liegt bei 3 % bis 4 %[36]. Eine Kapitalisierung mit einem für Geldanlagen geltenden Zins würde nämlich darauf hinauslaufen, daß eine wertmäßig sich ständig verschlechternde Ertragslage unterstellt wird, die zufällig mit der zu erwartenden Geldentwertung übereinstimmt. Eine solche Ertragsverschlechterung könnte nicht einfach unterstellt, sondern müßte besonders begründet werden[37], denn sie ist das Gegenteil von einer Übertragung der Vergangenheitsverhältnisse auf die Zukunft.

Soweit der Ertrag aus Geldanlagen erwirtschaftet wird, bleibt der nominelle Ertrag gleich. Zinsen aus Geldforderungen sind daher grundsätzlich mit dem für Geldanlagen geltenden Zins zu kapitalisieren, es sei denn, die Geldforderungen seien geldwertstabil indexiert. Dasselbe gilt für Geldschulden. Entsprechen die Geldforderungen und die daraus erhaltenen Zinsen den Geldschulden und den darauf zu zahlenden Schuldzinsen, so macht es keinen Unterschied, wenn der gesamte Ertrag mit dem für geldwertsichere Kapitalanlagen geltenden Zinssatz kapitalisiert wird, da sich die Überbewertung der Forderungen mit der Überbewertung der Schulden ausgleicht. Überwiegen aber die Geldforderungen oder die Geldschulden, so müssen diese gesondert abgezinst werden. So ist es z. B. richtig, bei den deutschen Stahlwerken die Ruhrkohle-Einbringungsforderungen, anders als den übrigen Ertrag, mit dem für Geldtitel geltenden Zins zu kapitalisieren[38]. Umgekehrt müssen aber auch, wenn die Schulden überwiegen, diese mit dem für Geldtitel geltenden Zins bewertet werden. Es ist daher unzulässig, die Schulden mit dem Zinsfuß zu kapitalisieren, der für Kapitalanlagen ohne Geldwertrisiko gilt, da dem hohen nominellen Zins der Substanzgewinn durch die Entwertung der Forderung gegenübersteht. Ferner ist zu beachten, daß bei steigender Inflation die Geldzinsen steigen, während der geldwertrisikolose Basiszins durch die Geldentwertung nicht berührt wird. Für eine gegenwärtig relativ teure Schuld kann daher nur dann ein besonderer Abschlag wegen übermäßig teurem Fremdschuldzins gemacht werden, wenn man für die Zukunft nicht mit einem weiteren Ansteigen der Geldentwertung rechnet.

Im übrigen muß für Zukunftseinnahmen und Zukunftsausgaben derselbe Zinssatz angesetzt werden[39]; anderenfalls würde mit steigendem

---

[35a] So jetzt auch LG Hannover, 24. 4. 1974, 22 Akt E 1/70 (Ilseder Hütte AG), sub IV 6 (Vergleichsvorschlag).
[36] Vgl. oben B 4.53 bei Fußn. 29.
[37] Vgl. oben B 4.342 nach Fußn. 60.
[38] Ebenso Parteigutachter Karoli und Wollert-Elmendorff bei Ilseder Hütte (LG Hannover 23 Akt E 1/70).
[39] *Kenntemich*, WPg 1964, 597.

Umsatz oder steigender Bilanzsumme der Unternehmenswert fallen und sehr bald auf null sinken. So ist es unzulässig, bei einem allgemeinen Kapitalisierungszins von 5,5 % die Pensionsverpflichtungen nur mit 3,5 % zu kapitalisieren[40].

B 5.18 Bewertungszeitpunkt

Würden die kapitalisierten Vergangenheitserträge ohne Korrektur dem Ertragswert zugrundegelegt, so würde nicht berücksichtigt, daß sich der Wert des Unternehmens mit dem Zeitablauf ändert[41]. Die früheren, in wertvoller DM angefallenen Erträge müssen daher mit der Inflationsrate multizliert und so auf den Wert des Stichtages gebracht werden[42]. Ist durch Kapitalerhöhung oder Rücklagenbildung der Ertrag gestiegen, so kann ein Durchschnitt zwischen den verschiedenen Erträgen erst gebildet werden, nachdem die vor der Stärkung des Eigenkapitals liegenden Erträge um den Betrag aufgestockt sind, der der angemessenen Verzinsung der Eigenkapitalstärkung entspricht. Ferner müssen dem Ertragswert hinzugefügt werden:
— die Erträge des letzten Jahresabschlusses, die nicht ausgeschüttet worden sind,
— die Erträge, die seit dem letzten Jahresabschluß bis zum Stichtag verdient, aber nicht ausgeschüttet worden sind.

Werden nach dem Stichtag liegende Erträge in die Durchschnittsrechnung miteinbezogen[43], müssen diese entsprechend um die Inflationsrate und die Verzinsung der inzwischen erfolgten Eigenkapitalstärkung gemindert werden.

B 5.2 Rekonstruktionswert

Der sogenannte „Substanzwert" oder besser Rekonstruktionswert ist durch die Kosten bestimmt, die am Bewertungsstichtag aufzuwenden wären, wenn das Unternehmen neu erstellt werden würde[1].

B 5.21 Eignung

Die Benutzung des Rekonstruktionswertes für die Schätzung beruht darauf, daß er ziemlich exakt ermittelt werden kann[2] und daß kein

---
[40] So auch OLG Düsseldorf 27. 11. 1962 Koppenberg, S. 90 f. (Beteiligungs-AG), das allerdings einen unzureichenden Korrekturfaktor angesetzt hat, vgl. oben B 1.42 bei Fußn. 84.
[41] Vgl. oben B 4.54.
[42] *Münstermann*, S. 59.
[43] Vgl. oben B 4.33 und OLG Hamm 15. 5. 1963 (OMZ), Koppenberg, S. 158.
[1] Vgl. oben B 3.43.
[2] *Auler/Schöne*, GmbHRdsch 1969, 282; *Kremers*, BlGrBWR 1969, 129; kritisch *Gmelin*, S. 46.

Kaufmann mehr in ein Unternehmen investiert, als er daraus zu erhalten gedenkt[3] und deshalb eine Vermutung dafür spricht, daß der Unternehmenswert mindestens der richtig berechnete Rekonstruktionswert ist[4]. Ähnlich hat das KG[5] gesagt, bei auffälligem Zurückbleiben des Ertragswertes hinter dem Substanzwert müßte besonders sorgfältig geprüft werden, ob der nachhaltige Zukunftsertrag nicht zu pessimistisch beurteilt worden ist. Der Rekonstruktionswert ist daher mehrfach allein der Abfindung durch Umwandlung ausscheidender Gesellschafter zugrundegelegt worden[6]. Die Vermutung für den Rekonstruktionswert ist jedoch durch den Nachweis von Überalterung oder Fehlinvestitionen widerlegbar[7].

Je kürzer eine Investition zurückliegt, desto geringer ist die Wahrscheinlichkeit, daß die gleiche Investition gegenwärtig nicht mehr vorgenommen werden würde, weil sich die Verhältnisse anders entwickelt haben als erwartet. Deshalb ist die Vermutung für den Rekonstruktionswert bei kürzlich vorgenommenen Investitionen stärker als bei solchen, deren Vornahme bereits länger zurückliegt.

Der Ansatz des Rekonstruktionswertes erscheint insbesondere für solche Unternehmen geeignet, die bereits seit längerem im Herrschaftsbereich des Mehrheitsgesellschafters stehen und bei denen deshalb die Gefahr besteht, daß die Gewinne regelmäßig verlagert worden sind, so daß die Vergangenheitserträge kein zuverlässiges Bild über die Ertragslage geben[8].

B 5.22 Berechnung des Rekonstruktionswertes

Für die Berechnung des Rekonstruktionswertes kann es nicht darauf ankommen, wieviel es kosten würde, genau das gleiche Unternehmen wiederherzustellen. Vieles würde zum Bewertungsstichtag nicht mehr in derselben Weise hergestellt werden. Grundsätzlich muß es vielmehr darauf ankommen, was eine gleich leistungsfähige Anlage kosten würde[9]. So muß von den Wiederherstellungskosten einer gebrauchten Maschine ein Abschlag für die bereits erfolgte Abnutzung gemacht

---

[3] BFH 20. 9. 1960 = BStBl 1960 III 461; BFH 2. 5. 1961 = BStBl 1961 III 365; Auler/Schöne, GmbHRdsch 1969, 282; Viel/Bredt/Renard, S. 17.
[4] OLG Celle 6. 1. 1961, Koppenberg, S. 54; Peupelmann, DB 1964, 892; Umberg, ZfHwF 1922, 288; vgl. auch BFH 22. 4. 1964 = DB 1964, 867.
[5] 15. 12. 1970 OLGZ S. 278 (Berl. Maschinenbau-AG).
[6] OLG Celle 6. 1. 1961, a.a.O.; OLG Hamm 30. 4. 1960, Koppenberg, S. 50; OLG Düsseldorf 8. 6. 1973 (Westf. Kupfer) = DB 1973, 1392.
[7] OLG Hamm 23. 1. 1963 (Bergbau AG Constantin der Große), Koppenberg, S. 117.
[8] Der Ansatz des Rekonstruktionswertes ist dann Ausfluß des Prinzips, nach dem der Wert des Gesellschaftsvermögens aus dem eigenen Verhalten des Mehrheitsgesellschafters und der von ihm beherrschten Unternehmensleitung abgelesen werden muß; vgl. unten B 5.4.
[9] Viel/Bredt/Renard, S. 43; Knorr, KTSch 1962, 193.

werden. Daneben sind besondere Zu- oder Abschläge wegen einer günstigen oder ungünstigen Lage, technischer Veralterung u. ä. möglich[10].

Der Rekonstruktionswert darf nicht mit dem Liquidationswert verwechselt werden[11]: So kann der Liquidationswert einer Anlage der Schrottwert sein, während sie in Wahrheit noch einen Gebrauchswert hat und der Kauf einer gleich leistungsfähigen Maschine sehr teuer wäre. Daher kann der Ansicht des OLG Hamm[12] nicht zugestimmt werden, der einzige Unterschied zwischen Substanzwert und Liquidationswert sei darin zu sehen, daß bei letzterem die steuerliche Belastung wertmindernd zu berücksichtigen sei, die zwangsläufig durch die Veräußerung entsteht.

B 5.221 Anlagevermögen

Die Anschaffungskosten in DM können dem Rekonstruktionswert nicht zugrundegelegt werden, da sie nicht die Geldentwertung berücksichtigen[13]. Eine (relativ grobe) Schätzung für das Sachanlagevermögen geht davon aus, die Anschaffungskosten mit dem jeweils maßgeblichen Preisindex zu aktualisieren (z. B. Gebäude mit dem Baukostenindex) und sodann für die Abnutzung nach der mutmaßlichen Lebensdauer (die nicht mit der für die steuerrechtliche AfA zugrundegelegten Mindestlebensdauer übereinstimmt) einen Abschlag zu machen. Diese Methode ist jedoch nur dann geeignet, wenn sich die tatsächlichen Verhältnisse, die den Wert der jeweiligen Vermögensgegenstände bestimmen, nicht geändert haben.

So können sich wegen Bebauung der Umgebung die Verkehrsverhältnisse verschlechtert haben, so daß ein Abschlag auf den Substanzwert wegen ungünstiger Lage zu machen ist[14].

Wenn sich der Grundstückswert über den Index hinaus verbessert hat, weil eine in freiem Gelände errichtete Produktionsstätte inzwischen in die Stadt hineingewachsen ist, kann der Wert der Produktionsstätte zwar nicht mit dem teuren Grundstückswert zuzüglich der Kosten für die Neuerrichtung der Fabrikanlage (abzüglich Abnutzung) angesetzt werden, wenn eine solche Fabrikanlage nicht auf derartig teurem Boden wieder errichtet werden würde[15]; es können aber auch nicht einfach die Wiederherstellungskosten

---

[10] BGH 8. 12. 1960 = BB 1961, 348.
[11] *Viel/Bredt/Renard*, S. 43; *Knorr*, KTSch 1962, 193.
[12] 15. 5. 1963 Koppenberg, S. 148 (OMZ); ebenso *Widmann/Mayer*, § 12 UmwG Anm. 304. Einer ähnlichen Verwechslung erliegt der BFH 2. 3. 1973 = DB 1973, 1485, wenn er eine Teilwertabschreibung unter die *Herstellungskosten* nur dann zulassen will, wenn objektiv nachprüfbare Maßnahmen getroffen wurden, um den Betrieb *stillzulegen*.
[13] Im Steuerrecht rechtfertigt sich die Beschränkung auf die Anschaffungskosten in DM aus dem Nominalprinzip, nach dem auch solche Gewinne, die lediglich auf die Geldentwertung zurückzuführen sind, versteuert werden.
[14] BGH 8. 12. 1960 = BB 1961, 348.
[15] So mit Recht *Aust*, NJW 1972, 751 gegen BGH 8. 2. 1971 = NJW 1971, 1176; anders noch BGH 25. 6. 1964 = WM 1964, 1099.

auf billigem Boden angesetzt werden; vielmehr ist, auch wenn langfristig die Verlagerung der Betriebsstätte nicht die bestmögliche Verwertungsmöglichkeit des teuren Bodens ist[16], ein Zuschlag dafür zu machen, daß die Wahrscheinlichkeit, bei sehr schlechter Ertragslage einen guten Liquidationserlös erwirtschaften zu können, besteht und somit das Unternehmerrisiko geringer ist[17].

In der Praxis werden Altersabschreibungen meist linear im Verhältnis zur Lebensdauer vorgenommen.

Z. B. würde einer Maschine, die mit 100 000,— DM angeschafft worden ist und eine Lebensdauer von 10 Jahren hat, nach fünf Jahren ein Rekonstruktionswert von 50 000,— DM (zuzüglich Geldentwertung) beigelegt.

Ein Vergleich mit der (eigentlich maßgeblichen) Einnahmeüberschußrechnung ergibt, daß lineare Altersabschreibung nicht etwa, wie es auf den ersten Blick den Anschein haben könnte, von gleichbleibender Leistungsfähigkeit der bewerteten Anlage ausgeht, sondern bereits einen zusätzlichen progressiven Altersabschlag enthält. Bei gleichbleibender Leistungsfähigkeit würde die zu bewertende Maschine nämlich über ihre ganze Lebensdauer hinweg gleiche Einnahmeüberschüsse erbringen, wobei sich wegen der Abzinsungswirkung der Wert langsamer als linear verringern würde:

Z. B. würde die Maschine, die in den nächsten fünf Jahren einen Einnahmeüberschuß von jährlich x,— DM abwirft, mehr als die Hälfte der Maschine wert sein, die denselben jährlichen Einnahmeüberschuß in den nächsten 10 Jahren erbringt.

Der Ansatz linearer Abschreibungen zur Errechnung des Rekonstruktionswertes läßt sich zwar insofern rechtfertigen, als alte Maschinen häufig weniger leisten als neue. Beim eventuellen Ansatz weiterer Altersabschläge muß jedoch berücksichtigt werden, daß der mit linearen Altersabschlägen berechnete Rekonstruktionswert bereits einen Abschlag gegenüber einem bei gleichbleibend leistungsfähigen Maschinen richtigen Wert enthält.

B 5.222 Vorräte

Bei der Bewertung von Vorräten und selbsterstellten Gegenständen des Anlagevermögens brauchen im Steuerrecht nur die direkten Herstellungskosten berücksichtigt zu werden, während Fertigungs- und Verwaltungsgemeinkosten unberücksichtigt bleiben dürfen[18]. Diese Bewertungsart ist jedoch nur durch das Vorsichtsprinzip gerechtfertigt. in Wahrheit wird ein Kaufmann einen Gegenstand nur herstellen oder anschaffen, wenn er aus dessen Verwendung *alle* Kosten wiedererlangen

---

[16] So zehren die Kosten der Standortverlegung der mitten in Paris gelegenen Citroen-Werke den Erlös der wertvollen Grundstücke weitgehend auf, vgl. FAZ 30.10.1972, S. 15.
[17] Vgl. oben B 4.342 bei Fußn. 56 zur Einnahmegarantie.
[18] Vgl. im einzelnen *George*, BlStSozArbR 1966, 97; *Horn*, WPg 1965, 654.

kann. Für die Schätzung nach dem Rekonstruktionswert sind daher sämtliche Anschaffungs- und Herstellungskosten einschließlich anteiliger Verwaltungs- und Vertriebskosten einzubeziehen[19]. Dazu gehören auch die für die Finanzierung der Rekonstruktion notwendigen Eigen- und Fremdkapitalzinsen. Die Wahl des jeweils niedrigsten Wertes nach verschiedenen Berechnungsmethoden ist Ausfluß des Vorsichtsprinzips und daher unzulässig[20].

Z. B. können nicht bei grundsätzlicher Bewertung nach Herstellungskosten nur die Stückerlöse angesetzt werden, wenn sie unter den Selbstkosten liegen, weil dadurch die Mehrerlöse in den Fällen, in denen sie darüber liegen, einseitig zu Lasten der ausscheidenden Gesellschafter nicht berücksichtigt würden[21]. Bei Ansatz der Selbstkosten in allen Fällen werden sich dagegen Mehr- und Mindererlöse im Durchschnitt ausgleichen.

B 5.223 Kundenforderungen

Die Rekonstruktion von Kundenforderungen ist theoretisch nur über die Lieferung der in dem Unternehmen hergestellten Waren oder Leistungen möglich. Praktisch ist es allerdings einfacher, die Forderungen mit ihrem Nennwert abzüglich Skonto anzusetzen und eine Delkredere-Rückstellung im Verhältnis der bisherigen Verluste zu machen[22].

B 5.224 Organisation oder „goodwill"

Ein Unternehmen besteht nicht nur aus bilanzierbaren Gütern[23], sondern aus einer umfassenden Organisation, einem geschulten Personal, Kunden- und Lieferantenbeziehungen und einem öffentlichen Bekanntheitsgrad[24]. Der Aufbau einer solchen Organisation kostet Geld, zumindest Anlaufverluste[25]. Ebenso können günstige Verträge, z. B. ein langfristiger günstiger Pachtvertrag, einen bewertbaren Vorteil darstellen[26], oder auch staatliche Kontingente oder Kartellquoten[27]. Später gleicht sich der Aufwand für den Neuerwerb von Kunden oder die Schulung des Personals mit der Abnutzung dieser Werte teilweise aus. Aber auch während des Bestehens des Unternehmens können sich durch Forschungsaufwendungen, zusammengeballte Werbungsmaß-

---

[19] *Viel/Bredt/Renard*, S. 60.
[20] Vgl. oben B 4.31 bei Fußn. 6 - 8.
[21] Anders Parteigutachter DTG bei Sachtleben, LG Köln E 1/72.
[22] *Viel/Bredt/Renard*, S. 61.
[23] Der Reproduktionswert der bilanzierbaren Güter wird daher häufig Teilrekonstruktionswert genannt.
[24] *Knorr*, KTSch 1962, 193, bezeichnet als Vermögenswert alles, was mit geldwertem Aufwand erworben wurde.
[25] *Auler/Schöne*, GmbHRdsch 1969, 282.
[26] *Glade*, DB 1964, 630 (633).
[27] *Haupt*, DR 1941, 2114; *Gessler*, § 138 Anm. 21.

nahmen[28] oder auch nur durch allmähliches Wachsen des Unternehmens der Aufwand, der für die Wiederherstellung seiner Organisation und seiner Beziehungen notwendig wäre, erhöhen.

In der Praxis ist es sehr schwer, wenn nicht unmöglich, den exakten Aufwand festzustellen, den die Wiederherstellung der Unternehmensorganisation am Stichtag kosten würde[29]. Die Betriebswirtschaftslehre beschränkt sich deshalb häufig darauf, den Rekonstruktionswert der bilanzierbaren Güter festzustellen und im übrigen den Unterschied zwischen dem höheren Ertragswert als Geschäftswert oder „goodwill" zu bezeichnen[30].

Diese Art der Schätzung erklärt sich von dem überholten Standpunkt aus, der den Wert der einzelnen Vermögensgegenstände als für den Unternehmenswert maßgeblich erachtet und der deshalb eine Erklärung dafür suchen muß, warum der Unternehmenswert über den Wert der einzelnen Gegenstände hinausgeht[31]. Wenn man aber die zukünftigen Einnahmeüberschüsse als den für den Unternehmenswert an sich maßgeblichen Faktor erkennt, so heißt es das Pferd vom Schwanze her aufzäumen, den Geschäftswert durch das Übersteigen des Unternehmenswertes über den Reproduktionswert zu definieren[32]; denn der Reproduktionswert ist Hilfswert für den Unternehmenswert, nicht umgekehrt.

Im übrigen braucht der Wert der Organisation nicht mit dem Betrag übereinzustimmen, um den der aus den Vergangenheitserträgen gebildete Ertragswert den Teilrekonstruktionswert übersteigt. So werden bei einem expandierenden Unternehmen die Ausgaben für Forschung, Personalschulung, Werbung usw. ständig steigen und daher jeweils größer als der Gewinn sein, der in der Vergangenheit aus derartigen Ausgaben gezogen worden ist[33]. Auch fällt der Geschäftswert nicht dadurch weg, daß zeitweise aufgrund ungünstiger Umstände Verluste angefallen sind[34] und der aus den Vergangenheitserträgen abgeleitete Ertragswert unter dem Teilrekonstruktionswert liegt.

B 5.225 Gewinne aus schwebenden Geschäften

In den Rekonstruktionswert gehören nur Vermögensgegenstände, die am Bewertungsstichtag noch für den Zukunftsertrag wirksam sind. Daraus folgt, daß zukünftige Gewinne nicht dorthin zu rechnen sind. So sind Gewinne aus schwebenden Geschäften nicht in den Rekonstruk-

---

[28] BFH 9. 10. 1962 = BStBl 1963 III 7.
[29] *Baldus*, DB 1964, 1381, spricht von dem Versuch, durch „Übersetzungsfaktoren" die einzelnen Elemente des Goodwill aufzugliedern; in Wahrheit sei er unberechenbar.
[30] *Peupelmann*, DB 1964, 891. Kritisch FG Düsseldorf, 8. 8. 1973 = DB 1974, 604.
[31] Vgl. oben B 2.21 und *Münstermann*, S. 102 Anm. 27.
[32] *Böhme*, WPg 1970, 333.
[33] *Eckstein*, BB 1970, Beilage 31/70, S. 40.
[34] BGH 16. 2. 1959 = DB 1959, 485; *Mellerowicz*, DB 1959, 968; *Böhme*, a.a.O.

tionswert einzurechnen. Es ist aber zu vermuten, daß schwebende Geschäfte ohne Verlust abgeschlossen worden sind[35]. Daher sind in den Rekonstruktionswert alle die Kosten einzusetzen, die durch den Abschluß schwebender Geschäfte entstanden sind.

B 5.226 Ertragsteuern auf stille Reserven

Wenn der Rekonstruktionswert die Buchwerte der Gesellschaft übersteigt, wird häufig eine Rückstellung für in Zukunft fällige Ertragsteuern gemacht, wobei teilweise sogar der KSt-Satz für Rücklagenbildung mit der Begründung angenommen wird, die Substanz müsse dem Unternehmen erhalten bleiben[36]. Diese Berechnung stellt die ausscheidenden Gesellschafter so, als wäre der Unterschied zwischen Buchwerten und wirklichem Wert am Stichtag versteuert worden; sie ist wegen Ansatzes von in Wahrheit nicht fälligen Steuern rechtsfehlerhaft[37]. Steuern auf stille Reserven dürfen nur insoweit abgezogen werden, als sie tatsächlich den Zukunftsnutzen mindern[38]. Daher ist zu unterscheiden:

Soweit stille Reserven auf Gütern ruhen, die keiner Abschreibung für Abnutzung unterliegen, wie z. B. Grundstücke, Beteiligungen, eisernes Vorratsvermögen, ist ein Abzug überhaupt unzulässig, da die stillen Reserven ohne Nachteil laufend überwälzt werden können[39]. Soweit im Falle eines Verkaufs stille Reserven aufgedeckt werden würden, ist davon auszugehen, daß deren Besteuerung durch Übertragung auf ein neuangeschafftes Wirtschaftsgut nach § 6 b EStG vermieden werden könnte[40]. Nur soweit die stillen Reserven auf abschreibungsfähigen Wirtschaftsgütern liegen, tritt ein Nachteil dadurch ein, daß die steuerlichen Abschreibungen für Abnutzung wegen des zu niedrigen Buchwertes zu niedrig und die Ertragsteuern dementsprechend höher sein werden. Der dadurch anfallende steuerliche Mehraufwand ist, auf den Stichtag abgezinst, vom Rekonstruktionswert abzuziehen.

B 5.227 Verbindlichkeiten

Die Schulden sind zum Zeitwert anzusetzen[41]. Zinslose Lieferantenkredite müssen bis zu ihrer Fälligkeit auf den Stichtag abgezinst wer-

---

[35] BFH 3. 7. 1956 = BStBl 1956 III 248.
[36] So Parteigutachter Karoli und Wollert-Elmendorff bei Ilseder Hütte (LG Hannover 23 Akt E 1/70).
[37] *Auler/Schöne*, GmbHRdsch 1969, 283; a. A. *Fasold*, DB 1971, 1977.
[38] *Viel/Bredt/Renard*, S. 72; vgl. oben B 4.42.
[39] So ausdrücklich für stille Reserven auf Beteiligungen OLG Hamm 15. 5. 1963, Koppenberg, S. 159 (OMZ).
[40] Das OLG Düsseldorf 27. 11. 1962, Koppenberg, S. 91 (Beteiligungs-AG), konnte dies noch nicht berücksichtigen, weil es zur Zeit seiner Entscheidung den § 6 b EStG noch nicht gab.
[41] Vgl. oben B 5.16 bei Fußn. 28.

den; die Vermögensgegenstände, die mit ihnen erworben worden sind, sind zu dem Kaufpreis ohne Skontoabzug anzusetzen.

Bestehende Verbindlichkeiten, für die die Gegenleistung noch nicht erbracht ist, müssen mit dieser saldiert, oder — was auf dasselbe hinausläuft — dürfen nur in Höhe der bereits erbrachten Gegenleistung angesetzt werden.

So können bestehende Pensionsverpflichtungen den Rekonstruktionswert nur insoweit mindern, als sie bereits „verdient" sind[42].

B 5.228 Stichtag

Dem Rekonstruktionswert sind die Preise am Tag der Hauptversammlung zugrundezulegen. Soweit während des Spruchstellenverfahrens jedoch über die allgemeine Geldentwertung hinausgehende Preissteigerungen eingetreten sind (insbesondere bei Grundstücken), ist dies zu berücksichtigen[43], indem die jeweiligen Wirtschaftsgüter mit dem für sie geltenden Preisindex (z. B. Grundstückspreisindex)[44], aber abzüglich der normalen Geldentwertungsrate, aktualisiert werden. Die Aufstellung eines Inventars am Stichtag dürfte in der Regel nicht erforderlich sein, wenn die am vorausgehenden und am folgenden Bilanzstichtag festgestellten Inventare benutzt werden können und eine Inventarbuchführung vorliegt[45].

B 5.3 Kombination von Ertragswert und Rekonstruktionswert

Bei der Kombination von Ertragswert und Rekonstruktionswert[1] lehnt sich die neuere Betriebswirtschaftslehre mehr an den Ertragswert[2], die Rechtsprechung mehr an den Rekonstruktionswert an[3]. Logisch ist zwar der (richtig berechnete) Ertragswert der maßgeblichere, da nur er auf den zukünftigen Einnahmeüberschüssen beruht; er kann daher unter Umständen allein der Abfindungsberechnung zugrundegelegt werden[4]. Da sich die Zukunft aber nicht exakt voraussehen läßt und insbesondere die Fiktion des ewig gleichbleibenden Weiterbetriebs weit von der Wirklichkeit entfernt sein kann, ist der Wiederherstellungswert ein brauchbarer Korrekturfaktor. Die Berechtigung

---

[42] Vgl. oben B 4.11 bei Fußn. 10. Es braucht nicht, wie in § 6 a II Satz 1 EStG vorgeschrieben, unterstellt zu werden, daß die Pension in jährlich gleichmäßigen Beträgen verdient wird.
[43] Vgl. unten D 2.3 und oben B 4.32 bei Fußn. 25 und 4.33 bei Fußn. 42.
[44] BGH 31. 1. 1972 = NJW 1972, 758.
[45] Wirtschaftsprüferhandbuch, S. 1097.
[1] Vgl. oben vor B 5.1.
[2] *Albach*, Die AG 1966, 183 f.
[3] Vgl. oben B 5.21 bei Fußn. 6.
[4] KG 15. 12. 1970 (Berl. Maschinenbau-AG) = OLGZ 71, 278.

für die Verwendung mehrerer Schätzungsmethoden liegt darin, daß durch ihren Vergleich eine größere Sicherheit in der Bewertung erlangt werden kann[5]. Ob das Gericht das Schwergewicht auf den Ertragswert oder auf den Rekonstruktionswert legt, hängt teilweise davon ab, inwieweit es den Zukunftsschätzungen, auf denen die Ermittlung des Ertragswertes beruht, traut. Insofern ist die Korrektur des einen durch den anderen Wert nicht Rechtsfrage, sondern von der subjektiven Einstellung des Schätzenden abhängige Tatfrage. Daneben können für die Angemessenheit einer Korrektur jedoch auch rechtliche Grundsätze aufgestellt werden.

B 5.31 Kein Vorsichtsprinzip

In der Betriebswirtschaftslehre wird im Anschluß an Schmalenbach teilweise die Ansicht vertreten, aus der alleinigen Maßgeblichkeit des Ertragswertes folge, daß dies der Höchstwert sei, daß aber der Ertragswert, wenn er den Rekonstruktionswert übersteige, aus Vorsicht zu kürzen sei[6]. Dies wird insbesondere mit der Konkurrenzgefahr begründet; die Nachhaltigkeit des Zukunftsertrages sei besonders gefährdet, wenn der Rekonstruktionswert unter dem Ertragswert liege, da dies ein Anreiz für die Konkurrenz sei, in dem Wirtschaftszweig, dem das Unternehmen angehört, zu investieren.

Die Konkurrenzgefahr ist jedoch nicht einseitig. Liegt der Ertragswert unter dem Rekonstruktionswert, so besteht die Wahrscheinlichkeit, daß die Konkurrenz geringer wird, da niemand in eine Branche zu investieren bereit ist, in der sich das eingesetzte Kapital nicht angemessen verzinst. Sicherlich ist das Risiko der Ertragsverschlechterung um so größer, desto höher der Ertrag bereits ist. Die Chance, daß der Ertrag in Zukunft steigen wird, ist aber ebenfalls um so größer, je niedriger der Ertrag gegenwärtig ist. Da Chance und Risiko gleichmäßig berücksichtigt werden müssen[7], ist die Methode, den Ertragswert nur nach unten, nicht aber nach oben an den Rekonstruktionswert anzupassen, rechtlich unzulässig.

---

[5] Wertvergleiche sind nur zwischen solchen Werten sinnvoll, die auf anderen Ausgangspunkten beruhen. Unsinnig ist es dagegen, „Vergleiche" oder arithmetische Mittel aus solchen Werten zu ziehen, die lediglich durch eine andere Multiplikation oder sonstige Ableitung aus denselben Ausgangstatsachen gebildet sind. Dann handelt es sich nämlich um die Ableitung des Wertes mittels des richtigen Kapitalisierungszinses, des richtigen KSt-Satzes, u. ä., also um Rechtsfragen. Rechtsfragen können nicht durch Mittelbildungskompromiß gelöst, sondern müssen entschieden werden; falsch OLG Stuttgart 12. 11. 1962 (KNORR), Koppenberg, S. 57 ff.; vgl. oben B 1.42 bei Fußn. 79.

[6] *Fasold*, DB 1972, 297.

[7] Vgl. oben B 4.31.

B 5.32 Vergleichbarkeit der Werte

Die Korrektur des einen um den anderen Wert setzt voraus, daß beide Werte vergleichbar sind[8]. Es ist daher z. B. unzulässig, den Ertragswert nach Berücksichtigung der Schulden mit dem Rekonstruktionswert vor Schulden zu vergleichen, daraus das Mittel zu ziehen und sodann die Schulden nochmals abzuziehen, da dies darauf hinausläuft, die Schulden 1 1/2mal abzuziehen[9].

Ferner kann der Ertragswert nur mit dem Rekonstruktionswert derjenigen Güter verglichen werden, aus denen der Ertrag erwirtschaftet wird; das übrige Vermögen ist gesondert zu bewerten[10].

So ist z. B. der Wert von brach liegenden, für Erweiterungsinvestitionen vorgesehenen Grundstücken aus dem Vergleich herauszuhalten und neben dem Ertragswert zu bewerten[11].

Schließlich kann nur der Ertragswert des ganzen Unternehmens mit dem Rekonstruktionswert des ganzen Unternehmens verglichen werden. Es ist unzulässig, den Ertragswert mit dem Wert zu vergleichen, der sich aus den Herstellungskosten nur der bilanzierbaren Güter (Teil-Rekonstruktionswert) ergibt. Es erscheint daher zwar zulässig, den Ertragswert, soweit er den Vollrekonstruktionswert übersteigt, als besonders gefährdet anzusehen und deshalb einen Abschlag darauf vorzunehmen, oder, was auf dasselbe hinausläuft, ihn mit einem höheren Kapitalisierungszinsfuß abzuzinsen[12]; denn insoweit kann in der Tat eine besondere Konkurrenzgefahr bestehen. Ein Abschlag auf den Ertragswert, soweit er nicht nur den Voll-, sondern den Teilrekonstruktionswert übersteigt, ist dagegen unzulässig[13]. Ein solcher Abschlag kann mit der Konkurrenzgefahr nicht begründet werden, da auch ein Konkurrent nicht nur Anlagegüter und Vorräte herstellen, sondern Personal schulen, Werbung treiben und ein Kunden- und Lieferantennetz aufbauen müßte.

Teilweise wird ein solcher Abschlag auf den Geschäftswert damit begründet, daß ein Geschäftswert sich erfahrungsgemäß schnell abnutzt[14]. Der Abnutzung eines bestehenden „goodwill" bei der Kund-

---

[8] Vgl. *Lehmann*, ZfB 1954, 476.

[9] So richtig *Bodarwé*, DB 1964, 558; *Glade*, DB 1964, 630 gegen *Ludwig*, DB 1964, 269; *Gothe*, DB 1962, 1477 und 1963, 807.

[10] OLG Hamm 23. 1. 1963, Koppenberg, S. 118 f. (Bergbau AG Constantin der Große).

[11] Anders Parteigutachter Karoli und Wollert-Elmendorff in LG 23 Akt E 1/70 (Ilseder Hütte), die solche Grundstücke unbewertet lassen.

[12] Vgl. OLG Düsseldorf 27. 11. 1962 Koppenberg, S. 93 (Beteiligungs-AG); kritisch *Münstermann*, S. 116.

[13] *Gmelin*, S. 45; *Kenntemich*, WPg 1964, 594; *Lehmann*, ZfB 1954, 74; *Münstermann*, S. 116.

[14] *Viel/Bredt/Renard*, S. 18 i. V. m. S. 102.

schaft, dem Abgang geschulten Personals usw. stehen jedoch laufend die Ausbildung von neuem Personal, die Werbung neuer Kunden, kurz, die Bildung eines neuen Geschäftswertes gegenüber. So hat der BFH[15] in ständiger Rechtsprechung gesagt, daß dem schwindenden Geschäftswert die Entstehung eines neuen Geschäftswerts entspreche, und hat deshalb die Abschreibung auf entgeltlich erworbene Geschäftswerte abgelehnt, wenn sich der Erwerb nicht als Fehlmaßnahme erweist. Diese BFH-Rechtsprechung ist mit der Begründung angegriffen worden, der schwindende Geschäftswert sei nicht mit dem neu entstehenden identisch; die Bilanzierung des neu entstehenden Geschäftswertes widerspreche dem Aktivierungsverbot für nichtrealisierte Eigenleistungen[16]. Für die Unternehmensbewertung greift dieses Argument aber jedenfalls nicht durch, da hier auch nicht realisierte Eigenleistungen in die Abfindung eingerechnet werden müssen[17]. Deshalb ist auf den Ertragswert, soweit er einer Nutzung des bestehenden Geschäftswertes entspricht, kein Abschlag zulässig.

B 5.33 *Willkür*

Schließlich darf die Korrektur nicht willkürlich ausfallen. Die Anlehnung an den einen oder anderen Wert ist daher zu begründen. Insbesondere kann nicht bei weit auseinanderliegenden Werten einfach der Mittelwert genommen werden. So hat der BGH[18] bei der Grundstücksbewertung gesagt, wenn Ertragswert und Sachsubstanzwert weit auseinanderliegen, so sei der Mittelwert Willkür. Wird der eine Wert durch den anderen wegen noch unberücksichtigter Chancen oder Risiken korrigiert, so sind die an anderer Stelle gemachten Chancen oder Risikoabschläge zu beachten und zur besseren Veranschaulichung zu saldieren. Anderenfalls würden leicht z. B. durch Risikozuschlag zum Kapitalisierungszins *und* Mittelwert die Risiken (bzw. Chancen) doppelt berücksichtigt[19] oder eine willkürliche Höhe des Abschlags[20] erreicht werden.

B 5.34 *Ergebnis*

Liegt der (Voll)-rekonstruktionswert über dem Ertragswert, so besteht eine — allerdings widerlegbare — Vermutung für den Rekonstruktionswert als Mindestwert.

---

[15] BFH 15. 4. 1958 = BStBl 1958 III 330; 2. 2. 1972 = DB 1972, 756; RFH 29. 7. 1931 = RStBl 1931, 852.
[16] *Burschberg*, DB 1966, 280; *George*, BlStSozArbR 1960, 260.
[17] Vgl. oben B 2.26 und 2.271.
[18] 13. 7. 1970 = NJW 1970, 2018; der Unterschied betrug 10 : 6,05; ähnlich *Sieben*, Die AG 1966, 86.
[19] *Bartke*, ZfB 1960, 736; *Frey*, WPg 1970, 39; *Jacob*, ZfB 1960, 211.
[20] So erreicht der ger. Gutachter (TA) im Verfahren DEA-Rheinpreußen (LG Düsseldorf 19 Akt E 3-7/69 I) durch Kombination von Risikozuschlag zum Zins und Mittelwertmethode einen **Gesamtrisikoabschlag von 50 %**!

Liegt der Ertragswert über dem (Voll)-rekonstruktionswert, ist gegen eine Mittelwertbildung aus rechtlichen Gründen nichts einzuwenden. Wird jedoch der goodwill als Differenz zwischen (Teil)-rekonstruktionswert und höherem Ertragswert angenommen, ist für einen Abschlag auf den Ertragswert kein Raum.

B 5.4 Schätzung am eigenen Verhalten

Es ist einem Gutachter praktisch unmöglich, von sich aus die beste Verwertungsmöglichkeit des Gesellschaftsvermögens ausfindig zu machen. Sie ist demjenigen am besten bekannt, der sich seit langem beruflich damit beschäftigt hat: der Unternehmensleitung[1]. Ebenso ist zu der Schätzung der zukünftigen Entwicklung regelmäßig die Unternehmensleitung am besten in der Lage. Da diese vom Mehrheitsgesellschafter abhängig ist und deshalb die Zukunftsaussichten schwarz malen wird, muß das Gericht auf das eigene Verhalten der Unternehmensleitung sowie des Mehrheitsgesellschafters zurückgreifen. Der Mehrheitsgesellschafter bzw. die Unternehmensleitung setzen sich zu ihrem eigenen Verhalten in Widerspruch, wenn sie zu erkennen geben, daß sie selbst das Unternehmen für wertvoller halten, als in dem Abfindungsangebot zum Ausdruck kommt. An ihrem widersprüchlichen Verhalten können sie festgehalten werden.

So hat das OLG Hamm[2] es abgelehnt, die Liquidation einer Gesellschaft mit der Folge des Anfalls von KSt auf stille Reserven zu unterstellen, da sich bisher der vom Mehrheitsgesellschafter beherrschte Vorstand der umgewandelten Gesellschaft gegen eine Liquidation gesperrt hatte.

Unter dem Gesichtspunkt des eigenen Verhaltens ist mindestens der Preis, den der Mehrheitsgesellschafter für seinen Anteil gezahlt hat, der Abfindung zugrundezulegen, wenn nicht der Mehrheitsgesellschafter später eingetretene Umstände nachweist, die den Preis nachträglich als überhöht erscheinen lassen[3]. Ob der Preis einen Paketzuschlag auf den Börsen- oder Anteilswert enthielt, ist ohne Bedeutung[4], da die Barabfindung nach dem vollen inneren Wert zu berechnen ist und deshalb den Anteilswert häufig übersteigt. Für das *ganze* Unternehmen würde niemand mehr als den vollen Wert zahlen, und der Paketkäufer wird einen Zuschlag auf den Anteil am vollen *inneren* Wert, den das Paket repräsentiert, allenfalls zahlen, soweit er glaubt, die Minderheitsgesellschafter später übervorteilen und sich dadurch für den über den vollen Wert hinausgehenden Kaufpreis

---

[1] *Busse von Colbe*, Die AG 1964, S. 263, hält mit Recht die Vorlage der Pläne über die zukünftige Unternehmenspolitik durch den Mehrheitsgesellschafter für unerläßlich.

[2] 15. 5. 1963 (OMZ) = Koppenberg, S. 159; 23. 1. 1963 (Bergbau AG Constantin der Große) = Koppenberg, S. 113; vgl. auch BGH 17. 1. 1973 = DB 1973, 564.

[3] KG 19. 11. 1962 (PREMAG) = Koppenberg, S. 74 f.; OLG Düsseldorf, 8. 6. 1973 (Westf. Kupfer) = DB 1973, 1392.

[4] a. A. anscheinend OLG Düsseldorf, a.a.O., mit unzutreffendem Hinweis auf OLG Hamm, 15. 5. 1963 (OMZ) = Koppenberg, S. 145; vgl. auch KG a.a.O.

schadlos halten zu können[5]. Paketzuschläge, die in Erwartung späterer Übervorteilung der Minderheitsgesellschafter auf den vollen Wert gezahlt werden, können die Höhe von Paketzuschlägen auf den Anteilswert aber wegen der höheren Ausgangsbasis nicht erreichen; ferner muß der Zuschlag mit steigender Paketgröße sinken, da die Zahl der zu übervorteilenden Minderheitsgesellschafter abnimmt.

Hat die Unternehmensleitung in der Vergangenheit ein Kaufangebot, z. B. für eine Beteiligung, abgelehnt, so ist dieses (zuzüglich Zinsen und abzüglich Ausschüttungen seit dem Tag des Angebots) als Mindestwert zu berücksichtigen.

Besteht bei der Gesellschaft ein Verlustvortrag, und hat der Mehrheitsgesellschafter mit der Gesellschaft einen Beherrschungsvertrag abgeschlossen, auf den Abschluß eines Gewinnabführungsvertrages aber verzichtet[6], so gibt er damit zu erkennen, daß er in Zukunft nicht mit Verlusten rechnet, sondern mit Gewinnen, mit denen er den Verlustvortrag abbauen kann; denn nur bei Abschluß eines Beherrschungsvertrages ist der Verlustvortrag mit späteren Gewinnen verrechenbar, während bei zukünftigen Verlusten nur ein Gewinnabführungsvertrag nützlich wäre.

Rechtfertigt die gegenwärtige Ertragslage eine Weiterführung des Unternehmens nicht, so begründet die dennoch erfolgende Weiterführung die Vermutung, daß mit steigenden Erträgen zu rechnen ist[7].

B 5.5 Liquidationswert

Der Liquidationswert ist der Wert, der sich bei Veräußerung der einzelnen Teile des Gesellschaftsvermögens nach Tilgung der Schulden ergeben würde[1].

B 5.51 *Eignung*

Die Liquidation des Gesellschaftsvermögens hat den Nachteil, daß der Wert des Unternehmens als lebende Wirtschaftseinheit verloren geht, so daß der Liquidationswert nur angesetzt werden kann, wenn ein besserer Ertrag aus der Weiterführung des Unternehmens nicht erwartet werden kann[2]; der Liquidationswert ist der Mindestwert für das Unternehmen[3].

Der für die Pflichtteilsberechnung abweichenden Ansicht des BGH[4] kann nicht zugestimmt werden. Breidenbach[5] interpretiert — und rechtfertigt —

---

[5] *Möschel*, ZRP 1973, 162. Gegen Paketzuschläge auf den inneren Wert auch BFH, DB 1973, 2161.
[6] So bei Stolberger Zink AG (OLG Düsseldorf, 19 W 6/73).
[7] BGH 17. 1. 1973 = DB 1973, 563.
[1] Vgl. oben B 2.21.
[2] OLG Hamm 23. 1. 1963, Koppenberg, S. 113 (Bergbau AG Constantin der Große).
[3] *Münstermann*, S. 101; *Bankmann*, DB 1968, 1411; *Würdinger*, § 305, Anm. 14; h. M.
[4] BGH 17. 1. 1973 = DB 1973, 564. Nach dem Erbanfall hatte der Erbe das Unternehmen unter Verlusten fortgeführt.
[5] *Breidenbach*, DB 1974, 104.

die Entscheidung damit, daß der Erbe dem Pflichtteilsberechtigten gegenüber nicht zur bestmöglichen Verwertung verpflichtet sei, sondern sich durch unökonomische Motive leiten lassen dürfe, wie beispielsweise Fürsorge für die in dem Unternehmen tätigen Menschen, die moralische Verpflichtung des Erben, das Lebenswerk des Erblassers fortzuführen, evtl. auch die Tatsache, daß der Unternehmer selbst in seiner geschäftsführenden Tätigkeit für das betreffende Unternehmen seine Existenzgrundlage hat. Indes kann keines dieser Motive es rechtfertigen, die unökonomische Verwertung des Vermögens auf Kosten des Pflichtteilsberechtigten gehen zu lassen. Führt der Erbe das Unternehmen aus Prestigegründen und/oder deshalb fort, weil er sein Geschäftsführergehalt weiter beziehen will, so eignet er sich einen Sondervorteil zu Lasten der Erbmasse zu. Den dadurch entstehenden Verlust kann er ebensowenig auf den Pflichtteilsberechtigten abwälzen, wie wenn er das vorhandene Geld vertrinkt oder verspielt. Auch das Fürsorgempfinden für die Arbeitnehmer oder ein moralisches Pflichtgefühl gegenüber dem Erblasser sind kein Grund, unökonomische Verhaltensweisen dem Pflichtteilsberechtigten anzulasten; der Wohltätigkeit sind keine Grenzen gesetzt, und wenn der Erbe das ganze Unternehmen an das Rote Kreuz oder, wie Herr Rosenthal, an die Arbeitnehmer verschenkt, würde bei Anwendung dieser Maxime der Pflichtteilsanspruch sich in Luft auflösen. Nur ein rechtlicher oder tatsächlicher Zwang (testamentarische Auflage, Arbeitnehmermitbestimmung bei Betriebsstillegungen[6]) kann Anlaß sein, bei der Unternehmensbewertung zum Zwecke der Pflichtteilsberechnung (oder des gesellschaftsrechtlichen Abfindungsanspruchs) unter den Liquidationswert zu gehen. Wer ohne rechtliche Verpflichtung wohltätig sein will, muß dies auf eigene Kosten tun[7].

Der BGH beruft sich auch nicht auf außerökonomische Motive, deren Verfolgung durch den Erben der Pflichtteilsberechtigte sich entgegenhalten lassen müßte, sondern auf ein Zitat von Münstermann[8], das er möglicherweise mißverstanden hat: „Als Wertuntergrenze kann der Liquidationswert freilich nur fungieren, wenn der Unternehmer sich im Sinne des Gewinnmaximierungsprinzips rational verhält. Führt er den Betrieb weiter, obwohl dessen Zukunftserfolgswert dadurch unter den gegenwärtigen Liquidationswert sinkt, so entfällt selbst dieser Liquidationswert als Untergrenze des Gesamtwertes der Unternehmung." Der BGH versteht dies dahin, daß der (objektive) Wert des Unternehmens sinkt, wenn es tatsächlich unökonomisch geführt wird. Münstermann versteht den Wertbegriff jedoch subjektiv[9] und will somit nur sagen, daß bei unökonomischem Verhalten der Gegenwartswert der Einnahmeüberschüsse unter den Liquidationswert sinken kann. Ob der Pflichtteilsberechtigte (oder der ausscheidende Minderheitsgesellschafter) sich das nach dem Bewertungsstichtag liegende vorsätzlich unökonomische Verhalten des Erben (oder des übernehmenden Mehrheitsgesellschafters) mindernd auf den Abfindungsanspruch anrechnen lassen muß, ist eine Rechtsfrage, die der BGH hätte entscheiden müssen. Münstermann nimmt dazu nicht Stellung.

Im Ergebnis ist die Entscheidung übrigens nicht zu beanstanden, weil der Liquidationswert falsch berechnet, insbesondere die Pensionsverpflichtungen nicht angesetzt waren.

---

[6] *Barth*, DB 1974, 1084.
[7] Vgl. oben B 4.22 bei Fußn. 10.
[8] *Münstermann*, S. 102.
[9] S. 21 ff.

Auch wenn der Ertragswert höher als der Liquidationswert ist, kann letzterer nicht völlig unberücksichtigt bleiben; vielmehr wirkt sich ein hoher Liquidationswert, ähnlich wie eine Einkommensgarantie[10], werterhöhend, ein verhältnismäßig niedriger Liquidationswert wertmindernd aus, was bei der Abwägung von Risiken und Chancen zu berücksichtigen ist[11].

In der Praxis wird häufig nur die Alternative ewiger Weiterbetrieb (Ertragswert) oder sofortige Liquidation geprüft. In der Regel ist aber auch bei unrentablen Unternehmen die sofortige Liquidation des gesamten Gesellschaftsvermögens nicht die bestmögliche Verwertung. Vielmehr ist auch bei Verlustunternehmen meistens ein Auslaufen des Betriebes unter Verzicht auf Neuinvestitionen vorzuziehen[12], da der Verkauf gebrauchter Maschinen oder Fabrikgebäude wegen ihres speziellen Zuschnitts auf den Betriebszweck meist nur zum Schrottwert möglich ist. Demgegenüber wird die Weiterbenutzung unter Verzicht auf Neuinvestitionen oft immerhin einen Teil der Abschreibungen hereinbringen. In diesem Fall ist das Auslaufenlassen der Produktion unter Verzicht auf Neuinvestitionen gegenüber der sofortigen Liquidation die bessere Verwertungsmöglichkeit und dieser Ansatz rechtlich geboten[13].

B 5.52 Veräußerungserlöse

Je größer der Zeitdruck ist, unter dem eine Veräußerung betrieben wird, desto niedriger sind die erzielbaren Veräußerungserlöse[14]. Wenn nicht aus besonderen Umständen das zu bewertende Unternehmen unter Zeitdruck liquidiert werden muß, ist daher von einer ohne Zeitdruck stattfindenden Liquidation zu den vollen Verkehrswerten der einzelnen Gegenstände auszugehen; denn diese sind die unter Berücksichtigung von Chancen und Risiken durchschnittlich erzielbaren Veräußerungspreise[15]. Ein Abschlag auf die Verkehrswerte wegen unnötig überstürzter Veräußerung ist unzulässig[16].

Theoretisch sind die Veräußerungserlöse vom Tag der Veräußerung auf den Stichtag abzuzinsen[14]. Dem stehen jedoch die Erlöse gegenüber, die sich bis zur Veräußerung aus den Gegenständen erzielen lassen. Wegen der Saldierung können beide in der Regel vernachlässigt werden.

---
[10] Vgl. oben B 4.342 bei Fußn. 56.
[11] *Sieben*, Die AG 1966, 83 Anm. 62.
[12] *Lehmann*, ZfB 1954, 72; *Münstermann*, S. 101.
[13] Vgl. oben B 5.14 bei Fußn. 21.
[14] *Münstermann*, S. 102.
[15] Für den Stichtag gilt oben B 5.228 entsprechend.
[16] Anders Gutachter TA und DTG im Verfahren DEA/Texaco, LG Hamburg 64—0—7/69, die den Verkehrswert um 20 % kürzen.

— Kann durch eine Herrichtung auf eigene Kosten der Veräußerungserlös verbessert werden, ist dies zu berücksichtigen[17].

Ein Liquidationswert ist auch der Wert, der sich bei einer Veräußerung des Unternehmens im Ganzen ergeben würde. In diesem Falle wird der Wert des Unternehmens als lebende Wirtschaftseinheit gewahrt. Wenn tatsächlich ein Käufer vorhanden ist[18], müssen die ausscheidenden Gesellschafter daher mindestens so gestellt werden, wie sie bei Annahme des Kaufangebots stehen würden[19]. Dasselbe gilt, wenn ein Kaufangebot für einen Unternehmensteil vorliegt.

B 5.53 Ertragsteuern

Ein formeller Liquidationsbeschluß hat den Nachteil, daß bei der Liquidation entstehende Gewinne nicht mehr mit dem für Ausschüttungen geltenden KSt-Satz von 15 %, sondern mit dem für sonstige Gewinne von 51 % besteuert werden und nur unter Amputation um diesen Prozentsatz an die Gesellschafter gelangen können (§§ 14, 19 I Nr. 1 i. V. m. III KStG). Es ist jedoch auch möglich, eine Liquidation ohne formellen Liquidationsbeschluß durchzuführen. Dabei brauchen die ausgeschütteten Gewinne nur mit 15 % KSt besteuert zu werden. Ein formeller Liquidationsbeschluß ist daher nur dann eine vertretbare Verwertungsmöglichkeit, wenn mit Sicherheit keine Gewinne zu erwarten sind, insbesondere die Buchgewinne den Verlustvortrag nicht erreichen werden. Der Ansatz des Liquidationswertes unter Besteuerung der stillen Reserven mit 51 % KSt ist daher rechtsfehlerhaft[20]. Erst recht kann der KSt-Satz von 51 % dann nicht angesetzt werden, wenn nicht eine Voll-, sondern nur eine Teilliquidation anzunehmen ist.

„Liquidationswert" bedeutet zudem nicht notwendig tatsächliche Liquidation. Auch wenn der Nutzen aus einem Weiterbetrieb unter dem Verkehrswert der einzelnen Vermögensgegenstände liegt, wäre die tatsächliche Liquidation wegen der Aufdeckung der stillen Reserven und ihrer Besteuerung meist nicht die beste Verwertungsmöglichkeit; vielmehr würde jeder Kaufmann das Unternehmen in eine Vermögensverwaltung umstrukturieren, die Liquidationserlöse reinvestieren und mit Hilfe des § 6 b EStG die Versteuerung der stillen Reserven ver-

---

[17] So bei Stolberger Zink (LG Köln 24 Akt E 1/70) die Stillegung von Nievenheim und Umwandlung in Industriebauland.

[18] Ob der Käufer selbst Gesellschafter ist, ist unerheblich.

[19] *Günther*, Grenzen, S. 115, da der Hauptgesellschafter durch Zahlung einer niedrigeren Abfindung einen gesellschaftsfremden Sondervorteil erhielte. Vgl. auch OLG Frankfurt 28. 2. 1973 = DB 1973, 660.

[20] So hat die Deutsche Revisions- und Treuhand-Gesellschaft — Treuarbeit — als gerichtlich bestellter Sachverständiger in Sachen DEA/Texaco (LG Hamburg 64—O—7/69) sowie in Sachen DEA/Rheinpreußen (LG Düsseldorf 19 Akt E 3—7/69 I) den Ansatz von 51 % KSt auf Liquidationsgewinne durch die Deutsche Treuhand-Gesellschaft als Parteigutachter korrigiert.

B 5. Schätzungsmethoden zur Ermittlung der Einnahmeüberschüsse 129

meiden. Da eine solche Umstrukturierung regelmäßig möglich ist, ist der Ansatz von Ertragsteuern auf stille Reserven auch bei Ansatz des „Liquidationswertes" unzulässig, es sei denn, es müsse aus besonderen Gründen tatsächlich liquidiert werden[21]. — Erst recht ist es rechtsfehlerhaft, bei einem florierenden Unternehmen das nicht betriebsnotwendige Vermögen zum Liquidationswert[22] abzüglich Ertragsteuern auf stille Reserven[23] anzusetzen, da es dort schon für die regelmäßigen Investitionen unter Vermeidung einer Besteuerung der Buchgewinne herangezogen zu werden pflegt[24].

---

[21] So wohl auch OLG Hamm 15. 5. 1963, Koppenberg, S. 148 und 159 (OMZ), wenn es für den Steuerabzug allein auf die tatsächliche Liquidierungsabsicht abstellt. BGH 17. 1. 1973 = DB 1973, 564.
[22] So aber *Frey*, WPg 1970, 33.
[23] So aber *Lohnert*, DB 1970, 1093.
[24] Vgl. FAZ 3. 10. 1972, S. 16: „Glöggler verkauft Immobilien"; FAZ 19. 1. 1973, S. 16: „Döhren-Grundstücke verkauft".

C Aufteilung des Unternehmenswertes

Die Verteilung des gefundenen Unternehmenswertes bei Gesellschaften, deren Kapital in gleichartigen Anteilen aufgeteilt ist, bereitet keine Schwierigkeiten: Sie erfolgt im Verhältnis der Anteilsgröße. Minderheitszu- oder -abschläge auf den Unternehmenswert sind unzulässig[1].

Die Aufteilung des Unternehmenswertes auf ungleichartige Anteile ist, soweit sie für Kapitalgesellschaften überhaupt erörtert wird, streitig.

Das OLG Hamm[2] hat auf die Bewertung der verschiedenen Anteile durch die Börse abgestellt. Wie die Börse die Aktien bewertet, ist jedoch, ebenso wie für die Unternehmensbewertung selbst, auch für die Aufteilung unter verschiedenartige Gesellschaftsanteile aus den oben B 3.41 angeführten Gründen unbeachtlich. Vielmehr ist es Sache des Gesellschaftsvertrages bzw. der Satzung, die Art der Auseinandersetzung für alle Fälle zu regeln[3]. Meistens ist eine Regelung nur für die laufende Gewinnausschüttung (vgl. § 60 AktG, 29 II GmbHG) und für die Liquidation (§§ 271 AktG, 72 GmbHG), nicht jedoch für die hier vorliegende Auseinandersetzung unter Ausschluß der Liquidation vorhanden. Daher bestimmt sich die Verteilung nach den Grundsätzen der Vertragsauslegung (§§ 133, 157 BGB) und ist von Fallgruppe zu Fallgruppe verschieden.

C 1. Stimmvorzug

Geschäftsanteile können stimmrechtslos sein (vgl. §§ 139 ff. AktG) oder ein mehrfaches Stimmrecht gewähren (vgl. § 5 EGAktG)[4]. Das Stimmrecht wird an der Börse häufig mit einem Zuschlag bewertet[5].

---

[1] Vgl. oben B 3.3.

[2] 23.1.1963, Koppenberg, S. 105 (Bergbau-AG Constantin der Große); OLG Düsseldorf 8.6.1973 (Westf. Kupfer) = DB 1973, 1393 hat eine Differenzierung nach dem Börsenkurs nur hilfsweise für den Fall erwogen, daß die Abfindung die volle Entschädigung übersteigt.

[3] BGH 17.11.1955 = BGHZ 19, 42 (43/4).

[4] So ist das Grundkapital der RWE nach ihrer Satzung in der Fassung vom 23.2.1967 wie folgt aufgeteilt:

C 1. Stimmvorzug

In der Tat ist das Stimmrecht ein Eigentumsrecht[6], und seine enteignungsgleiche Beeinträchtigung im lebenden Unternehmen kann einen Abfindungsanspruch auslösen[7]. Das Stimmrecht ist jedoch ein Mitgliedschaftsrecht, kein Vermögensrecht[8]. Losgelöst von den Rechten am Gesellschaftsvermögen auf Gewinn- und Liquidationsbeteiligung, zu deren Durchsetzung es dient, hat es keinen selbständigen Wert: Wird das Unternehmen aufgelöst, ist das mit Auszahlung des letzten Liquidationserlöses weggefallene Stimmrecht wertlos. Insofern stellt es, ähnlich wie das Stimmrecht des Minderheitsgesellschafters, lediglich eine Chance dar, deren letzte Verwirklichungsmöglichkeit mit der Nichtverhinderung des Eigentumseingriffs weggefallen ist[9]. Genauso wie der Mehrheitsgesellschafter nicht einen „Minderheitsabschlag" berechnen kann[10], so steht auch den Gesellschaftern wegen ihres höheren Stimmrechts bei der Verteilung kein Zuschlag gegenüber den weniger stimmberechtigten Mitgesellschaftern zu[11]. So bestimmt § 140 I AktG ausdrücklich, daß die stimmrechtlosen Vorzugsaktien abgesehen vom Stimmrecht dieselben Rechte wie die stimmberechtigten Stammaktien haben.

Mit der Feststellung, daß ein höheres Stimmrecht kein Recht auf höhere Abfindung gibt, ist nicht gesagt, daß der Mehrheitsaktionär nicht freiwillig den Inhabern von Mehrstimmrechtsaktien oder von stimmberechtigten Stammaktien eine über die volle Entschädigung hinausgehende Abfindung zahlen *darf*, um ihnen z. B. einen Anreiz zu geben, für den Eigentums-

---

DM 619 687 500.— Stammkapital mit einer Stimme pro DM 100.— (insges. 6 196 875 Stimmen)
DM 20 312 500.— Namensaktien mit 20 Stimmen pro DM 100.— (insges. 4 062 500 Stimmen)
DM 320 000 000.— stimmrechtslose Vorzugsaktien
DM 960 000 000.— Gesamtkapital.

[5] So wurden RWE-Stammaktien am 7. 5. 1973 mit 137,50 DM, die stimmrechtslosen Vorzugsaktien bei gegenwärtig nicht erheblichem Dividendenvoraus mit 131,50 DM bewertet; die stimmberechtigten Stammaktien der Klein, Schanzlin & Becker-AG wurden sogar mit 228.— DM, die stimmrechtlosen Vorzugsaktien trotz gegenwärtig erheblichem Dividendenvoraus dagegen nur mit 179,— DM bewertet, vgl. FAZ 3. 10. 1972, S. 18.

[6] BVerfG 7. 5. 1969 = E 25, 372 (406) (lex Rheinstahl).

[7] *Wienand Meilicke*, DB 1971, 1446.

[8] BVerfGE 25, 372 (406).

[9] Ebenso LG Dortmund, 30. 6. 1972 (Westf. Kupfer), nicht veröff., aus anderen Gründen aufgehoben durch OLG Düsseldorf, 8. 6. 1973 = DB 1973, 1393.

[10] Vgl. oben B 3.3 bei Fußn. 28.

[11] Daher lehnt *Knorr*, KTSch. 1962, 193, zu Recht auch eine Bewertung eines Entsendungsrechts zum Aufsichtsrat ab; a. A. *Niemann*, S. 183, was inkonsequent erscheint, da er einen Zuschlag für Pakete außenstehender Aktionäre ablehnt (S. 175 ff.). Ein neben der Abfindung ersetzbarer Schaden kann aber in dem Verlust der Aufsichtsratstantieme liegen, vgl. oben B 4.122 bei Fußn. 22, 23.

eingriff zu stimmen[12]. Das LG Dortmund[13] ist unter Berufung auf den gesellschaftsrechtlichen Gleichheitssatz der gegenteiligen Ansicht; die Pflicht zur Gleichbehandlung gilt jedoch nur im Verhältnis zwischen den Gesellschaftern und ihrer Gesellschaft, nicht im Verhältnis zu Dritten[14].

C 2. Abweichung zwischen Liquidations- und Gewinnverteilungsschlüssel

Nicht selten weichen Liquidationsschlüssel und Gewinnverteilungsschlüssel voneinander ab. In Deutschland kommen meist Gewinnvorzüge vor,

— z. B. als fester, nachzahlbarer Mindestvorzug (vgl. § 139 I AktG)[15],
— als proportional größerer Gewinnanteil,
— als nach einem festen Prozentsatz bemessene Mehrdividende[16],
— möglich, wenn auch in Deutschland selten, ist ein Abweichen des Liquidationsschlüssels vom Nennwert.

Lion[17] will die Verteilung nach dem Liquidationsschlüssel, der sich meist nach dem Nennwert richtet, vornehmen. Vorzüge z. B. bei der Gewinnverteilung beruhen jedoch häufig darauf, daß die Altaktionäre nur unter Gewährung von Vorzügen neues Kapital für ihr Unternehmen beschaffen konnten. Gegen eine willkürliche Liquidation sind die Vorzugsgesellschafter dadurch gesichert, daß eine Liquidation prak-

---

[12] Ein Verhältnis von Leistung und Gegenleistung darf zwischen der Erhöhung der Abfindung und der Ausübung des Stimmrechts nach § 405 Nr. 6 und 7 AktG allerdings nicht gegeben sein.

[13] 30. 6. 1972 (Westf. Kupfer), aufgehoben durch OLG Düsseldorf, 8. 6. 1973 = DB 1973, 1393.

[14] OLG Düsseldorf, a.a.O., m. w. Nachw.; vgl. *Schmidt*, Quelques remarques sur les droits de la minorité dans les cessions de contrôle, Recueil Dalloz, 1972 Chronique S. 224.

[15] So sieht § 29 der Satzung der RWE in der Fassung vom 23. 2. 1967 vor: Der Reingewinn der Gesellschaft ... wird ... in nachstehender Reihenfolge verwandt:
1. zur Nachzahlung etwaiger Rückstände von Gewinnanteilen auf die Vorzugsaktien aus den Vorjahren;
2. zur Zahlung eines Vorzugsgewinnanteils von 5 % des Nennwertes auf die stimmrechtslosen Vorzugsaktien;
3. zur Zahlung eines ersten Gewinnanteils auf die Stamm- und Namensaktien bis zu 4 % des Nennwertes;
4. zur Zahlung einer Vergütung an den Aufsichtsrat;
5. zur Zahlung eines weiteren Gewinnanteils auf die Stamm- und Namensaktien in Höhe von 1 % des Nennwertes;
6. zur gleichmäßigen Zahlung etwaiger weiterer Gewinnanteile auf die Stamm-, Namens- und Vorzugsaktien.

[16] So bestimmte § 24 der Satzung der VEBA (Fassung Juli 1965): Bei der Verteilung des Reingewinns erhalten die Aktien der Serie Lit. B vom 1. 7. 1965 an 1,5 % mehr Dividende als diejenigen der Serie Lit. A.

[17] S. 159.

C 2. Abweichung zwischen Liquidations- und Gewinnverteilung

tisch nur vorgenommen wird, wenn die Geschäfte so schlecht gehen, daß die Zerstörung des Geschäftswertes keinen Nachteil bedeutet[18]. Die hier behandelte Auseinandersetzung unter Ausschluß der Liquidation kann dagegen vom Mehrheitsgesellschafter regelmäßig ohne Schaden für das Gesellschaftsvermögen erzwungen werden.

Es ist nicht anzunehmen, daß jemand endgültig eine Sonderleistung erbringt, es aber in das Belieben des Vertragspartners (der Mehrheitsgesellschafter) stellt, ob und wielange diese den als Entgelt angebotenen Vorzug gewähren wollen. Es ist daher auch nicht anzunehmen, daß der oder die Mehrheitsgesellschafter den Vorzug dadurch wieder entziehen können sollen, daß sie das Ende der Gesellschaft herbeiführen und den kapitalisierten Zukunftsbetrag den Vorzugsaktionären nur nach dem niedrigeren Liquidationsschlüssel zukommen lassen. Dies widerspräche auch § 179 III AktG, nach dem Sonderrechte nur mit Zustimmung der begünstigten Gesellschafter geändert werden können. Die für die Liquidation getroffene Abrede kann daher nicht auf die Auseinandersetzung unter Ausschluß der Liquidation übertragen werden[19].

Es kann aber auch nicht ohne weiteres das Vermögen nach dem Gewinnschlüssel verteilt werden. Dies ist schon deshalb fehlerhaft, weil es Gewinnvorzüge gibt, die nach ihrem Zweck durch die Fortdauer der Gesellschaft bedingt sein sollen.

C 2.1 Nicht zu berücksichtigende Gewinnvorzüge

Wenn sich aus dem erkennbaren Willen der Parteien des Gesellschaftsvertrages ergibt, daß der Gewinnvorzug nur während der Lebensdauer der Gesellschaft einen Nachteil ausgleichen soll, ist er bei der Auseinandersetzung als nichtexistent zu behandeln, wenn mit Ende der Gesellschaft auch der Nachteil wegfällt.

So wird bei stimmrechtslosen Vorzugsaktien der Gewinnvorzug regelmäßig die Gegenleistung für das Fehlen des Stimmrechts sein[20], so daß der für die Zukunft bestehende Dividendenvoraus ebensowenig auf die Abfindung einen erhöhenden Einfluß hat wie das fehlende Stimmrecht einen ermäßigenden; mit dem Wegfall des aus der Stimmrechtslosigkeit fließenden Nachteils fällt auch der als Gegenleistung gewährte Dividendenvorzug weg[21].

Die Verteilung des Unternehmenswertes erfolgt bei dieser Vertragsgestaltung gleichmäßig nach dem Nennbetrag der Anteile.

---

[18] Vgl. oben B 5.51 bei Fußn. 2.
[19] So RG 11.6.1926 = RGZ 114, 131 für die Personengesellschaft.
[20] Vgl. §§ 140 II und 141 II AktG.
[21] So ist mit der Stimmrechtsbeschränkung der B-Aktien bei VEBA auch deren Dividendenvoraus beseitigt worden.

Ein bestehender Rückstand aus einem nachzahlbaren Vorzug (§ 140 II AktG) stellt allerdings ein bereits endgültig erworbenes Anwartschaftsrecht dar; denn die Nachzahlbarkeit des Rückstandes hat den Zweck, die Vorzugsaktionäre für den Verlust des Stimmrechts in der dividendenlosen Vergangenheit zu entschädigen. Ein bestehender Rückstand ist daher zu Lasten des zu verteilenden Unternehmenswertes nachzuzahlen.

C 2.2 Zu berücksichtigende Gewinnvorzüge

Wenn der Gewinnvorzug nach der Vertragsauslegung unbedingt sein sollte[22] und deshalb bei der Verteilung des Unternehmenswertes zu berücksichtigen ist, so ist damit noch nicht gesagt, daß der ewige Weiterbetrieb der Gesellschaft zu unterstellen ist.

C 2.21 Proportional größerer Gewinnanteil

Bei einem proportionalen Gewinnvorzug würde die Fiktion des ewigen Weiterbetriebs darauf hinauslaufen, die Verteilung des ganzen Unternehmenswertes *nur* nach dem Gewinnverteilungsschlüssel vorzunehmen, während der Anteil am Nennkapital wegen der fingierten unendlichen Lebensdauer völlig bedeutungslos würde. Auch wenn man die — meist ziemlich geringe, jedenfalls völlig unberechenbare — Wahrscheinlichkeit mitberücksichtigte, daß die Gesellschaft unter Verteilung des Vermögens zum Nennwert liquidiert werden könnte, würde der Anteil am Nennwert hinter dem Anteil am Gewinn völlig zurücktreten. Vielmehr repräsentiert der Nennkapitalanteil die Beteiligung am Vermögen. Deshalb ist ein proportionaler Gewinnvorzug in der Regel dahin auszulegen, daß nur die angesammelten Erträge, nicht aber das Vermögen nach dem Gewinnschlüssel zu verteilen sind. So hat auch der BGH bei der Auseinandersetzung von Personengesellschaften nur die stillen Reserven, nicht jedoch das gesamte Gesellschaftsvermögen nach dem Gewinnschlüssel verteilt[23].

Fraglich ist, wie diese Gewinne, die nach dem Gewinnschlüssel verteilt werden, von dem nach dem Nennwert zu verteilenden Vermögen abgegrenzt werden können. Zunächst ist festzuhalten, daß bei Kapitalgesellschaften nicht nur die stillen, sondern auch die offenen Rücklagen gegebenenfalls nach dem Gewinnschlüssel zu verteilen sind. Es erscheint jedoch nicht richtig, sämtliche das Nennkapital übersteigenden Werte als Gewinn zu behandeln[24], da bereits bei Begründung des Gewinnvorzugs Reserven vorhanden gewesen sein können bzw.

---

[22] Dies kann auch bei stimmrechtslosen Vorzugsaktien ganz oder teilweise zutreffen, wenn der Gewinnvorzug nach den Verhältnissen zur Zeit der Emission nicht nur das Entgelt für den Stimmverzicht darstellte.
[23] BGH 17.11.1955 = BGHZ 19, 42.
[24] a. A. *Sudhoff*, S. 373.

C 2. Abweichung zwischen Liquidations- und Gewinnverteilung

der Gewinnvorzug gegen eine ein Agio enthaltende Einlage gewährt worden sein kann. Es ist in der Regel anzunehmen, daß nicht diese Vermögensteile, sondern nur die Mehrwerte, die seit der Begründung des Gewinnvorzugs gemacht worden sind, nach dem Gewinnschlüssel verteilt werden sollen, während das Vermögen, das zu diesem Zeitpunkt bereits vorhanden war, im Verhältnis zum Nennwert zu verteilen ist. Ferner erscheint es nicht richtig, sämtliche nominellen Wertsteigerungen als Gewinn anzusehen, da die Bildung stiller Reserven häufig nur auf der Geldentwertung beruht[25]. Würden alle nominellen Wertsteigerungen des Gesellschaftsvermögens nach dem Gewinnschlüssel verteilt, so würden die anderen Anteile, obgleich sie den gleichen Nennwert haben, ständig entwertet.

Diese Lösung entspricht einer Entscheidung des OLG Hamburg zur Personengesellschaft[26]: Dort hatten sich zwei Kaufleute zusammengetan, um Geschäfte zu machen. Der eine hatte eine Einlage von 8 000 Goldmark geleistet. Nach Rückzahlung der Einlage war hälftige Teilung des Gewinns vereinbart. Nachdem die Gesellschaft gute Gewinne gemacht hatte und aufgelöst werden sollte, stritten sich die Gesellschafter darüber, ob die 8 000 Mark lediglich in entwerteter Papiermark zurückzuzahlen seien. Das OLG Hamburg hat entschieden, daß die Gewinne, soweit sie auf Inflation beruhten, nach dem Verhältnis der Einlage bzw. des Liquidationsschlüssels, nicht im Verhältnis des Gewinnschlüssels verteilt werden mußten[26a].

Um die Abgrenzung zwischen inflationsbedingten und „echten" Gewinnen durchzuführen, muß der Wert des Gesellschaftsvermögens zur Zeit der Begründung des Gewinnvorzugs ermittelt werden. Dies wird praktisch nur durch sehr grobe Schätzung möglich sein. Geldeinlagen können mit einem Index der allgemeinen Geldentwertung aufgewertet werden. Das Sachvermögen sowie Sacheinlagen werden insbesondere nach dem (um die Geldentwertung aufgewerteten) Wert angesetzt werden müssen, den die damaligen Vertragsparteien ihnen zugemessen haben. Dabei ist auf den Nutzen abzustellen, den jede Sachgemeinschaft für sich erbringen konnte, während der Vorteil, der erst durch das Zusammenkommen von Vermögen und Einlage erzielbar wurde, als Gewinn anzusehen ist. Soweit Unterlagen nicht mehr vorhanden sind, wird das Spruchstellengericht auf den damaligen Börsenkurs zurückgreifen müssen, wenn nicht Anhaltspunkte vorliegen, daß dieser nicht repräsentativ war. Sodann ist der Unterschied zwischen dem damaligen und dem gegenwärtigen Wert des Gesellschaftsvermögens auf die Gesellschaft nach dem Gewinnschlüssel, der Rest nach dem Nennwert zu verteilen.

---

[25] In diesem Sinne läßt der BGH 17. 11. 1955 = BGHZ 19, 42 (46) es im Einzelfall auf die Art der bestehenden Reserve ankommen.
[26] 8. 11. 1923 = OLGE 42, 286; vgl. auch *Mügel*, S. 287 ff.
[26a] Entsprechend hat der BGH jetzt entschieden, daß bei der Berechnung des Zugewinnausgleichs die scheinbare Werterhöhung durch **Kaufkraftschwund** unberücksichtigt bleibt: 14. 11. 1973 = DB 1974, 280.

C 2.22 Beschränkt größerer Gewinnanteil[27]

Ist für eine Anteilsart kein proportionaler, sondern nur ein auf einen festen Mindestvorzug oder auf eine nach einem festen Prozentsatz bemessene Mehrdividende beschränkter Gewinnvorzug vorgesehen, so hat ein Abstellen auf den in der Vergangenheit erzielten Mehrwert keinen Sinn, da die Inhaber der Vorzugsanteile für die Vergangenheit ihren Vorzug bereits kassiert haben und auch bei einer höheren Gewinnverteilung nicht mehr erhalten hätten. Wenn der Gewinnvorzug dennoch bei der Verteilung des Unternehmenswertes berücksichtigt werden soll, so kann dies nur durch die Unterstellung des Weiterbetriebs geschehen.

C 2.221 Fester Mindestvorzug

Im Falle der Weiterführung der Gesellschaft hängt der Wert des nachgezahlten Mindestvorzugs von der Gewinnlage der Gesellschaft ab: Der Vorzug garantiert nur eine Mindestdividende, bei ohnehin guter Ertragslage gewährt er keinen Vorteil. Daher ist zunächst der durch den Vorzug garantierte Mindestwert zu kalkulieren. Dieser besteht in dem kapitalisierten Wert der Vorzugsdividende; ist diese nur zeitlich beschränkt zugesagt, ist sie nur bis zum Ablauf dieser Zeit zu kapitalisieren. Da ein nominell gleichbleibender Dividendenvorzug sich mit der Geldentwertung ständig entwertet, ist der für Geldtitel geltende Kapitalisierungszins zugrundezulegen. So ergibt z. B. ein zeitlich unbegrenzter Dividendenvorzug von 6 % auf eine Aktie von nom. 100,— DM bei einem Kapitalisierungszins von 8 % einen Mindestwert von 75,— DM pro Aktie[28].

Es fragt sich, ob daneben der wahrscheinlichkeitsmathematische Vorteil, bei schlechter Ertragslage gegenüber den Stammaktien einen Mindestertrag garantiert zu haben, oder der Nachteil, bei sehr schlechter Ertragslage den Vorzug erst später ohne Verzugszinsen nachgezahlt zu erhalten, zu bewerten ist. Das Spruchstellengericht fixiert jedoch verbindlich den Unternehmenswert; mit seiner Entscheidung steht fest, daß sich weder das Risiko, den Vorzug später als vorgesehen ausgezahlt zu erhalten, noch die Chance eines Vorzugs vor den Stammaktionären realisiert haben. Es erscheint daher gerechtfertigt, diese Risiken bzw. Chancen bei der Verteilung des Unternehmenswertes außer Betracht zu lassen.

Der kapitalisierte Mindestwert ist den Vorzugsaktionären vorweg als Mindestauseinandersetzungsguthaben auszuzahlen. Dies wirkt sich nur dann in einer höheren Abfindung als für die Stammaktionäre

---

[27] s. Beispiele oben C 2 bei Fußn. 15 und 16.

[28] $\dfrac{100 \times 6}{8} = 75.$

aus, wenn der Unternehmenswert pro Aktie insgesamt unter dem Mindestwert liegt; liegt er gleich oder darüber, so ist der Vorzug genauso wertlos, wie wenn das Unternehmen weiterhin Gewinne erwirtschaftet hätte, die an alle Aktionäre eine Ausschüttung gestatteten, die gleich oder größer als der Vorzug ist.

C 2.222 Feste Mehrdividende

Der Wert einer festen Mehrdividende[29] ist unabhängig von der zukünftigen Ertragslage. Die jährliche Mehrdividende ist daher zu kapitalisieren.

So ergibt ein Dividendenvoraus von 1 % jährlich pro 100,— DM Aktie bei einem Kapitalisierungszins von 8 % eine Mehrabfindung von 12,50 DM[30].

Diese kapitalisierte Mehrabfindung ist den Vorzugsaktionären vorweg zu zahlen und der restliche Unternehmenswert auf alle Aktionäre nach dem Nennwert zu verteilen.

C 2.3 Vorzug beim Liquidationsschlüssel

Ist bei gleicher Gewinnverteilung und gleichem Nennwert ein Vorzug bei dem Liquidationsschlüssel vorgesehen, so ist der Liquidationsmehrerlös, multipliziert mit der Wahrscheinlichkeit, daß es zu einer Liquidation kommt, der Abfindung der Vorzugsanteile hinzuzufügen.

C 3. Ungleiche Einzahlung auf das Grundkapital

Sind die Einlagen auf das Grundkapital nicht auf alle Aktien in demselben Verhältnis geleistet worden, so sind nach § 271 III AktG die geleisteten Einlagen zu erstatten und sodann der Rest wie gewöhnlich zu verteilen. Diese Regelung erscheint für die Aktionäre mit der höheren Einlage hart, da sie ihre Einlage mit gutem Geld gezahlt haben und schlechtes wiedererhalten, während der Inflationsgewinn mit den anderen geteilt werden muß. Sie ist jedoch dadurch gerechtfertigt, daß sie alle Aktionäre so stellt, als wenn die fehlenden Einlagen nachträglich einbezahlt worden wären; auch in diesem Fall hätten die Aktionäre, die ihre Einlage nicht vorher eingezahlt haben, gegenüber den anderen durch die Geldentwertung einen Vorteil. Die Regelung ist daher sachgerecht und auf die anderen Kapitalgesellschaften übertragbar[31].

---

[29] Vgl. Beispiel oben C 2 bei Fußn. 16.
[30] Da sich der Voraus mit der Inflation entwertet, ist ein für Geldtitel geltender Kapitalisierungszins zu wählen.
[31] *Baumbach/Hueck*, GmbHG § 73 Anm. 3 A; vgl. jedoch *Mügel*, S. 289, zum Aufwertungsrecht der Inflationszeit.

C 4. Abfindungsrecht zum Buchwert

Gesellschaftsverträge enthalten manchmal für bestimmte Gesellschafter oder für die Gesellschaft das Recht, andere Gesellschafter zum Buchwert abzufinden. Wenn dieses Abfindungsrecht von dem Übernehmer geltend gemacht werden könnte, ist auch in den hier behandelten Fällen des Ausscheidens die Abfindung mit dem Buchwert anzusetzen; denn die Ausscheidenden haben auf den Verbleib kein Recht, sondern nur eine Chance. Der BFH[32] will indes den Wert einer Beteiligung auch dann nur mit dem Buchwert ansetzen, wenn die Kündigung zum Buchwert erst in 15 Jahren erfolgen kann und bis dahin Übergewinne zu erwarten sind. Ein sachlicher Grund hierfür ist nicht zu erkennen. Richtigerweise müssen die abgezinsten Buchgewinne, die bis zu dem Zeitpunkt entstehen, zu dem eine Kündigung frühestens wirksam werden kann, dem gegenwärtigen Buchwert hinzugeschlagen werden, soweit sie über eine angemessene Verzinsung des gegenwärtigen Buchwertes hinausgehen.

---

[32] 27. 9. 1973 = DB 1973, 2429.

D Entschädigung bei Zahlungsverzögerung[1]

D 1. Verfassungsrechtlich gebotene Verzögerungsentschädigung

Das BVerfG[2] hat gesagt, daß auch der Verzugsschaden, mindestens Verzugszinsen geschuldet seien, da bis zum Abschluß des zeitraubenden Feststellungsverfahrens die ausscheidenden Gesellschafter ihr Kapital nicht anderweit gewinnbringend anlegen können, während der übernehmende Hauptgesellschafter mit diesem Kapital noch arbeiten kann. Auch der BGH hat für die Enteignungsentschädigung in ständiger Rechtsprechung entschieden, daß eine — wegen des Abwägungsgebots allerdings nur angemessene — Verzinsung der Entschädigungsforderung verfassungsrechtlich geboten ist, wenn die Auszahlung der Entschädigung erst später erfolgt[3]. Die volle Entgeltung des Schadens, der durch Verzögerung bei der Auszahlung der hier behandelten vollen Entschädigungen[4] entsteht, ist daher verfassungsrechtlich geboten.

D 1.1 Gleichbehandlung für alle Abfindungen

Das Gesetz sieht nur für die übertragene Umwandlung und für die Eingliederung (§§ 12 I 3 UmwG, 320 V 6 AktG), nicht aber für die formwechselnde Umwandlung in eine GmbH oder den Abschluß eines Unternehmensvertrages Zinsen und den Ersatz eines weiteren Schadens vor.

D 1.11 Formwechselnde Umwandlung in GmbH

In den Ausschußberatungen über § 375 AktG ist ausdrücklich angenommen worden, daß die Barabfindung wie diejenige nach § 320 V AktG mit 5 % zu verzinsen ist[5]. Das Unterlassen einer Verweisung auf § 320 V 6 AktG beruht daher auf einem Redaktionsversehen[6]. Dennoch nehmen v. Godin-Wilhelmi[7] an, daß mangels Verweisung auf die

---

[1] Von „Verzug" sollte wegen der Abweichung vom Verzug des BGB nicht gesprochen werden, vgl. unten D 3.1.
[2] 7. 8. 1962 sub III (Feldmühle) = E 14, 263.
[3] 2. 12. 1971 = NJW 1972, 447 m. w. Nachw.
[4] s. oben A 2.2 am Ende.
[5] *Kropff*, S. 485 (zu § 375).
[6] *Kropff*, a.a.O.; *Godin/Wilhelmi*, § 375 Anm. 6.
[7] *Godin/Wilhelmi*, a.a.O.; *Würdinger*, § 375 Anm. 5 lehnt jede Verzinsung ab.

Ausnahmevorschrift § 320 V 6 AktG die Verzugsregelung des § 246 BGB (4 % Zinsen) Anwendung finde. Dem ist entgegenzuhalten, daß die Anwendbarkeit der §§ 288, 246 BGB auf die Verzinsung der hier geschuldeten Abfindungen auch ohne das Vorhandensein einer Sonderregelung in §§ 320 V 6 AktG, 12 I 3 UmwG zweifelhaft wäre[8]; die gesamte Rechtsprechung zum UmwG 1956 hat die Verzinsung nicht aus §§ 288, 246 BGB, sondern aus dem Begriff der angemessenen Abfindung hergeleitet und entweder 5 % oder 6 %, niemals aber nur 4 % Zinsen zugesprochen[9].

Eine Ausnahmeregelung ist auf solche Fälle entsprechend anzuwenden, die innerhalb des Prinzips liegen, auf das sich die Ausnahmeregelung erstreckt[10]. In den hier behandelten Abfindungen, die nach den gleichen Rechtsgrundsätzen berechnet und in demselben Verfahren geltend gemacht werden, kann ein solches gleichmäßiges Ausnahmeprinzip um so mehr gesehen werden, als es nur auf einem Redaktionsversehen beruht, daß die Ausnahmeregelung *nicht* auch auf diesen Fall erstreckt worden ist. § 320 V 6 AktG ist daher auf die Barabfindung nach § 375 AktG analog anzuwenden.

D 1.12 Verzögerungsschaden bei Unternehmensverträgen

Im Falle der Unternehmensverträge könnte ein Ersatz des Verzögerungsschadens darin erblickt werden, daß die außenstehenden Aktionäre während dieser Zeit die Ausgleichszahlung nach § 304 AktG verlangen können. Die Höhe der Ausgleichszahlung ist jedoch von der Höhe des Abfindungsbetrages weitgehend unabhängig. Insbesondere bei relativ kurzfristigen Unternehmensverträgen kann sie erheblich über der Verzinsung des Abfindungsbetrages liegen, wenn in naher Zukunft die zu erwartenden Erträge besonders hoch sind. So ist in dem auf fünf Jahre abgeschlossenen Unternehmensvertrag zwischen Salzgitter Hüttenunion AG und Stahlwerke Peine & Salzgitter AG eine Abfindung von nur 265 %, aber eine Ausgleichszahlung von jährlich 25 % auf den Nennbetrag angeboten worden, weil die nahen Zukunftserträge erheblich über den durchschnittlichen Zukunftserträgen lagen. Dementsprechend ist nach Ablauf des Unternehmensvertrages ein auf 235 % verringertes Abfindungsangebot vorgesehen worden[11]. Die hohen

---

[8] Für die Anwendung von §§ 288, 246 BGB: *Böttcher/Meilicke*, § 12, 13 Anm. 14.

[9] Ausdrücklich OLG Stuttgart 12. 11. 1962, Koppenberg, S. 68 (KNORR): 5 %; OLG Düsseldorf 27. 11. 1962, Koppenberg, S. 96 (Beteiligungs-AG): 6 %; OLG Hamm 15. 5. 1963, Koppenberg, S. 161 (OMZ): 6 %; OLG München 15. 12. 1964 = Die AG 1965, 139: 6 %; ohne Begründung OLG Köln 21. 8. 1962, Koppenberg, S. 56 (Dynamit-Nobel): 5 %; OLG Düsseldorf 31. 7. 1964 (Feldmühle-AG) = Die AG 1964, 247: 6 %.

[10] *Larenz*, Methodenlehre, S. 329.

[11] LG Hannover 23 Akt E 1/70 (Ilseder Hütte).

Erträge der nahen Zukunft würden doppelt vergütet, wenn die ausscheidenden Aktionäre während des jahrelangen Spruchstellenverfahrens die hohe Ausgleichszahlung verlangen könnten und nach dessen Beendigung ,die unter Einrechnung der nahen Zukunftserträge berechnete Abfindung.

Umgekehrt würde aber auch eine Gesellschaft, die in naher Zukunft nur Verlust erwartet und deshalb nur eine geringe Ausgleichszahlung zu zahlen braucht, sich um die angemessene Verzinsung der Barabfindung drücken können. Da die in nächster Zukunft liegende Ertraglosigkeit bereits bei der Bemessung der Barabfindung berücksichtigt wird, würde die Verweisung der Aktionäre auf die niedrige Ausgleichszahlung zu einem doppelten Abzug der zukünftigen Ertraglosigkeit führen.

Erst recht ist die Zahlung von Zinsen und weiterem Schaden für solche Aktionäre erforderlich, die ihre Aktien oder einen Teil davon unter dem Vorbehalt, bei höherer Festsetzung im Spruchstellenverfahren Nachzahlung zu verlangen, bereits eingetauscht haben, da sie nicht einmal die Möglichkeit haben, sich wegen des nachzuzahlenden Teils an den Ausgleichszahlungen schadlos zu halten.

Daher ist bei den Unternehmensverträgen eine Verweisung auf die Ausgleichszahlung anstelle von Zinsen und weiterem Schaden nicht möglich. Vielmehr sind, genauso wie bei der formwechselnden Umwandlung in eine GmbH, die §§ 320 V 6 AktG, 12 I 3 UmwG analog anzuwenden. Die außenstehenden Aktionäre, die sich nicht sofort für die Barabfindung entschieden haben, haben während dieser Zeit allerdings die Ausgleichszahlungen kassiert. Die Abfindung zuzüglich Verzugszinsen und -schaden kann daher um die inzwischen kassierten Ausgleichszahlungen gekürzt werden[12].

Soweit die Abfindung freiwillig länger als gesetzlich vorgeschrieben angeboten wird, steht sie nicht mehr unter dem verfassungsrechtlichen Gebot der vollen Entschädigung. Zinsen und weiterer Schaden brauchen daher nur für diejenigen Abfindungen gezahlt zu werden, die innerhalb der gesetzlichen Mindestfrist von zwei Monaten nach Bekanntmachung der Handelsregistereintragung bzw. des rechtskräftigen Spruchstellenbeschlusses (§ 305 IV AktG) geltend gemacht worden sind.

D 1.2 Verfassungswidriger Stichtag

Vor der Aktienrechtsreform 1965 war die Unternehmensbewertung auf den Tag der Handelsregistereintragung vorzunehmen; von diesem Tag an konnten auch Verzugszinsen und -schadensersatz verlangt

---

[12] So Ilseder Hütte AG, Aktionärsrundschreiben vom 27. 8. 1970 = Handelsblatt vom 1. 9. 1970, S. 10; OLG Celle, 10. 5. 1973 (Wintershall AG) = DB 1973, 1118.

werden[13]. Nunmehr ist die Bewertung auf den Tag der Hauptversammlung vorzunehmen[14]; die Verzinsungspflicht soll nach §§ 320 V 6, 1. Halbsatz AktG, 12 3 I, 1. Halbsatz UmwG jedoch erst mit der Bekanntmachung der Handelsregistereintragung beginnen.

Dadurch werden die ausscheidenden Gesellschafter geschädigt, denn für die Zeit zwischen Hauptversammlung und Handelsregistereintragung — das können Jahre sein, wenn eine Anfechtung durchgeführt wird[15] — erhalten sie für ihren Gesellschaftsanteil weder durch Beteiligung an Gesellschaftserträgen noch durch Zinsen einen Nutzen. Umgekehrt wird der Mehrheitsgesellschafter, der zur Zahlung der Abfindung verpflichtet ist, bereichert: er kann nämlich die Erträge, die in dieser Zeit anfallen, behalten, ohne hierfür eine Entschädigung zahlen zu müssen. Kurz: die ausscheidenden Gesellschafter werden bei dieser Berechnung um den Ertrag aus dem Wert ihrer Beteiligung in der Zeit zwischen Hauptversammlung und Bekanntmachung der Handelsregistereintragung entschädigungslos enteignet.

Schon für die Enteignungsentschädigung hat der BGH in ständiger Rechtsprechung entschieden, daß verfassungsrechtlich eine Verzinsung der Entschädigungsforderung seit dem für die Bewertung maßgeblichen Zeitpunkt bis zur Auszahlung geboten ist[16]. Auch die §§ 290, 849 BGB sehen, wenn jemand zum Ersatz des Wertes eines Gegenstandes verpflichtet ist, Verzinsung seit dem Bewertungsstichtag vor. Erst recht muß dies für die hier behandelten Abfindungen gelten, die nach der vollen Entschädigung zu bemessen sind. Den objektiven Wert des Gesellschaftsvermögens bereits auf den Tag der Beschlußfassung der Hauptversammlung über den Eigentumseingriff zu berechnen, die Verzinsung aber erst ab deren Bekanntmachung der Eintragung im Handelsregister vorzunehmen, ist daher verfassungswidrig.

Fraglich ist, ob die Verfassungswidrigkeit nur durch das BVerfG festgestellt oder ob dem Fehler durch verfassungskonforme Auslegung abgeholfen werden kann. Die Verlegung des Bewertungsstichtages ist, wie oben B 4.54 dargelegt, durch den Wortlaut ausgeschlossen. Man könnte daran denken, die für die Zeit zwischen Hauptversammlung und Bekanntmachung der Eintragung geschuldeten Zinsen als weiteren Schaden im Sinne der §§ 320 V 6, 2. Halbsatz AktG, 12 I 3, 2. Halbsatz UmwG zu ersetzen. Offenbar sollte jedoch der Beginn der Verzinsung abschließend geregelt werden. Die Regelung der §§ 320 V 6, 1. Halbsatz

---

[13] So OLG Düsseldorf 27. 11. 1962, Koppenberg, S. 86 und 96 (Beteiligungs-AG); vgl. oben B 2.133 Fußn. 20.
[14] Vgl. oben B 4.54.
[15] So bei BASF/Wintershall.
[16] 2. 12. 1971 = NJW 1972, 447.

AktG, 12 I 3, 1. Halbsatz UmwG kann daher wohl nur vom BVerfG berichtigt werden. Wann der einheitliche Stichtag für Bewertung und Verzinsung anzusetzen ist (Hauptversammlung, Handelsregistereintragung oder Bekanntmachung), kann allerdings nur vom Gesetzgeber entschieden werden[17].

Für die *analoge* Anwendung der §§ 320 V 6 AktG, 12 I 3 UmwG besteht der Zwang zur Vorlage an das BVerfG nicht. In verfassungskonformer Auslegung beginnt daher die Verzinsung der Abfindung für formwechselnde Umwandlungen in eine GmbH und für Unternehmensverträge bereits mit dem Tag der Hauptversammlung.

D 2. Umfang der Verzögerungsentschädigung

D 2.1 Zinsen

Zur Enteignungsentschädigung hat der BGH[18] gesagt, als Verzugszinsen müsse mindestens der im Verkehr übliche Zinssatz gezahlt werden. Dabei werde ein Verzugszins, der in Abhängigkeit zum Diskontsatz (2 % über Bundesbankdiskont, § 99 III BBauG) gesetzt werde, Art. 14 GG am besten gerecht. Demgegenüber[19] erscheint der Zinssatz von 5 % für die hier behandelten Entschädigungen ziemlich niedrig gegriffen. Verfassungsrechtliche Bedenken sind dagegen aber nicht anzumelden, da daneben der Ersatz jedes weiteren Schadens verlangt werden kann.

D 2.2 Weiterer Schaden

Während das BVerfG von der Notwendigkeit des Ersatzes eines etwaigen Verzugsschadens gesprochen hat[20], sagt der Gesetzgeber, daß die Geltendmachung eines weiteren Schadens (ohne den Zusatz „Verzug") nicht ausgeschlossen ist. Daraus könnte geschlossen werden, daß mit „weiterem Schaden" nicht nur der aus der Zahlungsverzögerung folgende, sondern jeder weitere individuelle Schaden zu ersetzen ist. Der Gesetzgeber hat jedoch dadurch, daß er die Ersatzbarkeit des weiteren Schadens in den Satz über die Verzinsung durch ein Semikolon einbezogen, von der Barabfindung aber durch einen Punkt getrennt hat, zu erkennen gegeben, daß nur der *Verzögerungs*schaden, der durch die Verzinsung der Forderung nicht gedeckt ist, ersetzt werden soll. Zudem wurde oben B 4.12 dargelegt, daß individuelle Schäden meist in

---
[17] BVerfG 28. 11. 1967 = BVerfGE 22, 349 (361).
[18] 2. 12. 1971 = NJW 1972, 447.
[19] Und gegenüber der Rspr. zum UmwG 1956, vgl. oben D 1.11 Anm. 9.
[20] 7. 8. 1962 sub III (Feldmühle) = BVerfGE 14, 263.

den Risikobereich des einzelnen Gesellschafters fallen; soweit sie ausnahmsweise zu ersetzen sind, sind sie mit der Festsetzung der Barabfindung eng verknüpft und daher im Spruchstellenverfahren zu ermitteln (Nebenverpflichtungen). Es besteht daher kein Bedürfnis dafür, den Begriff des weiteren Schadens in §§ 320 V 6, 2. Halbsatz AktG, 12 I 3, 2. Halbsatz UmwG auch auf solche Schäden zu beziehen, die nicht durch die Verzögerung der Zahlung, sondern bereits durch den Eigentumseingriff selbst ausgelöst sind[21].

Einen weiteren Verzögerungsschaden kann ein Gesellschafter dadurch erlitten haben, daß er die Abfindung günstiger hätte anlegen können, wenn er sie rechtzeitig erhalten hätte, z. B. daß er sie zur Rückzahlung seines Bankkredits verwendet hätte. Bei dem Schadensersatz für entgangene Nutzungen gilt auch nicht das Zinseszinsverbot, vgl. § 289 Satz 2 BGB[22]. Rechtsberatungskosten sowie die außergerichtlichen Kosten, die zur Erlangung der Abfindung erforderlich sind, müssen ersetzt werden[23]. So umfaßt auch die Enteignungsentschädigung die für eine zweckentsprechende Rechtsberatung notwendigen Kosten[24].

Nach dem OLG Frankfurt[25] ist die gerichtliche Geltendmachung der Barabfindung nur von solchen Gesellschaftern zulässig, die bereits zur Zeit der Bekanntmachung des Eigentumseingriffs Gesellschafter gewesen sind. Diese können also nicht alle Geschäftsanteile abtreten, sondern müssen zumindest einen behalten, wenn sie die volle Abfindung gerichtlich geltend machen wollen. Dadurch kann ebenfalls ein Schaden eintreten, wenn der betreffende Gesellschafter das Geld dringend benötigt.

D 2.3 Ausgleich für Geldentwertung

Zur Enteignungsentschädigung hat der BGH in ständiger Rechtsprechung entschieden, daß der Enteignete, wenn die angebotene Entschädigung hinter der angemessenen zurückbleibt, neben den Verzugszinsen für den entgangenen Nutzen einen Ausgleich dafür verlangen kann, daß während des schwebenden Verfahrens die Preise gestiegen sind, damit er sich mit der Entschädigung das weggenommene Wirtschaftsgut wiederbeschaffen kann: Die Verzögerung der Auszahlung der Entschädigung habe eine Verschiebung des für die Preisverhältnisse

---

[21] *Würdinger*, § 320 Anm. 15.
[22] Ebenso BGH 14. 11. 1963 = NJW 1964, 294 für die Enteignungsentschädigung.
[23] OLG Frankfurt 16. 9. 1971 (Veith-Pirelli) = Die AG 1971, 369; OLG Düsseldorf 8. 6. 1973 (Westf. Kupfer) = DB 1973, 1393; a. A. OLG Celle 13. 7. 1973 (BASF-Wintershall), 9 Wx 1/73 = DB 1974, 86.
[24] BGH 6. 12. 1965 (III ZR 172/64) = NJW 1966, 493 (496).
[25] 16. 9. 1971 = Die AG 1971, 369 (Veith-Pirelli); dagegen *Schneider*, NJW 1971, 1109; *Heinz Meilicke/Hohlfeld*, BB 1972, 1249.

D 2. Umfang der Verzögerungsentschädigung

(nicht für die Qualitätsbemessung) maßgeblichen Zeitpunktes zur Folge[26]. Dabei hat er die Berücksichtigung von Preisveränderungen zwischen dem Tag der Besitzeinweisung und dem der Auszahlung als verfassungsrechtlich erforderlich angesehen[27]. Es ist zu prüfen, ob diese Rechtsprechung auf die Barabfindung übertragen werden kann[27a].

Der für Geldtitel marktgerechte Zins, der nach dem BGH Art. 14 GG am besten gerecht wird[28], enthält bereits eine Entschädigung für die laufende Geldentwertung. Wenn man dem Enteigneten einerseits einen für Geldtitel geltenden Verzugszins, andererseits eine Erhöhung der Entschädigung um den Betrag zahlt, der der Verschiebung der Preisverhältnisse entspricht, erhält er einen doppelten Ausgleich für den Schaden, der durch die inflationsbedingte Entwertung seiner Geldentschädigung eintritt. Dem BGH ist allerdings insofern zuzustimmen, als gerade bei Grundstücken, um die es bei Enteignungsentschädigungen regelmäßig geht, die Preissteigerungen über die allgemeine Geldentwertung weit hinausgehen. Der Enteignete würde daher, verwiese man ihn auf den Ersatz der allgemeinen Preissteigerungen, um den Betrag, um den die besondere Steigerung der Grundstückspreise über die allgemeine Preissteigerung hinausgeht, entschädigungslos enteignet.

Im übrigen ist dem BGH[27a] im Ergebnis zuzustimmen. Allerdings beruht der Preissteigerungsausgleich wegen Zahlungsverzögerung bei der Enteignungsentschädigung darauf, daß bei dieser die am Bewertungsstichtag geltenden Marktpreise zugrundegelegt werden, während zukünftige Preissteigerungen wegen des Abwägungsgebots unberücksichtigt bleiben[29]. Der Preissteigerungsausgleich ist also die Folge davon, daß das Zurückbleiben der angemessenen hinter der vollen Entschädigung im Falle der Zahlungsverzögerung als unbillig empfunden wird. Bei der vollen Entschädigung sind dagegen zukünftige Preissteigerungen von vornherein in der Abfindung zu berücksichtigen[30]; soweit die Preissteigerungen am Stichtag noch nicht voraussehbar waren, aber während des Spruchstellenverfahrens eintraten, sind sie vom Gericht der Abfindung hinzuzufügen[31]. Daneben ist ein weiterer Preisausgleich ähnlich dem bei der Enteignungsentschädigung üblichen für

---

[26] Ähnlich im französischen Enteignungsrecht, art. 26 der Ord. v. 23. 10. 1958.
[27] 30. 11. 1959 = BGHZ 31, 244 (252); 15. 11. 1971 = DB 1972, 39.
[27a] Wohl bejahend BGH 27. 5. 1974 = DB 1974, 1423 sub 3 (BASF/Wintershall).
[28] Vgl. BGH 2. 12. 1971 = NJW 1972, 447.
[29] BGH 8. 11. 1962 = BGHZ 39, 198; 29. 11. 1965 = NJW 1966, 497.
[30] Vgl. oben B 4.32 bei Fußn. 25 und 4.33 bei Fußn. 42.
[31] Vgl. oben B 4.33 und 5.228.

D Entschädigung bei Zahlungsverzögerung

die Barabfindung nicht mehr gerechtfertigt, da dies einer doppelten Anrechnung der Preissteigerung gleichkäme.

D 3. Voraussetzungen für die Verzögerungsentschädigung

Ist der Abfindungsanspruch durch Leistung (§ 362 BGB) oder Hinterlegung (§ 378 i.V.m. § 372 Satz 1 BGB) erloschen, fällt mit der Verzögerung auch ein Anspruch auf Ersetzung von Verzögerungsschäden fort. Im übrigen ist der Ersatz des Verzögerungsschadens nach dem Wortlaut der §§ 320 V 6 AktG, 12 I 3 UmwG an keinerlei Voraussetzung geknüpft.

D 3.1 Keine Anwendung von Verzugsregeln

Teilweise wird die Ansicht vertreten, die BGB-Regeln über den Verzug seien anwendbar[32]. Dem ist jedoch entgegenzuhalten, daß der Gesetzgeber die Wahl hatte, ob er sich dem BVerfG[33] und der Literatur[34], die an den Verzug anknüpfte, oder der Rechtsprechung zum UmwG 1956, die das durchweg nicht tat[35], anschließen wollte. Da er die Worte „Verzug" nicht gewählt hat, ist anzunehmen, daß er auch nicht darauf verweisen wollte, so daß die Verzugsregeln des BGB keine Anwendung finden[36].

Daher ist die Verzinsung der Abfindung und der Ersatz weiteren Schadens nicht deshalb ausgeschlossen, weil den Verpflichteten an der Verzögerung kein Verschulden trifft[37]. Eine Mahnung ist nicht erforderlich[38].

Biedenkopf/Koppensteiner[39] wollen die Verzinsungs- und weitere Entschädigungspflicht erst einsetzen lassen, wenn die Gesellschafter ihr Wahlrecht zwischen Abfindung in bar und in Aktien ausgeübt haben. Für die Verzinsung verstößt dies gegen den klaren Wortlaut des § 320 V 6, 2. Halbsatz AktG, der die Verzinsung mit der Bekanntmachung der Eintragung einsetzen läßt; vor Kenntnis von dem Eigentumseingriff kann ohnehin niemand sein Wahlrecht ausüben. Vielmehr gilt nach

---

[32] *Widmann/Mayer*, § 12 Anm. 337; *Godin/Wilhelmi*, § 320 Anm. 6.
[33] 7. 8. 1962 sub III (Feldmühle) = BVerfGE 14, 263.
[34] *Böttcher/Meilicke*, § 12, 13 Anm. 14.
[35] Vgl. oben D 1.11 Fußn. 9.
[36] *Biedenkopf/Koppensteiner*, § 320 Anm. 24, 25; so wohl auch *Würdinger*, § 320 Anm. 15.
[37] KG 15. 12. 1970 = OLGZ 1971, 279 (Berl. Maschinenbau-AG).
[38] *Biedenkopf/Koppensteiner*, § 320 Anm. 25; a. A. *Widmann/Mayer*, § 12 Anm. 337.
[39] § 320 Anm. 24, 25.

§ 263 II BGB die gewählte Leistung rückwirkend als von Anfang an allein geschuldet. Daher ist die Verzinsung und der weitere Schaden vom Tag der Hauptversammlung an[40] immer zu ersetzen, wenn später die Barabfindung gewählt wird.

D 3.2 Auswirkung eines Abfindungsangebots

Wenn der Mehrheitsgesellschafter überhaupt keine Abfindung angeboten hat, ist der volle Verzugsschaden bis zum Tag der Auszahlung der Abfindung zu ersetzen[41]. Ist ein Abfindungsangebot angenommen und die Abfindung anschließend höher festgesetzt worden, so sind ab Annahme der Abfindung 5 % Zinsen nur auf den Überschuß zu entrichten[41]. Fraglich ist jedoch, wie zu verfahren ist, wenn ein Abfindungsangebot gemacht worden ist, das nicht angenommen worden ist.

Nach dem alten UmwG, das nicht ausdrücklich eine Zinspflicht vorsah, hatte das OLG Köln[42] eine Verzinsung nur für denjenigen Teil der Abfindung festgesetzt, der die angebotene Abfindung überstieg. Eine Verzinsung bis zur Spruchstellenentscheidung auch der angebotenen Abfindung hat es dagegen nicht für gerechtfertigt gehalten, da keine Anhaltspunkte ersichtlich seien, die die Annahme dieses Abfindungsbetrages für die Gesellschafter unzumutbar erscheinen lassen könnten. Demgegenüber hat das OLG Stuttgart[43] entschieden, daß der volle Betrag trotz Abfindungsangebot zu verzinsen sei. Ein Gläubiger sei nicht verpflichtet, Teilzahlungen anzunehmen, und der Gesichtspunkt von Treu und Glauben, der ausnahmsweise einem Gläubiger[44] das Recht nehmen könne, die Annahme von Teilzahlungen zu verweigern, treffe nicht zu; die Verzinsung der Abfindung sei eine sogenannte Wertschuld und mit den Zinsen üblicher Art — Verzugszinsen, Prozeßzinsen, Handelszinsen usw. — nicht zu vergleichen.

Nach der — nicht anwendbaren[45] — Verzugsregelung des BGB ist im Verzugsfalle der volle Verzugsschaden zu ersetzen, während im Falle des Gläubigerverzugs keinerlei Zinsen gezahlt zu werden brauchen (§ 301 BGB). Der Gläubiger ist jedoch nicht verpflichtet, eine Teilleistung anzunehmen (§ 266 BGB). Wäre diese Regelung auf die Barabfindung anwendbar, so würde es sich erst durch den Spruchstellenbeschluß entscheiden, ob Verzugszinsen und -schaden zu ersetzen sind oder nicht, wobei häufig weder das eine noch das andere voraussehbar

---
[40] Vgl. oben D 1.2.
[41] *Würdinger*, § 320 Anm. 15.
[42] 21. 8. 1962 Koppenberg, S. 56 (Dynamit-Nobel).
[43] 12. 11. 1962 Koppenberg, S. 68 (KNORR); ebenso ohne Begründung OLG Düsseldorf 27. 11. 1962 Koppenberg, S. 96 i. V. m. S. 164/65 (Beteiligungs-AG).
[44] Im Text „Schuldner" muß nach dem Sinn offenbar Gläubiger heißen.
[45] Vgl. oben D 3.1.

wäre. Ihre entsprechende Anwendung auf die hier behandelten Abfindungen wäre daher unbefriedigend.

D 3.21 Auswirkung auf die Verzinsung

Nach dem Wortlaut der §§ 320 V 6, 1. Halbsatz AktG, 12 I 3, 1. Halbsatz UmwG ist die Abfindung *immer* bis zum *Erlöschen* des Abfindungsanspruchs mit 5 %/o zu verzinsen. Die Ansicht Würdingers, wonach die Verzinsungspflicht nur eingreift, wenn die Abfindung überhaupt nicht oder nicht ordnungsgemäß angeboten ist[46], findet im Gesetz keine Stütze. Ferner meint Würdinger[46], die Verzinsung der Abfindung in Höhe des ursprünglichen Angebots sei *verwirkt*, wenn ein Aktionär den Gesamtbetrag der angebotenen Abfindung zurückweist, um in den Genuß der Verzinsung des Gesamtbetrages zu kommen. Verwirkung setzt jedoch nicht nur voraus, daß der Gläubiger eine gewisse Zeit nicht tätig wird, sondern auch, daß der Schuldner aus den Umständen heraus auf die Nichtgeltendmachung vertrauen durfte und deshalb wirtschaftliche Maßnahmen getroffen hat, die nicht mehr oder nur schwer rückgängig gemacht werden können[47]. An beiden Voraussetzungen fehlt es für eine Verwirkung:

— Aus der Nichtannahme der Abfindung kann der Wille, auf die Verzinsung zu verzichten, nicht geschlossen werden, da der einzelne ausscheidende Gesellschafter wegen der nur fingierten Kenntnis oft erst sehr viel später wirklich Kenntnis von dem Abfindungsangebot erhält[48].

— Eine Maßnahme, mit der der Abfindungsverpflichtete sich auf die Nichtgeltendmachung des Zinsanspruchs eingestellt hat, liegt regelmäßig nicht vor, da er mit dem nicht ausgezahlten Geld arbeiten kann und arbeiten wird.

Da auch das BVerfG[49] die Verzinsung gerade damit begründet hat, daß der Abfindungsverpflichtete mit der Abfindung noch arbeiten kann, ist die Verzinsung der Abfindung ohne wortlautwidrige Einschränkung bis zum Erlöschen des Abfindungsanspruchs mit 5 % vorzunehmen.

Ein Erlöschen des Abfindungsanspruchs tritt nicht nur durch Zahlung (§ 362 BGB), sondern auch durch Hinterlegung unter Verzicht auf Rücknahme ein (§ 378 BGB)[50]. Ferner erlischt der Zinsanspruch zusammen mit dem Abfindungsanspruch bei formwechselnder Umwandlung und Unternehmensverträgen, wenn die Barabfindung nicht binnen zwei Monaten, nachdem die Handelsregistereintragung bzw. die rechtskräftige

---

[46] § 320 Anm. 15.
[47] *Staudinger/Weber*, § 242 Anm. D 619.
[48] *Godin/Wilhelmi*, § 320 Anm. 8; *Wienand Meilicke*, DB 1972, 665.
[49] 7. 8. 1962 sub III (Feldmühle) = BVerfGE 14, 263.
[50] Wegen des Wahlrechts ist die Hinterlegung vor Ablauf der Wahlfrist bei formwechselnder Umwandlung und Unternehmensverträgen nicht möglich, ferner nicht bei Wahlrecht zwischen Abfindung in bar und in Aktien nach § 320 V 3 AktG, § 15 I 2 und 3 UmwG.

D 3. Voraussetzungen für die Verzögerungsentschädigung

Spruchstellenentscheidung als bekanntgemacht gilt (§§ 305 IV, 375 I 2 und 3 AktG), geltend gemacht worden ist.

Die Abfindung wird verzinst, bis mit ihr auch der Anspruch auf Verzinsung verjährt (§ 224 BGB). Während die Verjährungsfrist bei der übertragenden Umwandlung fünf Jahre beträgt (§ 12 II UmwG), ist für die anderen Abfindungsansprüche keine Verjährungsfrist vorgesehen. Es würde sich eine analoge Anwendung der fünfjährigen Verjährung nach § 12 II UmwG anbieten. Aus Gründen der Rechtssicherheit sind Verjährungsfristen jedoch grundsätzlich keiner analogen Anwendung fähig[51]. Daher ist für diese Abfindungsansprüche sowie für die darauf zu zahlenden Zinsen die regelmäßige Verjährung von 30 Jahren (§ 195 BGB) gültig[52].

D 3.22 Auswirkung auf die weitere Verzögerungsentschädigung

Nach dem Gesetzeswortlaut ist auch der Ersatz des weiteren Schadens an keine andere Voraussetzung als das Erlöschen des Abfindungsanspruchs geknüpft. Während die Verzinsung der Abfindung auf der entsprechenden Bereicherung des Zahlungsverpflichteten beruht, orientiert sich der Ersatz des weiteren Schadens allein an den Verhältnissen der geschädigten ausgeschiedenen Gesellschafter. Daher erscheint es gerechtfertigt, die weitere Entschädigungspflicht dann und insoweit fortfallen zu lassen, als der Abfindungsverpflichtete ein Zahlungsangebot gemacht hat, dessen Annahme dem Geschädigten zumutbar gewesen wäre.

Zumutbar ist die Annahme des Zahlungsangebots immer dann, wenn die Frist für die Einleitung des Spruchstellenverfahrens abgelaufen ist oder das Gericht rechtskräftig die anzubietenden Leistungen festgesetzt und seine Entscheidung bekanntgemacht hat. Ein Schaden, der danach wegen Nichtannahme des Angebots entsteht, kann nicht als weiterer Schaden geltend gemacht werden.

Auch die Annahme eines vorher erfolgten Zahlungsangebots kann zumutbar sein. § 266 BGB kann keine Anwendung finden, da bei den hier behandelten Abfindungen Teilzahlungsangebote dem Interesse der Gläubiger vor Illiquidität des Schuldners dienen und sogar vom Spruchstellengericht angeordnet werden können[53]. Zur Zumutbarkeit der Annahme gehört allerdings, daß nicht Nachteile an sie geknüpft werden. In der Literatur ist z. B. umstritten, ob diejenigen, die die angebotene Abfindung annehmen, Nachzahlung der höher festgesetzten Abfindung verlangen können[54]. Stellt der Mehrheitsgesellschafter nicht klar, daß

---

[51] Vgl. BGH 25. 4. 1966 = NJW 1966, 1452.
[52] *Biedenkopf/Koppensteiner*, § 320 Anm. 27
[53] BVerfG 7. 8. 1962 sub III (Feldmühle) = E 14, 263.
[54] Nachweise bei *Würdinger*, § 305 Anm. 21.

er bereit ist, eine eventuell höher festgesetzte Abfindung nachzuzuahlen[55], behält er sich mit der Annahme des Abfindungsangebots die Androhung eines Nachteils, nämlich des Verlustes der restlichen vollen Entschädigung, vor, wodurch die Zumutbarkeit der Annahme ausgeschlossen wird.

Unzumutbar ist die Annahme eines Abfindungsangebots ebenfalls, solange noch ein Wahlrecht zwischen mehreren Abfindungsarten[56] besteht und nicht feststeht, ob eines oder mehrere der Abfindungsangebote durch Gerichtsbeschluß geändert werden. Ist die Barabfindung jedoch einmal gewählt, müssen auch weitere Teilzahlungen angenommen werden.

D 4. Verfahren der Geltendmachung

Das Gesetz schreibt die Zuständigkeit des Spruchstellengerichts nur für die Festsetzung der Barabfindung, nicht aber für die Zinspflicht oder die Geltendmachung des weiteren Schadens vor (§§ 320 VI 2 AktG, 13 Satz 2 UmwG). Daraus könnte gefolgert werden, daß für eine Entscheidung über die Art der Zinspflicht und über den Ersatz eines weiteren Schadens nur die ordentlichen Gerichte zuständig sind (§ 13 GVG).

Das Spruchstellenverfahren ist jedoch dazu da, diejenigen Feststellungen zu treffen, die alle Gesellschafter gemeinsam angehen[57]. Schon unter dem alten UmwG hatte die Rechtsprechung allgemein die Ansicht vertreten, daß die Verzinsung der Abfindung im Spruchstellenverfahren zu regeln sei, obwohl der Gesetzgeber hierfür keine ausdrückliche Zuständigkeit begründet hatte[58]. Das OLG Hamm a.a.O. hat dies ausdrücklich damit begründet, es entspreche der Gerechtigkeit und Billigkeit und gehöre damit zum Begriff der Angemessenheit, allgemein eine für *alle* gültige Entschädigung dafür festzusetzen, daß den ausgeschiedenen Aktionären der Abfindungsbetrag nicht zum Zeitpunkt des Ausscheidens zur Verfügung gestanden hat. Würde man die Gesellschafter

---

[55] Bei dem Beherrschungsvertrag Ilseder Hütte (LG Hannover 23 Akt E 1/70) ist die Nachzahlung zugesichert worden. Bei der Überahme von Wintershall durch BASF (LG Hannover 22 Akt E 2/69) und von DEA durch TEXACO (LG Hamburg 64-0-7/69) wurde die Nachzahlung ausdrücklich abgelehnt.

[56] Abfindung in bar, Abfindung in Aktien oder die Ausgleichszahlung nach § 304 AktG.

[57] Vgl. *Gessler*, BB 1956, 1175; *Böttcher/Meilicke*, § 33, 34 Anm. 1; *Wienand Meilicke*, DB 1972, 665.

[58] OLG Köln 21. 8. 1962, Koppenberg, S. 56 (Dynamit Nobel); OLG Stuttgart 12. 11. 1962, Koppenberg, S. 68 (KNORR); OLG Düsseldorf 27. 11. 1962, Koppenberg, S. 96 (Beteiligungs-AG); OLG Hamm 15. 5. 1963, Koppenberg, S. 161 (OMZ).

für diese Rechtsfragen auf den allgemeinen Rechtsweg verweisen, so würde wegen des großen Arbeitsaufwands und des relativ geringen Mehrbetrages die Geltendmachung dieser Schäden meistenteils unterbleiben und der Mehrheitsgesellschafter für seine Hartnäckigkeit belohnt. Die Art der Verzinsung ist daher im Spruchstellenverfahren zu bestimmen, während das ordentliche Gericht nur für die Festsetzung des (individuellen) weiteren Schadens zuständig ist.

Vorschlag für die Abfassung eines Beweisbeschlusses, zugleich Thesen zur Unternehmensbewertung

Nach der bisherigen Praxis der Gerichte wird durch Beweisbeschluß ein Gutachter damit beauftragt, den „Wert der X-AG" oder „einer Aktie der X-AG am 1.1.1973" zu ermitteln. Eine genaue Anweisung, welcher Sachverhalt als rechtlich maßgeblich festgestellt werden soll, fehlt regelmäßig, weil wohl angenommen wird, daß der Begriff des „Wertes" eindeutig sei. Konsequenterweise schicken dann die Gutachter selbst ihren Gutachten Ausführungen über die rechtlichen Grundsätze der Unternehmensbewertung voraus, an denen sie ihre Wertermittlung orientiert haben. Sind diese rechtlichen Wertungen der meist juristisch nicht ausgebildeten Gutachter falsch, so bleibt dem Gericht nur die Wahl, entweder eine Korrektur des Gutachtens zu verlangen, wodurch die bisherigen Ermittlungen und die durch sie verursachten Kosten sich zumindest teilweise als überflüssig erweisen und das Verfahren in die Länge gezogen wird, oder eine Korrektur des Gutachtens selbst vorzunehmen, was ohne tatsächliche Anhaltspunkte nur in Willkür ausarten kann[1].

Richtigerweise sollte der Richter bereits in dem Beweisbeschluß angeben, an welchen rechtlichen Wertungen die tatsächlichen Ermittlungen zu orientieren sind. Genauso wie z. B. nach einem Autounfall kein Richter auf die Idee käme, einen Sachverständigen mit der „Ermittlung des Schadens" zu beauftragen, sondern konkret die Ermittlung des merkantilen Minderwerts oder der Kosten für eine Reparatur bestimmter Beschädigungen vornehmen ließe, so müssen auch für die Ermittlung der Barabfindung dem Gutachter die Rechtsgrundsätze vorgegeben werden, von denen ausgehend er mit Hilfe seines Sachverstandes über die Einnahmeüberschüsse der Gesellschaft und die Abzinsung des den ausscheidenden Gesellschaftern davon zustehenden Teils gutachten soll. Ein Beweisbeschluß, der einen Gutachter ohne weitere Anhaltspunkte einfach mit der Ermittlung der Barabfindung beauftragt, verstößt nicht nur gegen die regelmäßige Übung im sonstigen Prozeßrecht, sondern kann den Richter auch für die Kosten, die durch überflüssige Gutachtertätigkeit entstanden sind, schadensersatzpflichtig machen; das Richterprivileg des § 839 II BGB gilt im FGG-Verfahren nicht[2].

---

[1] Vgl. oben B 1.42.
[2] BGH NJW 1956, 1716.

Im folgenden soll ein Vorschlag für die Abfassung eines Beweisbeschlusses gemacht werden, in dem die wichtigsten Thesen zur Unternehmensbewertung zusammengefaßt sind und an denen der beauftragte Gutachter sich orientieren kann.

Beweisbeschluß

Der Sachverständige Y wird beauftragt, den Barwert einer Aktie von nominell 100 DM der ausscheidenden Aktionäre der X-AG am ... (Tag der Hauptversammlung) zu ermitteln. Dabei soll er sich von den folgenden Grundsätzen leiten lassen:

1. Die Barabfindung ist als volle Entschädigung der ausscheidenden Gesellschafter zu berechnen.
2. Die ausscheidenden Gesellschafter sind so zu stellen, wie sie gestanden hätten, wenn das die Abfindungsklage auslösende Ereignis nicht eingetreten wäre. Im Sinne der Betriebswirtschaftslehre ist allein der Wert zugrundezulegen, den das Gesellschaftsvermögen für die Ausscheidenden hat; der Wert, den es für den Übernehmer hat (seine Bereicherung), bleibt unbeachtet.
3. Jeder zukünftige Einnahmeüberschuß ist zu ersetzen, soweit er bei Verbleib der Ausscheidenden ohne das den Anspruch auf die Barabfindung auslösende Ereignis erzielbar gewesen wäre. Dazu gehören insbesondere alle Einnahmeüberschüsse aus Geschäftserweiterungen und Umstrukturierungen, die bei Verbleib der Ausscheidenden möglich gewesen wären.
4. Die bestmögliche Verwertung des Gesellschaftsvermögens durch einen qualifizierten Vorstand ist zu unterstellen. Bei Fusionsvorteilen ist zu enterscheiden:
   — solche, die nur durch den das Ausscheiden auslösenden Eingriff ermöglicht werden, bleiben unberücksichtigt.
   — solche, die auch bei Verbleib der Ausscheidenden möglich gewesen wären, werden berücksichtigt.
5. Die zukünftige Entwicklung ist unter Angabe der maßgeblichen Gründe unter gleichmäßiger Berücksichtigung von Chancen und Risiken zu schätzen. Jede vorsichtige Bewertung ist unzulässig.
   Informationsänderungen über die tatsächliche Entwicklung, die auch bei Verbleib der Ausscheidenden eingetreten wäre, sind auch dann in vollem Umfange zu berücksichtigen, wenn sie erst nach dem Tag der Hauptversammlung bekannt werden.
   Etwaige Risikozu- oder -abschläge sind nach Grund und Höhe zu begründen.

6. Ertragsteuern der Gesellschaft sind nur in der Höhe und zu dem Zeitpunkt abgezinst vom Unternehmenswert abzusetzen, in dem sie tatsächlich gezahlt worden wären.

7. Als Kapitalisierungszins ist einheitlich die Verzinsung zu wählen, die einem ausscheidenden Gesellschafter mit dem kleinsten ausgegebenen Gesellschaftsanteil bei bestmöglicher Wiederanlage der Abfindung nach Zahlung der Wiederanlagespesen möglich ist. Grundsätzlich ist vom landesüblichen Zinssatz für festverzinsliche Wertpapiere kleiner Stückelung auszugehen. Risikozuschläge zum Kapitalisierungszins sollen unterbleiben, sondern gegebenenfalls als Abschläge bei den Einnahmen angesetzt werden.

Werden die Einnahmeüberschüsse in wertbeständigen DM errechnet, insbesondere bei Kapitalisierung der Vergangenheitserträge oder -einnahmen, ist der landesübliche Zins um das Geldentwertungsrisiko zu bereinigen.

Die Abzinsung hat auf den Tag der Hauptversammlung zu erfolgen.

Sind in den vorbereitenden Schriftsätzen bereits bestimmte Punkte streitig geworden, so muß auch insoweit dem Sachverständigen eine Anweisung gegeben werden.

Der Richter darf nicht davor zurückschrecken, dem Sachverständigen das Gutachten zur Korrektur bestimmter Wertansätze zurückzugeben oder aber selbst zum Bleistift zu greifen und das Gutachten mit Hilfe der vier Grundrechenarten zu korrigieren, wenn die tatsächlichen Ermittlungen dazu ausreichen. Die Behauptung, ein Bewertungsgutachten sei ein einheitliches Ganzes, das durch Korrekturen von Einzelpositionen wegen sachlich-rechtlicher oder logischer Fehler in seiner Abgewogenheit gestört werde[3], ist eine leere Phrase. Sie verdeckt nur die Abneigung, sich über die von den Parteien vorgetragenen Rügen ein eigenes Urteil bilden zu müssen, und ist blanke Rechtsverweigerung.

---

[3] So OLG Stuttgart, 12. 11. 1962, Koppenberg, S. 67 (KNORR).

Literaturverzeichnis

Albach: Probleme der Ausgleichszahlung und der Abfindung bei Gewinnabführungsverträgen nach dem AktG 1965, Die AG 1966, 180

Auler/Schöne: Gedanken zu (ausgewählten) Problemen der Unternehmensbewertung, GmbHRdsch 1969, 281

Aust: Entschädigung eines durch öffentliche Maßnahmen betroffenen Gewerbebetriebes, NJW 1972, 750

Bach: Urteilsanmerkung zu RG, JW 1936, 3118

Bachof: Verfassungsrecht, 3. Aufl., Bd. I
— Anmerkung zu BVerwG, JZ 1972, 208

Baldus: Die immateriellen Werte bei der Unternehmensbewertung, DB 1964, 1381

Bankmann: Untergrenzen für die Abfindung ausscheidender Minderheitsaktionäre, DB 1968, 1410

Barth: Einfluß des Sozialplans nach §§ 112 und 113 BetrVerfG 1972 auf die steuerliche Bewertung von Betriebsvermögen und von Kapitalanteilen, DB 1974, 1084

Bartke: Die Methoden zur Ermittlung des Gesamtwertes einer Unternehmung, ZfB 1960, 736

Barz: Anm. zu RG, JW 1937, 2273
— Anm. zu RG, DR 1941, 1303

Baumbach/Hueck: GmbHG, 13. Aufl. 1970
— Aktiengesetz, 13. Aufl. 1968

Beine: Sonderprobleme der Forderungsbewertung, BlGenW 1960, 392

Bergmann: Umwandlung, Auflösung und Löschung von Kapitalgesellschaften, Berlin 1935

Biedenkopf/Koppensteiner: in: Kölner Kommentar zum AktG, 1971

Bodarwé: Behandlung des Schuldenabzugs bei der Unternehmensbewertung, DB 1964, 558

Böhme: Vision künftiger Unternehmensbewertung, WPg 1970, 330

Böttcher/Meilicke: Umwandlung und Verschmelzung von Kapitalgesellschaften, 5. Aufl., Berlin 1958

Bolsenkötter: Das „Stuttgarter Verfahren" in betriebswirtschaftlicher Sicht, WPg 1969, 389

Breidenbach: Zur Bewertung stiller Reserven im Substanzwert, DB 1963, 1649
— Unternehmensbewertung: Der Liquidationswert als Wertuntergrenze, DB 1974, 104

Burschberg: Der Geschäftswert, DB 1966, 280

Busse von Colbe: Die handelsrechtliche Umwandlungsbilanz von Kapitalgesellschaften, ZfB 1959, 599
— Zur Maßgeblichkeit des Börsenkurses für die Abfindung der bei einer Umwandlung ausscheidenden Aktionäre, Die AG 1964, 263
— Die Unternehmung, 1966

Crisolli/Groschuff/Kaemmel: Umwandlung und Löschung von Kapitalgesellschaften, 3. Aufl., Leipzig 1937

Döllerer: Die neueste Rechtsprechung des BFH zum Bilanzsteuerrecht in handelsrechtlicher Sicht, BB 1964, 95

Eckstein: Bewertung forschungsintensiver Unternehmen, Betriebswirtschaft 4/70, Beilage zu BB, Heft 31/70

Elmendorff: Bewertung von Unternehmensanteilen im Streubesitz, WPg 1966, 548

Engels: Betriebswirtschaftliche Bewertungslehre im Licht der Entscheidungstheorie, Köln und Opladen 1962

Falkenhausen, von: Aktienrecht und Verfassungsrecht, Die AG 1963, 150

Fasold: Ertragsteuer auf stille Reserven bei der Unternehmensbewertung, DB 1971, 1977
— Unverzinsliche und verzinsliche Verbindlichkeiten sowie laufende Schulden bei der Unternehmensbewertung, DB 1972, 297

Fechner: Das Umwandlungsgesetz und das Bundesverfassungsgericht, Die AG 1962, 230

Fichtelmann: Der Verlustabzug nach § 10 d EStG als Bestandteil des Anfangs- und Endvermögens beim Güterstand der Zugewinngemeinschaft nach §§ 1374, 1375 BGB, NJW 1972, 2118

Flume: Abfindung der sog. außenstehenden Aktionäre bei Abschluß eines Beherrschungsvertrages, DB 1969, 1047

Franta: Das neue Umwandlungsgesetz, DB 1956, 1198

Frey: Fragen der Unternehmensbewertung im Spiegel der Rechtsprechung, WPg 1963, 146
— Unternehmensbewertung nach dem Gesamtkapitalverfahren, WPg 1970, 33

Friedländer: AnleihestockG und UmwG, Stuttgart 1935

George: Wie wird der Geschäftswert bewertet?, BlStSozArbR 1960, 260
— Bewertung von Erzeugnisbeständen bei der Vermögensbesteuerung, BlStSozArbR 1966, 97

Gessler: Die Umwandlung von Kapitalgesellschaften und bergrechtlichen Gewerkschaften, BB 1956, 1175
— in: Schlegelberger, HGB, 4. Aufl. 1963, Bd. II

Gieseke: Höchstrichterliche Grundsätze für die Schätzung des Unternehmenswertes, ZAKDR 1942, 72

Glade: Nochmals: Was ist Substanzwert der Unternehmung?, DB 1964, 630

Glade/Steinfeld: Kommentar zum Umwandlungssteuergesetz 1969, Herne/Berlin 1970

Gmelin: Die Bewertung von Unternehmungen und Unternehmensanteilen im Rahmen von Verschmelzungen, in: Die Verschmelzung von Unternehmungen, Berlin 1970, S. 33 ff., Dt. Ges. für Betriebswirtschaft

v. Godin/Wilhelmi: Aktiengesetz, 4. Aufl., 1971

Günther: Substanzwert und Ertragswert bei der Unternehmensbewertung, DB 1962, 577

— Grenzen der Mehrheitsmacht im Aktienrecht bei der verschmelzenden Umwandlung auf den Hauptgesellschafter (Diss.), Tübingen 1964

Hachenburg: Umwandlung von Kapitalgesellschaften, Mannheim 1935

Haupt: Anm. zu RG, DR 1941, 2114

Hax: Investitionstheorie, 1970

Henke: Die Tatfrage, Berlin 1966

— Rechtsfrage oder Tatfrage: eine Frage ohne Antwort?, ZZP Bd. 81, S. 196 ff. (1968)

Heudorfer: Die Körperschaftsteuer bei der Unternehmensbewertung, DB 1962, 37

Hintner: Unternehmensbewertung und Bewertungsgesetz, in: Festschrift für Scherpf, Berlin 1968, S. 205 ff.

Höfer: Bewertungsrechtliche Beurteilung betrieblicher Direktversicherungsversprechen während der Anwartschaftszeit des Arbeitnehmers, BB 1969 1475

— Bewertungsrechtliche Beurteilung betrieblicher Direktversicherungsversprechen während der Anwartschaft des Arbeitnehmers, in: Betriebliche Altersversorgung 1970, 17

Horn: Der von den Herstellungskosten abweichende Teilwert der Halb- und Fertigfabrikate, WPg 1965, 654

Hüchting: Abfindung und Ausgleich im aktienrechtlichen Beherrschungsvertrag, Diss., Köln—Berlin—Bonn—München 1972

Hueck: Das Recht der offenen Handelsgesellschaft, 3. Aufl., 1964

Jacob: Die Methoden zur Ermittlung des Gesamtwertes einer Unternehmung, ZfB 1960, 129, 209 ff.

— Finanzierungshandbuch 1964

Jaensch: Wert und Preis der ganzen Unternehmung, Köln und Opladen 1966

Jonas: Einige Bemerkungen zur Bestimmung des Verkehrswertes von Unternehmungen, ZfB 1954, 18

Kenntemich: Mathematisches zur Unternehmensbewertung, WPg 1964, 593

Kiehne: Besondere Probleme der Unternehmensbewertung bei Wachstumsindustrien, DB 1971, 1677

Kindermann: Der Einfluß des Börsenkurses auf die angemessene Abfindung nach § 12 UmwG, Die AG 1964, 178

Klinger: Der Substanzwert im Rahmen der Unternehmensbewertung, DB 1962, 413

— Substanzwertermittlung unter Einbeziehung fiktiver Ertragsteuerschulden, DB 1963, 457

Knöchlein: Abfindungsvereinbarungen bei Personalhandelsgesellschaften, DNotZ 1960, 459

Knorr: Zur Bewertung von Unternehmungen und Unternehmensanteilen, in: Konkurs-, Treuhand- und Schiedsgerichtswesen 1962, 193

Kolbe: Gesamtwert und Geschäftswert der Unternehmung, Köln und Opladen, 1. Aufl 1954, 3. Aufl. 1967

Koppenberg: Bewertung von Unternehmen, Düsseldorf 1964 (Entscheidungssammlung)

Kremers: Zur Bestimmbarkeit von Gebäudewerten, BlGrBWR 1969, 129

Kröner: Die Eigentumsgarantie in der Rechtsprechung des BGH, 2. Aufl., 1969

Kropff: Rechtsfragen der Abfindung ausscheidender Aktionäre, DB 1962, 155

— Aktiengesetz, Düsseldorf 1965 (Abdruck der Motive zum AktG 1965)

Kruse: Grundsätze ordnungsgemäßer Buchführung, 1970

Kuchinke: Grenzen der Nachprüfbarkeit tatrichterlicher Würdigung und Feststellungen in der Revisionsinstanz, Bielefeld 1964

Kunze: Das deutsche System der Sammelwertberichtigung bei den Kreditinstituten, WM 1960, 446

Larenz: Methodenlehre der Rechtswissenschaft, 2. Aufl., 1969

Lehmann: Theorie der Ertragswertermittlung in der Unternehmensbewertung, ZfB 1954, 465

— Allgemeine Grundsätze für die Bewertung ganzer Unternehmungen, ZfB 1954, 65

Leinfellner: Einführung in die Erkenntnis- und Wissenschaftstheorie, Mannheim 1965 (Hochschultaschenbücher)

Lenski/Steinberg: Kommentar zum Gewerbesteuergesetz, 1.-3. Aufl., Köln 1957/71

Lion: Die Umwandlung und Auflösung von Kapitalgesellschaften, Berlin 1935

Lohnert: Die Ertragsteuerbelastung der Mehrwerte bei der Bewertung von Unternehmungen und Unternehmensanteilen, DB 1970, 1093

Ludwig: Was ist Substanzwert der Unternehmung?, DB 1964, 269

Matschke: Der Kompromiß als betriebswirtschaftliches Problem bei der Preisfestsetzung eines Gutachters im Rahmen der Unternehmensbewertung, ZfBwF 1969, 57

Maunz/Dürig/Herzog: Grundgesetz, 3. Aufl., München 1971

Meilicke, Heinz: JW 1938, 3018, Anmerkung

— Konzentration durch Beherrschungs- und Ergebnisübernahmeverträge, in: Die Konzentration in der Wirtschaft, 2. Aufl., Berlin 1971, S. 645 ff.

Meilicke, Heinz/*Hohlfeld:* Untergang der Antragsbefugnis im Spruchstellenverfahren vor Ablauf der Antragsfrist?, BB 1972, 1249

Meilicke, Heinz/*Meilicke,* Wienand: Die Rechtsstellung der nichtantragstellenden Aktionäre im Verfahren nach §§ 306 AktG, 30 UmwG, ZGR 1974, 296

Meilicke, Wienand: Eigentumsschutz für Stimmrechtsbeschränkungen, DB 1971, 1145

— Ende des Spruchstellenverfahrens nach §§ 306 AktG, 30 UmwG durch Auskaufen der anstragstellenden außenstehenden Aktionäre?, DB 1972, 663

Mellerowicz: Zur Frage des sog. „eingefrorenen" Firmenwertes, DB 1959, 968

Mestmäcker: Verwaltung, Konzerngewalt und Rechte der Aktionäre, Karlsruhe 1958

Meyer: BB 1955, 299, Anmerkung

Möschel: Aktienrechtliche Aspekte des Zusammenschlusses Thyssen/Rheinstahl, ZRP 1973, 162

Mügel: Das gesamte Aufwertungsrecht, 5. Aufl. 1927

Müller: NJW 1972, 1587, Anm. zu BVerwG 4. 2. 1972

Müller: Der Verkehrswert von Erbbaugrundstücken, in: BuG 1968, 193

Münstermann: Wert und Bewertung der Unternehmung, 3. Aufl., Wiesbaden 1970

Niemann: Anspruch der Minderheitsaktionäre bei Abschluß eines Beherrschungs- oder Gewinnabführungsvertrages, Diss., Berlin 1968

Novotny/Besold/Gründler-Mundt/Haß: Die „indirekte" Umwandlung eines großen Vers.-Vereins auf Gegenseitigkeit (VVaG) in eine Versicherungs-AG, DB 1974, 448

Offerhaus: Die Bewertung von streitigen Forderungen und Schulden nach dem BewG, DB 1968, 1146

Ott: Die neue Rechtsprechung des BVerwG zum literarischen Jugendschutz, NJW 1972, 1219

Palandt: BGB, 32. Aufl., 1972

Parczyk: Bewertungs-Sonderprüfungen anläßlich Erwerb und Veräußerung, DB 1971, 1485

Petzel: Ansprüche der Minderheitsaktionäre bei Unternehmensverbindung und Umwandlung, Diss., Göttingen 1967

Peupelmann: Die Bewertung der stillen Reserven bei der Unternehmensbewertung, DB 1961, 1397

— Die Anwendung mathematischer Formeln bei der Unternehmensbewertung, DB 1964, 889

Pflug: Aktienrecht, in: Recht und Gesellschaft, Zeitschrift für Rechtskunde, 1972, S. 241

Raisch/Schmidt: Rechtswissenschaft und Wirtschaftswissenschaft, in: Rechtswissenschaft und Nachbarwissenschaften, Hrsg. Grimm, 1973

Remmlinger: Unternehmensbewertung und Ertragsteuern, DB 1963, 1263

Rieger: Zur Frage der angemessenen Abfindung der bei der Umwandlung ausscheidenden Aktionäre, JW 1938, 3016

Rinck: Wirtschaftswissenschaftliche Begriffe in Rechtsnormen, in: Recht im Wandel, Festschrift 150 Jahre Carl Heymanns Verlag, Köln 1965, S. 361 ff.

Rittershausen: Unternehmensbewertung und Price-earnings ratio, ZfB 1964, 652

Rupp: Freiheit und Partizipation, NJW 1972, 1537

Schleifenbaum: Mehrheitsmacht und Schutz der Beteiligung in den Aktienrechten der USA, insbesondere im Mergerverfahren, Diss. Tübingen 1969

Schmalenbach: Die Beteiligungsfinanzierung, 8. Aufl., Köln und Opladen 1954

Schmidt-Salzer: DVBl 1972, 391, Anm. zu BVerwG

Schneider: Unternehmerische Entscheidungen unter Ungewißheit, DB 1973, 241

Schneider: Antragsberechtigung des außenstehenden Aktionärs nach den §§ 304, 305 AktG, NJW 1971, 1109

Schönle: Der Abfindungsanspruch des ausscheidenden OHG-Gesellschafters, DB 1959, 1427

Schreib: Zur Bewertung von Minderheitsanteilen, Das WP 1967, 132

Schröder: Wettbewerbsbeschränkende Wirkung der Ausgleichsleistung, DB 1964, 323

Schumacher: Zur Problematik der Unternehmensbewertung, DB 1970, 1940

Sieben: Der Anspruch auf angemessene Abfindung nach § 12 UmwG, Die AG 1966, 6, 54, 83 ff.

Staudinger: Kommentar zum BGB, 11. Aufl., 1958 bis heute

Sudhoff: Die Ertragsteuern bei der Berechnung des Pflichtteilsanspruchs, NJW 1963, 421

— Der Gesellschaftsvertrag der GmbH, München/Berlin 1964

Thoennes: Anforderungen an Form und Inhalt eines betriebswirtschaftlichen Gutachtens über die Bewertung eines Unternehmens im ganzen, WPg 1968, 407

Umberg: Die Bewertung von Kohlenzechen, ZfHwF 1922, 258

Velder: Die Bewertung von Industrieunternehmen, DB 1955, 925

Verein für Sozialpolitik: Das Verhältnis der Wirtschaftswissenschaft zur Rechtswissenschaft, Soziologie und Statistik, hrsg. von Raiser, Sauermann und Schneider, 1964

Viel: Die Bestimmung des Substanzwertes bei der Unternehmensbewertung, WPg 1963, 36

Viel/Bredt/Renard: Die Bewertung von Unternehmungen und Unternehmungsanteilen, 4. Aufl., Stuttgart 1971

Wagenitz: DVBl 1972, 392, Anm. zu BVerwG

Walb: Betrachtung über Wertarten und stille Reserven im Zusammenhang mit der Frage der Bewertung von Unternehmungen, ZfHwF 1940, 1

Warneke: Zur Frage der Ermittlung der ausscheidenden Aktionären zu gewährenden angemessenen Abfindung, WPg 1964, 446

Weipert: in: RGRK zum HGB, 2. Aufl., 1950

Widmann/Mayer: Umwandlungsrecht, Bonn 1970

Würdinger: in: Großkommentar zum Aktiengesetz, 3. Aufl., 1972

Wirtschaftsprüferhandbuch: Düsseldorf 1973

Zeiger: Unternehmensbewertung und Geschäftswert, in: Baubetriebswirtschaft, Baurecht 1965, 193

Stichwortverzeichnis

Abänderungsklage 80 f.
Abbauwürdigkeit 90
Abfindung
— in Aktien 15, 146, 148 - 150
— Ausklammerung 42, 71
— zum Buchwert 138
— freiwillige 42, 131
— nachträgliche Erhöhung 81
— Nachzahlung 149 f.
— -sangebot 147 - 150
— -sbilanz 46
— -sinventur 46, 120
Abhängigkeitsbericht 78
Abhängigkeitsverhältnis 105, 114
Abnahmekontingent 67, 117
Absatzkapazität 67
Abschlag
— Konkurrenzgefahr 121
— Konsortialvertrag 77
— ungünstige Lage 115
— Minderheitsbeteiligung 26, 32, 36, 40, *55 f.*, 77, 130 f.
— schwere Veräußerbarkeit 24, *56*
— überstürzte Veräußerung 127
— Veralterung 114 f.
— auf inneren Wert 58
— s. Risiko
Abschreibung 40, *63*, 92, 94, 105, *106 - 108*, 115 f., 119, 127
— goodwill 122 f.
— s. Sonderabschreibung
Abwägungsgebot 19, 48, 51, 74, 75, 139, 145
Abzinsung
— individuelle 57 f., 97
— Veräußerungserlöse 127
— Verbindlichkeiten 109 f.
— Wirkung 63, 86
— s. Kapitalisierungszins
actio pro socio 69
Alleingang 79
Amtsermittlung 38, 70
Anfechtungsfrist 71, 82
Anfechtungsklage 70, 72 f., 81 f., 142
Angemessenheit 32, 43
Anlaufverlust 117
Anpassungsklausel 111 f.
— s. Preisindex
Anschaffungskosten
— Gesellschaftsanteil 92, 124
— Rekonstruktionswert 115

— Rohstoffe 110
Anteilswert 45, 50, 124
Arbeitsleistung 65
Aufsichtsratsitz 69, 131
Ausgleichszahlung 21 - 23, 69, 140 f., 150
Auskunft 39, 43, 124
Auslandsvermögen 42
Auslaufen Produktion 107, 127
Aussetzung 71

Beherrschungsvertrag
— Eigentumseingriff 20
— Indiz 125
— s. Unternehmensvertrag
Beratung 105
Bereicherung des Ausscheidenden 95
— Verzögerungszinsen 142, 148
Bereicherung Enteignungsentschädigung 53, 95
Bereicherung des Übernehmers
— Abzinsung 96
— Rechtsfrage 32
— Steuervorteil 78, 94
— Stichtagspreis 84
— These 153
— Unerheblichkeit 52 f.
Beschluß
— Liquidations- 128
— rechtswidriger 70 - 72
Bestimmtheitsgebot 29
Beteiligung 77, 119, 125
Betriebswirtschaftslehre
— Abschreibungen 106
— Begriffe der 44
— Bewertungszweck 17, 55
— Bindung an 26 - 32
— goodwill 118
— Kapitalisierungszins 55, 95 f., 102
— Mittelwert 121
— Übereinstimmung mit 30, 52 f., 55
— Verkehrswert 60
— bestmögliche Verwertung 74 f.
— Vorsichtsprinzip 81
Beurteilungsspielraum 32 - 34
Bewertungszweck 16 f., 29 - 32, 41, 55
Bilanzsumme 113
Börsenkurs 37, 44 f., 52, *58 f.*, 84, 124, 130, 135
Börsenspesen, s. Wiederanlagespesen

Chancengleichheit 81 f., 86
— Ausgleichszahlung 22
— Ertragsentwicklung 111
— Zinsschwankung 102
Chancenzuschlag 95
— s. Risiko; Wahrscheinlichkeit

Dienstleistung 69
Dispositionsmaxime 70
Dividendenvoraus 131 - 137
Dividendenrückstand 134, 136

Eigenkapital, niedriges 91
Eigenkapitalzinsen 117
Eigentumseingriff 20 - 23, 131
Eigentumsgarantie 18 - 25
Einbringung 79
Eingliederung 15, 18, 92, 99, 139
Eingriff in Gewerbebetrieb 67
Einheitswerte, steuerliche 38, 40, 50
Einkommensgarantie 90, 116, 127
Einkommensteuer 91 f.
— persönliche 66
Einnahmeüberschüsse
— Abzinsung 57, 95 f., 100
— Definition 54 f.
— Haupttatsache 64
— Nebenverpflichtung 68
— Vergleich Ertragswert 62 f., 104 f.
— Vergleich Rekonstruktionswert 62
— Vergleich Verkehrswert 61
Enteignung 18
Enteignungsentschädigung
— Abwägungsgebot 19, 83, 87
— Analogie 48
— Bereicherung 53
— Beurteilungsspielraum 33
— Einkommensteuer 67
— Entwicklungschancen 75
— Feststellungsverfahren 82
— Geldentwertung 87, 145
— Hoferbe 66
— Marktpreis 61, 83, 145
— Rechtsberatungskosten 144
— Rechtsfrage 30
— Schätzung 36
— Stoppreis 47
— Vergleich volle Entschädigung 51
— bestmögliche Verwertung 74
— Verzinsung 139, 142 f.
— Vorteilsausgleich 95
— Wiederanlagespesen 97
— Zuwachsrate 65
Entschädigung, volle
— verfassungsrechtliche Absicherung 19 - 25
— Definition 51 - 54
— Finanzierungsvorteile 110
— Verzögerungsschaden 139 - 143
Entscheidung, richterliche 30 f., 53 f.

Entscheidungstheorie 30, 75
Entwicklungschancen 61, 65, 75, 82, 109, 111
Ereignis, ungewisses 80
— s. Wahrscheinlichkeitsrechnung
Erfahrungssatz 31, 35 - 36, 64, 80, 90
Erfolgsaussicht Klage 77
Erfüllung 146, 148
Erkenntnis, nachträgliche, s. Informationsänderung
Ertrag, handelsrechtlicher 62 f., 104, 106 f.
— vergangener, s. Vergangenheitsertrag
— zukünftiger, s. Zukunftsertrag
Ertragsaussichten 21
Ertragslage
— Ausgleichszahlung 21
— Begriff 44
— Ermittlung 83
— schlechte 107, 116
— Vergleich Einnahmeüberschüsse 55
Ertragsschwankung 106
Ertragsteuer 91 - 94, 154
— Ertragswert 108 f.
— Liquidationswert 128
— s. Steuer
Ertragsteuerbilanz 49
Ertragsverbesserung 88, 106, 108, 121
Ertragsverfall 107 f., 116, 121
— Fiktion 112
Ertragswert 104 - 113
— außerordentliche Ausgabe 62
— Benutzung durch Gerichte 26 f., 47
— Brutto- 110
— Definition 62 f.
— Fehler in 41, 63
— goodwill 118
— Netto- 109
— Risikoabschlag 40, 123
— Vergangenheitsverlust 118
— Vergleich Ertragslage 44
Ersatzinvestition 107
— s. Reinvestitionskosten

Fehler
— logische 30, 35 - 36, 41, 60, 64, 101, 103, 105, 111, 154
— rechtliche 30, 105, 119, 154
Fehlinvestition 62, 107, 114, 123
Feststellungsklage 80
Forschungsaufwand 117 f.
Frachtaufwand 68
Forderung
— Abzinsung 98, 112
— Rekonstruktionswert 117
— Sammelwertberichtigung 90, 117
— zweifelhafte 76 f., 89 f.
Fremdkapitalzinsen 117
Fusionsvorteil 78 - 80, 135, 153

Stichwortverzeichnis

Gebäude 83, 87, 115, 127
Gebrauchswert 115
Gegenwartswert 43
Geldentwertung
— Einfluß auf Verteilung 135
— Ertragswertmethode 111 f.
— Kapitalisierungszins 97 f., 101 - 103
— Preissteigerung 84, 87, 106
— Rekonstruktionswert 115, 120
— Zahlungsverzögerung 144 f.
Gemeinwohl 75
Geschäft, schwebendes 46 f., 118 f.
Geschäftserweiterung 65, 108, 153
Geschäftsführungsrecht 69
Geschäftswert, s. goodwill
Gesellschaftsvertrag 130, 133, 138
Gewerbeerlaubnis, mangelnde 77
Gebwerbesteuer, s. Ertragsteuer; Steuer
Gewinnabführungsvertrag
— Eigentumseingriff 20
— Indiz 125
— s. Unternehmensvertrag
Gewinnausschüttung 55 f., 105, 108, 130
— vor Stichtag 113
Gewinnmaximierung 75, 126
Gewinnrealisierung 65 f., 81
Gewinnverlagerung 105, 114
Gewinnverteilungsschlüssel 68, *132 - 137*
Gleichheitssatz 19, 92, 132
Goodwill 46 f., 59, *117 f.*, *122 f.*, 124
Grundstück 38, 40, 54, 78, 116, 119, 122
— Preisindex 120
— Preissteigerung 145
Gutachten
— Arbeitsunterlagen 39
— Differenzen 26, 28, 33 f.
— individuelle Einstellung 16, 28
— individuelles 97
— Korrektur 61, 154
— Kosten 39, 47
— Parteigutachten 38
— Rechtsausführungen 32, 152
— Vorausschätzung 83

Handelsbilanz 48, 63
Handelsvertreterausgleich *48*, 83, 87, 91
Handlung
— rechtswidrige 56, 77
— sittenwidrige 77
Haupttatsache 64
Herstellungskosten 62, 104, *113 - 116*
Hilfstatsache 64
Hinterlegung 146, 148

Indiz 36, 64, 109
— s. Vermutung

Inflation, s. Geldentwertung
Informationsänderung 46, *84 - 88*, 153
Informationsvorsprung 50, 58, *86*, 124
Inventar 38, 120
Investitionsausgabe 63, 105, *106 - 108*
Investitionsbedarf 107, 129
Investitionsentscheidung 31, 75, 124
Investitionsplanung 75, 124
Investitionsstoß 107

Kapitalerhöhung 65, 113
Kapitalherabsetzung 76
Kapitalisierungszins 94 - 103
— Anwendung durch Gerichte 94
— Definition 95 - 97
— Dividendenvoraus 136 f.
— Ertragswertmethode 111 f.
— Geldentwertung 101 - 103, 111
— Rechtsfrage 121
— Risikozuschlag 26 f., 40, *99 - 101*, 111, 123
— These 154
— Unterschied Verkauf 55
— Vergleich kalkulatorischer Zins 76, *96*, 107
— bestmögliche Verwertung 96, 98 f.
— s. Zins
Kartellgewinn 78
Kartellquote 117
Käufermarkt 68
Kauf 52
— s. Verkauf
Kaufmann 66, 81, 93, 114, 116, 128
Kausalverlauf, hypothetischer 51 - 53, 153
Kenntnis der Unternehmensleitung 82
Kiesgrube 65
Kippgebühren 65
Kleinaktionär 97
Körperschaftsteuer, s. Ertragsteuer; Steuer
Kohlenbergwerk
— Abbauwürdigkeit 90
— benachbartes 79
Konkurrenzgefahr 121 f.
Konkursvorrecht 43
Konsortialvertrag 77
Kontrollrechte 24
Konzerninteresse 72
Kooperationsvorteil, s. Fusionsvorteil
Kosten
— außergerichtliche 144
— Gutachterkosten 39, 47, 152
— der Handelsregistereintragung 47
— s. Prozeßkosten
Kostenrisiko 72, 89
Kredithilfe 105
Kündigung 138

Stichwortverzeichnis

Lastenausgleichs-Vermögensabgabe 105
Lebensdauer 105 f., 115 f.
Lehre, wissenschaftliche 27 - 29
Leistung, freiwillige 42, 131
Lieferantenkredit 110 f., 119
Liquidation
— Ausgleichszahlung 21
— fingierte 59
— Indiz für Liquidation 124
— Verteilungsschlüssel 130, 132 - 137
Liquidationswert 44, 46, 104, *125 - 129*
— Vergleich Rekonstruktionswert 115
Lizenzgebühr, überhöhte 56, 78

Mahnung 146
Marktpreis
— Enteignungsentschädigung 61, 145
— Umlaufvermögen 83 f.
— Unternehmen 60 f.
Maschinen 116, 127
Mehrstimmrechtsaktie 131 f.
Minderheitsabschlag, s. Abschlag, Zuschlag
Mindestertrag 90
Mineralölkonzern 79
Mitbestimmung
— der Arbeitnehmer 76, 126
— der Gesellschafter 20, 24
— s. Stimmrecht
Mitgliedschaftsrecht 131
Mittelwert 44, 100, *120 - 123*

Nachbargrundstück 78 f.
Nachteil, individueller 57 f., *66*, 97, 143
— s. Schaden; Vorteil
Naturalherstellung 48
Nebenintervenient 70
— s. Streitgenosse
Nebenverpflichtung *67 - 69*, 144
Nennwert
— Verbindlichkeiten 110
— Gesellschaftsanteil 132 - 137
Neuinvestition 107 f., 127

Organschaft, steuerliche 73
— s. Unternehmensvertrag
Ostwert 42

Pachtvertrag 117
Paketzuschlag, s. Zuschlag
Parteigutachten 38
Pensionsverpflichtung
— Abzinsung 40 f., 113
— Informationsänderung 88
— Liquidationswert 126
— Rekonstruktionswert 65, 120
— Schätzung 65, 90, 120
Personengesellschaft
— Analogie 17, *46*, 59
— Auseinandersetzung 133 - 135
— Beurteilungsspielraum 33
— Eigentumseingriff 19
— Informationsänderung 85
— Liquidationswert 44, 59
— Schätzung 37
— Steuern 91
— Vorratsvermögen 84
Pflichtteilsberechnung
— Analogie 17, 47
— Gesetzesänderung 94
— Informationsänderung 85
— Liquidationswert 125
— Schätzung 37
— Steuern 92
— Umlaufvermögen 84
Preis 52, 59, 60
Preisbildung 30, 53, 60
Preisindex 111 f., 115, 120, 135
Preisnachlaß 68
Preisschwankung 83
Preissteigerung 84, 87, 102, 106, 120
— Zahlungsverzögerung 144 f.
— s. Geldentwertung
Preisuntergrenze 52, 67
Prozeßkosten 89

Rabattgesetz 78
Rationalisierungsvorteil, s. Fusionsvorteil
Rechnungsabgrenzungsposten 63
Rechtsberatungskosten 144
Rechtsfrage 16, *26 - 41*, 64, 121, 126
Rechtsverweigerung 38, 154
Reinvestitionskosten 64, 106
Rekonstruktionswert 104, *113 - 120*
— Definition 62
— Mittelwert 120 - 124
— Reinvestitionsrate 106
— Teilrekonstruktionswert 117
— Vergleich Liquidationswert 115
— Vergleich Vermögenslage 44
— s. Substanzwert
Rentenverpflichtung 88
— s. Pensionsverpflichtung
Reproduktionswert, s. Rekonstruktionswert
Reserven, stille
— Auflösung 93, 109
— Ausgleichszahlung 21 - 23
— Eigentumseingriff 20
— Neubildung 93, 109
— Verteilung 134
— s. Steuern
Richter
— Beweisbeschluß 152 - 154
— Vorausschätzung 33, 80, 83, 85 f.
— subjektive Vorstellung 54
— Zuständigkeit 28, 33

Risikoabschlag
— allgemeiner 99 f.
— Berechnung 89 - 91
— niedriger Eigenkapitalanteil 91
— Höhe 100
— Sichere Mindesterwartung 89
— Mittelwert 123
— These 153
— Übernahmeanreiz 101
— Vergleich Geldanlage 101
— Zukunftsertrag 111
— s. Chance; Kapitalisierungszins; Wahrscheinlichkeit
Risiko, einseitiges 91, 101
Rohertrag 106 f.
Rohstoffpreise 84
Rücklagenbildung
— Steuersatz 108
— vergangene 113
— zukünftige 105
Rücklagenverteilung 134
Rückstellung
— Umsatzsteuer 89
— s. Pensionsverpflichtung
Rückwirkung von Unternehmensvertrag 72

Sache, vertretbare 60
Sachverständiger, s. Gutachten
Satzungsänderung 24
Satzungsinhalt 130
Schaden
— ideeller 69
— weiterer 66, *139 - 151*
— s. Nachteil
Schadensersatz 51 - 53
— Begriff 53
— Börsenkurs 58
— Schätzung 37
— Stichtag 87 f.
Schadensersatzanspruch
— gegen Richter 152
— gegen Vorstand 69
Schadensersatzrecht
— Analogie 48
— Feststellungsurteil 80
— Rechtsfrage 30
Schätzung
— Methoden 49, 58, 60, 62, 66, 100, 103, *104 - 129*
— Verfahren 37 - 41
— Verteilung 135
— Zukunft 80
Schiff 40
Schmiergeld 77
Schrottwert 115, 127
Schulden, s. Verbindlichkeiten
Schulungsaufwand 117 f., 122 f.
Skonto 110, 120
Sonderabschreibung 49, 94

Sondervorteil, gesellschaftswidriger 56, 69, 70, 126
Sparprämiengesetz 66
Spekulationsgesichtspunkte 83
Spruchstellenverfahren
— Einheitlichkeit 58, 97, 150
— Verfahrensregeln 37 - 41
— Zuständigkeit 70, 150 f.
Stammaktie 131
Sterbetafel 80, 90
Steuerlaständerung 94
Steuern auf stille Reserven 91 - 94
— Behandlung durch Gerichte 26 f., 40, 91
— Ertragswertmethode 109
— Indiz 124
— Liquidation 128 f.
— Rechtsfrage 36
— Rekonstruktionswert 119
— Stuttgarter Verfahren 50
— Vermeidung 78, 119, 128 f.
Steuersatz
— Ertragswert 108
— Gewerbesteuer 108
— Herabsetzung 78
— Liquidation 128
— Rechtsfrage 121
— Rekonstruktionswert 119
Steuervorteil 78, 92 f.
Stichtag
— Abzinsung auf 54, 99
— rechtswidriger Beschluß vor und nach 70 f., 73
— Definition 45 f.
— Entwicklung nach 84 - 88, 126
— Ertragswertmethode 113
— Hauptversammlung 16, 45 f., 99, 141 f.
— Herstellungskosten 62
— Investitionen vor und nach 63
— Liquidationswert 127
— Marktpreis 61
— Preisverhältnisse 144
— Qualitätsbemessung 144
— Rekonstruktionswert 62, 120
— Verschiebung 45, 73, 99
— Verzögerungszinsen 99, 141 f.
Stichtagsprinzip, steuerliches 85
Stillegung 115, 126
Stimmrecht 55 - 57, *130 - 132*
— -sbeschränkung 133
— s. Mitbestimmung
Stoppreis 47
Streitgenosse 38
— s. Nebenintervenient
Streitwert 37 f., 72
Streubesitz 76
Stuttgarter Verfahren 49 f.
Substanzwert 104, 113 f.

— Benutzung durch Gerichte 26 f., 40, 114
— Definition 62
— s. Rekonstruktionswert
Substanzerhaltung 107, 119

Tankstellennetz 79
Tatfrage, s. Rechtsfrage
Teilliquidation 128
Teilrekonstruktionswert 117 f., 122, 124
Teilwertabschreibung 115
Teilzahlung 147, 149 f.

Übernahmeverlust 93
Überzeugung, volle 80
Umsatz 113
Umstrukturierung 65, 75, 128 f., 153
Umwandlung
— Formwechselnde in AG 25
— Formwechselnde in GmbH 16, 19, 24 f., 70, 92, *139 f.*, 143
— übertragende 15, 18, 66, 70, 91 f., 99, 139
Umwandlungsbilanz 45
Umwandlungskosten 47, 78
Unternehmensvertrag
— Anfechtungsrecht 70 - 72
— Eigentumseingriff 19 - 23
— Rückwirkung 72
— Steuern 92
— Verzinsung 139 - 141, 143
Unternehmerrisiko 99 f., 111
— s. Risikoabschlag

Veräußerbarkeit
— Abschlag 56
— Beeinträchtigung 59, 144
Veräußerungsgewinn 92
Verbindlichkeiten 98, *109 f.*, *119*, 122
Verfassungsrecht 18 - 25, 51 - 53
— Geldentwertung 87, 145
— Kapitalisierungszins 96
— individueller Schaden 58, 97
— Stichtag Abzinsung 99, 141 f.
— Stichtagsprinzip 86 f.
— bestmögliche Verwertung 75
— Verzögerungsentschädigung 139 - 143
— Vollständigkeit der Entschädigung 65
— Wahrscheinlichkeitsrechnung 80 f.
Verfügungsbeschränkung
— vertragliche 66
— testamentarische 66, 126
Vergangenheitsertrag 36, *62*, *104 f.*, 106, 111, 113
Vergangenheitsverlust 118
Vergleich
— gerichtlicher 30, 42

— -sinvestition 95 f., 98
Verhalten der Unternehmensleitung 104, 114, *124 f.*
Verhältnismäßigkeit 38 f.
Verhandlungsgeschick 79
Verjährung 149
Verkauf
— Entwicklungschancen 74
— Kapitalisierungszins 55, 96
— Preisbildung 52
— Steuern 93
— Stichtag 88
— Unterschied Abfindung 55, 60
— Verkehrswert 60
— Vorsichtsprinzip 81
Verkaufsaufwand, s. Vertriebskosten
Verkehrsverhältnisse 115
Verkehrswert
— des Unternehmens *59 f.*, 78, 83 f.
— Liquidation 127 f.
Verlustrealisierung 65, 81
Verlustvortrag 79 f., 125
Vermögens- und Ertragslage 16, *43 - 45*, 46, *55*, 68
Vermögenslage
— Änderung durch rechtswidrige Beschlüsse 70
— Begriff 44
— Vergleich Einnahmeüberschüsse 55
Vermögensrecht 131
Vermögensteuerbilanz 49 f.
Vermutung 64, 114, 123 f.
— s. Indiz
Verschmelzung 70 - 72, 79
Verschulden der Unternehmensleitung 33, 82, 86, 146
Vertriebskosten 68, 117
Verwaltungsaufwand 78, 116 f.
Verwertung, bestmögliche 54, 59, 74 - 80
— Indiz 109
— Kapitalisierungszins 96 - 98
— betriebswirtschaftliche Lehrsätze 31, 75
— These 153
— durch Verkäufer 61
— ewiger Weiterbetrieb 105, 107
— Zweck 126
Verwirkung 148
Verzinsung, angemessene
— der Substanz 107 f., 121
— der Barabfindung 141
Verzögerungszinsen 99, *139 - 151*
— gerichtliche Praxis 140
Verzug
— des Abfindungsgläubigers 147
— des Abfindungsschuldners 24, 139 f., *146 f.*
— s. Verzögerung

Stichwortverzeichnis

Vorratsvermögen 83 f., 116, 122
— stille Reserven 119
Vorsichtsprinzip
— Handelsrecht 48, 86
— Steuerrecht 49, 65, 86
— Unzulässigkeit 40, *81*, 86
— Vorratsvermögen 116 f.
Vorteil
— steuerlicher 73
— des Übernehmers, s. Bereicherung
— s. Nachteil
Vorteilsausgleich 95 f.
Vorzugsaktie 131 - 137

Wahlrecht 21, 82, 89, 146 f., 148, 150
Wahrscheinlichkeit
— gleiche 90, 101, 111, 121
— Liquidation 116
— objektive 80
— subjektive 80
Wahrscheinlichkeitsrechnung 80 - 91
— Ausgleichszahlung 22
— unsichere Chance 89 - 91
— sichere Erwartung 88 f.
— Geldentwertung 87, 102 f.
— These 153
— bestmögliche Verwertung 75
Währung, ausländische 42
Wald 54
Weisungen, nachteilige 21, 73, 105
Weiterbetrieb
— Ausgleichszahlung 21
— Fiktion 104, 120, 134, 136
— Indiz 125
— kein — 107, 127 f.
— tatsächlicher 126
Werbeaufwand 117 f., 122 f.
Wert
— Definition 52
— fester 80
— innerer 41, 124
— objektiver 84 f., 99, 126, 142
— subjektiver 52 - 54, 84 f., 126
— wirklicher 52, 69, 104, 107
— wirtschaftlicher 56
— s. Verkehrswert; Preis
Wertentscheidung 31 f., 75, 152
Wertpapiere, festverzinsliche 97 f.
Wertschuld 147
Wettbewerbsverbot 90

Wiederanlagemöglichkeit 55, 57, 75, 95 f.
— individuelle 97
Wiederanlagespesen 97, 154
Wiederbeschaffungskosten, s. Reinvestitionskosten
Willkür 41, 60, 100, 123, 152
Wirtschaftsprüfer 28, 38
Wirtschaftswissenschaft, s. Betriebswirtschaftslehre
Wohl
— der Allgemeinheit 18, 75
— der Gesellschafter 75, 126
Wohnungszwangswirtschaft 83

Zeitpunkt, s. Stichtag
Zeitwert 110, 119
Zinseszinsverbot 144
Zinssatz
— branchenüblicher 101, 111
— kalkulatorischer 76, 96, 107
— landesüblicher 97, 102, 111, 145
— festverzinsliche Wertpapiere 97 f.
— s. Kapitalisierungszins
Zinsschwankung 98, 102, 112
Zuckerrübenindustrie 67
Zukunftsertrag
— ausgeschütteter 105
— Ausgleichszahlung 22
— Ertragswert 104 f.
— Indiz 114
— Kapitalisierung 62, 95 f.
— Maßgeblichkeit 63
— Rechtsfrage 36
— Risikoabschlag 111
— Schätzung 103
— Stuttgarter Verfahren 50
Zukunftserwartung
— Feststellung 54, 81 - 84
— dauerhafte Geschäftsbeziehung 91
— volle Überzeugung 80, 102 f.
— der Unternehmensleitung 81 f., 124
Zuschlag
— für Chancen 95
— günstige Lage 115
— für Mehrheitsbeteiligung 78, 124 f., 131
— für Minderheitsbeteiligung 26, 40, 57, 130 f.
— s. Abschlag

Printed by Libri Plureos GmbH
in Hamburg, Germany